供应链联盟的运作策略及稳定性

周永务　李昌文　肖　旦／著

科学出版社
北　京

内 容 简 介

在经济全球化的影响下，为了应对日趋激烈的市场竞争，近年来我国的不少企业在实际的运营管理实践中，尝试或探索与其供应链中的上下游企业甚至同行业竞争对手在运作或营销等方面开展不同形式的合作，形成了许多新型的供应链合作联盟。本书以供应链中的合作联盟为研究对象，系统地研究了现实中常见的库存共享、合作广告、联合定价、联合采购、合作研发等合作联盟的联盟决策方法；设计了相应联盟的利益分配机制；并深入分析了相应联盟的稳定性结构。

本书可供企事业单位生产与运营管理人员、管理科学与工程、工商管理、系统工程等相关专业的高年级本科生和研究生，以及管理科学与工程、工商管理、系统工程等相关领域的科研人员阅读参考。

图书在版编目（CIP）数据

供应链联盟的运作策略及稳定性/周永务，李昌文，肖旦著. —北京：科学出版社，2019.6

（当代中国管理科学优秀研究成果丛书）

ISBN 978-7-03-061030-0

Ⅰ. ①供… Ⅱ. ①周… ②李… ③肖… Ⅲ. ①供应链管理-研究 Ⅳ. F252.1

中国版本图书馆 CIP 数据核字（2019）第 068977 号

责任编辑：李 莉 / 责任校对：王丹妮

责任印制：霍 兵 / 封面设计：蓝正设计

科学出版社 出版

北京东黄城根北街 16 号

邮政编码：100717

http：//www.sciencep.com

北京通州皇家印刷厂 印刷

科学出版社发行 各地新华书店经销

*

2019 年 6 月第 一 版 开本：720×1000 1/16

2019 年11月第二次印刷 印张：12 1/4

字数：250000

定价：138.00 元

（如有印装质量问题，我社负责调换）

总　序

管理科学是促进经济发展与社会进步的重要因素之一，作为一门独立的学科，它主要在 20 世纪发展起来。在 20 世纪的前半叶，从泰勒式的管理科学发展到以运筹学为代表的着重于数据分析的管理科学；而在 20 世纪下半叶，管理科学与信息技术和行为科学共同演化，从一棵孤立的管理科学大树发展成为管理科学丛林。

现代管理科学在中国得到迅速发展得益于改革开放后管理实践的强烈需求。从 20 世纪 80 年代开始，管理科学与工程学科得到广泛关注并在管理实践中得到普及应用；随着市场经济“看不见的手”的作用逐渐增强，市场的不确定性增加，作为市场经济细胞的企业，想要更好地生存和发展就要掌握市场经济发展的规律，对工商管理学科的需求随之增加，从而推动了企业管理相关领域的研究。进入 21 世纪，公共管理与公共政策领域成为管理科学的后起之秀，而对它们的社会需求也越来越大。

“管理科学，兴国之道。”在转型期的中国，管理科学的研究成果对于国家富强、社会进步、经济繁荣等具有重要的推动作用。“当代中国管理科学优秀研究成果丛书”选录了国家自然科学基金委员会近几年资助的管理科学领域研究项目的优秀成果，本丛书的出版对于推动管理科学研究成果的宣传和普及、促进管理科学研究的学术交流具有积极的意义；对应用管理科学的最新研究成果服务于国家需求、促进管理科学的发展也有积极的推动作用。

本丛书的作者分别是国家杰出青年科学基金的获得者和国家自然科学基金重点项目的主持人，他们了解学术研究的前沿和学科的发展方向，应该说其研究成果基本代表了该领域国内的最高水平。丛书所关注的金融资产定价、大宗期货与经济安全、公共管理与公共政策、企业家成长机制与环境、电子商务系统的管理技术及其应用等，是国内当前和今后一段时期需要着力解决的管理问题，也关系到国计民生的长远发展。

希望通过本丛书的出版，能够推出一批优秀的学者和优秀的研究成果。相信通过几代中国管理科学研究者的共同努力，未来的管理科学丛林中必有中国学者所培育的参天大树。

国家自然科学基金委员会
管理科学部

前　　言

20 世纪 90 年代以来，在经济全球化影响下，我国经济、社会和文化环境发生了巨大变化。一方面，随着我国经济的飞速发展，人们生活和消费水平在不断提高，致使顾客对产品的需求日趋个性化，对交货期与产品或服务质量的要求也越来越高。另一方面，随着科学技术的不断进步和研发水平的逐步提高，产品的生命周期越来越短，品种越来越多，这使得企业的经营管理变得更加复杂，经营成本越来越高；特别是我国加入 WTO（World Trade Organization，世界贸易组织）后，随着关税等传统贸易壁垒的逐步降低，国外跨国公司纷纷进入我国抢占市场份额，使国内企业面临更为严峻的挑战和竞争压力。面对这样一个竞争激烈、变化迅速且很难预测的买方市场环境，单个企业已无法快速响应顾客需求，这就迫使企业去寻求其产品供应链中其他企业结成战略联盟，通过企业间的合作与优势互补，来获取竞争优势，共同增强市场竞争力。

近些年，我国已有不少企业开始尝试和探索在供应链运作方面进行合作。供应链中合作伙伴间的联盟合作体现在各个环节，如联合采购、联合库存、联合促销、联合运输、联合研发等。例如，2009 年 6 月，大陆 9 家主要彩电企业（包括海尔、海信、创维、康佳等）为了降低采购成本、优势互补，从台湾三大面板企业联合采购上游液晶面板；2010 年 4 月苏宁与联想达成合作协议，要求联想在接到苏宁提货订单时，如果联想的配送中心本身库存不足，要从其他分销商处直接供货给苏宁，以减少顾客的等待时间，提高苏宁店铺的服务水平，同时不增加其他分销商的缺货率，提高整个系统的运营利润，这项协议实际上是在联想电脑的下游零售商间实施了库存协作，实现了其下游零售商间的库存合作；2013 年国内的阿里巴巴公司发起并成立了基于大数据的菜鸟物流网络，联盟网络中包含了顺丰、申通、圆通、中通等众多物流企业；2006 年 11 月作为全球主导型的领袖企业英特尔与消费电子出身的海尔强强联合，组建了“Haier & Intel 创新产品研发中心”；等等。这些创新模式的出现很大程度上提升了企业自身的竞争力，以及所在联盟的整体竞争力，同时也将传统供应链中企业与企业间的竞争逐步演变为供应链中多个合作联盟间的竞争。

尽管新的供应链合作模式和合作联盟不断出现，但是出于运作方法不当、利益分配机制不合理等原因，供应链合作失败的案例也屡见不鲜。例如，2007 年重庆市 151 家超市加入“零利润售肉联盟”，但是很快由于运作的问题联盟因无法维持利润而宣告破产；2008 年，由国内 4 家区域性体育用品经销巨头组建的联合体育集团，由于联盟内部利益分配不均等问题而宣告解散。又如，2004 年，由北京大中电器和上海永乐联合其他 7 家家电销售商成立的家电连锁联盟“中永通泰”，最终因为上海永乐的退出而名存实亡。这些案例充分表明，尽管我国企业在供应链合作方面尝试了不少新的模式，也在一定程度上为企业带来了竞争优势，但是在实践中却严重缺乏科学理论方法的指导，使得这些新型合作模式未能充分发挥作用。联盟中的企业作为利益个体，加入联盟的根本目的是获取经济收益，因此对于整个供应链联盟而言，如何评价成员企业对整个联盟的贡献，并以此为依据进行利益分配至关重要。利润分配方案是否合理决定了合作的成败及联盟的持续性，而联盟运作策略及联盟稳定性已经成为现实中不可忽视的问题并且成为研究中的热点。

当供应链上这些企业选择合作以使得整个联盟获得最大收益时，如何分配这些利润，博弈论成为很自然的选择。所以本书将针对供应链中存在的联盟合作实际问题，主要采用合作博弈理论方法探讨相关的联盟运作策略及联盟稳定性，分析联盟合作成败的原因，以期为供应链联盟的良性发展提供实践上的指导和理论上的支持。具体研究内容有以下几个方面。

（1）库存共享联盟的库存补充策略及稳定性研究。

（2）广告合作联盟的广告投入策略及稳定性研究。

（3）联合定价联盟的定价策略及稳定性研究。

（4）联合采购联盟的采购策略及稳定性研究。

（5）装配供应链中的联盟定价策略及稳定性研究。

（6）合作研发联盟的研发投入策略及稳定性研究。

本书作为研究工作的重要组成部分，得到国家自然科学基金重点项目（71131003）、国家自然科学基金重点国际（地区）合作研究项目（71520107001）、教育部人文社科青年项目（15YJC630053、15YJC630138）和安徽省高校优秀青年基金重点项目（gxyqZD2017088）的支持。

需要说明的是，尽管本书在供应链联盟稳定性方面做了一些工作，但由于视野和学术水平所限，目前所做的工作与我国企业实践还有相当大的差距，疏漏之处也在所难免，敬请广大学者批评指正。

目　录

第 1 章　绪论 …… 1
1.1　研究背景及意义 …… 1
1.2　相关文献研究进展 …… 7
1.3　本书内容和结构安排 …… 19
1.4　本书特色和创新之处 …… 21
第 2 章　库存共享联盟的库存补充策略及稳定性研究 …… 24
2.1　引言 …… 24
2.2　符号与模型假设 …… 25
2.3　制造商和零售商的库存共享博弈模型 …… 26
2.4　两种库存共享博弈的核 …… 31
2.5　本章小结 …… 34
第 3 章　广告合作联盟的广告投入策略及稳定性研究 …… 35
3.1　引言 …… 35
3.2　模型描述、符号与模型假设 …… 37
3.3　模型建立 …… 38
3.4　合作广告博弈模型 …… 40
3.5　合作广告与库存共享博弈 …… 50
3.6　本章小结 …… 52
附录 A …… 52
附录 B　$\prod^{S}$（l_S**，q^S**）的推导 …… 63
第 4 章　联合定价联盟的定价策略及稳定性研究 …… 65
4.1　引言 …… 65
4.2　竞争零售商联合定价联盟及稳定性研究 …… 66
4.3　两层分销链中的联合定价联盟及稳定性研究 …… 80
附录　单个制造商三个竞争零售商情形下联盟合作及稳定性 …… 90

第 5 章 联合采购联盟的采购策略及稳定性研究 …… 94
5.1 引言 …… 94
5.2 批发价契约下采购联盟的采购策略及稳定性研究 …… 95
5.3 数量折扣契约下采购联盟的采购策略及稳定性研究 …… 106
附录 A 三种博弈框架下订货量和批发价的求解 …… 117
附录 B 定理 5.2.1 和定理 5.2.4 的证明 …… 119
附录 C 不同联盟结构下的最优订货量和利润 …… 121
第 6 章 装配供应链中的联盟定价策略及稳定性研究 …… 123
6.1 引言 …… 123
6.2 垄断情形下装配供应链联盟合作及稳定性研究 …… 125
6.3 双寡头竞争下装配供应链联盟合作及稳定性研究 …… 131
附录 定理 6.3.5 的证明 …… 148
第 7 章 合作研发联盟的研发投入策略及稳定性研究 …… 157
7.1 引言 …… 157
7.2 模型描述和记号 …… 158
7.3 产量竞争及产量合作两种模式下的研发投入策略 …… 160
7.4 产量竞争及产量合作两种模式下的联盟稳定性 …… 167
7.5 本章小结 …… 168
附录 均衡结果 …… 169
总结及展望 …… 170
参考文献 …… 174

第1章 绪 论

1.1 研究背景及意义

1.1.1 供应链管理的发展

20世纪90年代以来，社会经济的高速发展、企业管理水平的不断提高、以大数据和云计算等为代表的信息技术的广泛运用及企业运营模式的全球化，使得企业管理方式由纵向一体化逐渐转向横向一体化。越来越多的公司专注于自身的核心业务（如研发、市场等），而将一些非核心的业务（如运输、库存甚至生产等）外包给其他企业，从而提高自身在市场上的竞争力。一种强调高度核心集成能力的供应链管理（supply chain management）模式应运而生。

供应链的概念，源于管理学大师彼得·德鲁克提出的“经济链”。随后很多学者和组织给出了不同的定义，如Londe和Masters[1]、Mentzer等[2]。我国2006年国家标准《物流术语》定义供应链为，在生产及流通过程中，涉及将产品或服务提供给最终顾客活动的上游与下游组织所形成的网链结构。霍佳震[3]将供应链管理定义为，在满足顾客的需求下，对供应链各环节内部和各环节之间的工作流、物流、信息流和资金流进行协调和集成管理，以实现供应链整体利润最大化。

供应链管理思想被认为是从20世纪50年代后期开始的关于存货流入与流出管理的理论和实践中演化而来的[3]，而组织中的供应链管理地位在过去40多年中经历了相当大的变化[4]：在20世纪70年代关注的主要是整合仓储和运输，此时常常被称为“分销”；到了80年代，供应链管理的焦点主要是供应链成本结构的再造，从而降低供应链运作成本；到了90年代，出于对削减供应链成本和资本的持续要求、改善对顾客服务的高度重视，企业将管理的重点转向供应链运作渠道结构和效率；随着21世纪的到来，很多企业都在思索和探讨与供应链伙伴进行整合，这种整合战略联盟确立了企业供应链参与方（包括零售商、批发商、经销商、制造商、供应商和供应链服务提供商）在信息、财务、生产运作和决策等方面的协调，除了供应链伙伴间的纵向合作，很多企业间的横向联盟合作也屡见不鲜[5]。

据统计，实施有效供应链管理，可以使得企业在成本方面下降 20%，缩短生产周期 20%~30%，准时交货率和生产率提高 15%以上[6]，对企业的盈利能力的贡献率达到 16%[4]。1998 年，青岛海尔实施全程供应链改造取得了巨大成功，成为制造业供应链典范。很多知名企业的成功，也与其卓越的供应链管理能力密切相关，如 Wal-Mart（沃尔玛）、Coca-Cola（可口可乐）、Dell（戴尔）和 Honda 等企业都成为供应链管理中的经典案例。丁俊发[7]在《中国供应链管理蓝皮书（2017）》中指出，面对当今竞争如此激烈的市场，国内的阿里、京东、苏宁等互联网电商企业都喊出同一个口号："决战供应链!"，甚至有许多企业家喊出："得供应链得天下!"而企业之间的竞争也已经逐渐演变为不同供应链之间的竞争，这种竞争改变了原有的工作流、物流、信息流、资金流和人文流的交互方式和实现手段。美国经济学家帕拉格·康纳认为，全球供应链的发展正在"抹掉国界"，所有国家都将成为全球供应链的一部分，世界将进入"非国家"状态。因此，供应链对企业甚至是一个国家的发展至关重要，供应链管理的有效实施能够实现企业间更好的协作从而带来更高的企业绩效。

1.1.2 供应链联盟成为供应链管理中的最佳实践之一

随着 21 世纪的到来，企业之间日益加剧的竞争和信息技术的高速发展要求企业加快对用户需求变化的响应速度，并使得供应链联盟作为企业的一种变革成为供应链运作中的焦点。张永强[8]将供应链联盟定义为一种基于网络经济的新型经济组织形式，而联盟的意义就在于将所有的特性有机结合，以使供应链像一个单一的、整合的系统运作。

通过战略供应链联盟，很多公司实现了比各自的竞争对手更高的绩效[4]：1988~1996 年的 8 年时间里，Wal-Mart 的增长超过该行业平均水平 250%，Coca-Cola 为 500%，Dell 计算机公司为 300%。2016 年，联想作为连续 4 年唯一上榜 Gartner 全球供应链 25 强的中国企业，在中国本土企业中供应链管理的标杆地位不可动摇，成功背后的原因在于其混合供应链合作模式：其中联想自有工厂仅有 31 个，联合工厂有 3 个，代工工厂有 20 个左右；同时还成立了包括高通公司在内的由 32 个厂商组成的供应链联盟。华为公司作为中国高科技企业的代表，在 1997 年就开始与 IBM 等一流企业合作，并于 1999 年开始推行集成产品开发（integrated product development，IPD）和集成供应链（integrated supply chain，ISC），从而为华为以后的高速发展奠定了基础。20 世纪末台湾众多中小电脑厂商通过参与国际分工、加入供应链联盟壮大了自身的实力，并迅速成长为本领域的佼佼者[8]。

供应链中合作伙伴企业间的纵向联盟合作体现在各个环节。从本质上讲，供应链联盟合作有以下四种形式[4]：信息、决策、财务和运作，而大部分联盟合作企业都包含了以上所有形式。例如，福特汽车公司几乎控制了供应链中的所有要素：从矿石采掘，到钢铁生产、汽车装配及向终端客户销售。而国内的海尔与上游供应商、下游分销商建立了紧密的合作关系，全面实行信息共享，在实现零库存的同时能对顾客的需求做出快速反应。宝洁和沃尔玛借助先进的信息技术实行信息共享是供应链中信息整合比较经典的案例。早期的宝洁和沃尔玛都企图主导供应链，实现自身利益最大化，但是结果却是两败俱伤。后来，双方开始从对抗走向全方位的合作，通过构筑 JIT（just in time）型的自动订货系统实现信息共享。据贝恩公司的研究，在 2003 年，宝洁公司 8%的销售额来自沃尔玛，而沃尔玛公司 3.5%的销售额归功于宝洁公司，合作使得双方实现了共赢。供应链中决策方面的合作方式有卖方管理库存（vendor managed inventory，VMI）和不间断补给（continuous replenishment programs，CRP）。为了克服“牛鞭效应”，著名的意大利面品制造商 Barilla SpA 与其分销商 Cortese 共同实施了卖方管理库存和不间断补给计划，即补给决策转移由制造商做出，而非零售商或批发商。根据从下游 POS 机上获得的销售信息及计算机中收集的库存信息，制造商能够做出及时补充下游零售商或批发商的库存决策。结果不但库存下降了 46%，而且缺货率从 6%~7%下降到几乎为零，计划取得了极大成功。而供应链中企业在财务方面的合作，改变了原有的供应链支付的条件，使得供应链中的融资成为实践中的常见现象和理论研究中的热点。例如，在美国，有 70%的企业会提供商业信用给其客户[9]，而英国有 80%的企业会允许其客户延期支付货款[10]。供应链中的运作整合涵盖了供应链参与者之间物质和人力资产的共享。例如，美国波音公司的“波音 787”项目采取了战略联盟的模式，公司与主要供应商达成合作协议，让上游供应商来设计并集成整个子系统及重要的零部件，而由波音公司来完成产品最终的总装集成、生产和交付工作。而日本的汽车公司（如丰田和日产）则是从多个维度（如成本、质量、技术等）帮助供应商加以改进产品，使得日本汽车业在全球遥遥领先[11]。

上述都是供应链中纵向企业间的联盟合作，而在现实企业的运作中，另外一种很重要的就是横向上的联盟合作，通过梳理发现横向上的联盟合作主要有以下几类形式。

库存合作。除了上述关于供应链上纵向企业实施库存合作以减少库存和缺货率，横向上的库存合作也屡见不鲜。例如，Kranenburg 和 van Houtum[12]指出在欧洲、北美和亚洲，半导体都是在晶圆厂进行生产，但是建立晶圆厂需要数十亿美元的投资和一些重要的设备，阿斯麦公司（ASML）是为数不多的设计、制造和供应这种设备的公司之一。但是这些设备损耗很快，需要时常进行更新和修复，为了快速服务这些晶圆厂，阿斯麦公司运用多个备件仓库间的库存共享和库存转运策略，使得响应时间大大减少。当地备件仓库缺货时，如果采用从中心仓库普通转运的方式需要两周以上时间，若采取紧急转运的方式需要两天以上时间，但是采用库存共享策略，使得等待时间缩短为 10~20 小时，相比于没有库存共享，成本减少 50%以上。类似的库存也存在于其他领域，如医院在护理床位方面开展共享合作，多个汽车租赁公司通过共同持有汽车从而服务所有顾客[13]。而在国内，2010 年 4 月苏宁与联想达成合作协议，要求联想在接到苏宁提货订单时，如果联想的配送中心本身库存不足，要从其他分销商处直接供货给苏宁，以减少顾客的等待时间，提高苏宁店铺的服务水平，同时不增加其他分销商的缺货率，提高整个系统的运营利润。这项协议实际上是在联想电脑的下游零售商间实施了库存共享，实现了其下游零售商间的库存横向转运。

联合采购。企业联合采购有利于获得数量折扣，降低成本，提高买方的谈判能力。随着网络技术的普及和发展，联合采购变得越来越普遍和方便。全球零售商交换网站（www.neogrid.com/uk）作为世界一流的综合交流社区，主要的功能就是汇总其成员之间的需求，而这些成员大多是大型零售商（包括 Kroger、Safeway、CVS、Walgreens 等）。在欧洲，采购联盟广泛存在于零售行业[14]。在意大利，5 家顶级的团购组织占据了 84%的市场份额。而在美国和加拿大，由于其家具大都来自海外，未参与海外团购的零售商的生存变得非常艰难。而很多电子和电器经销商也越来越重视联合采购[15]。国内的采购联盟也很多，如在医药领域，贵州一树连锁药业有限公司、甘肃众友健康医药股份有限公司、安徽丰原大药房连锁有限公司等八家公司成立了联合采购联盟公司［称为药店贸易联盟（Pharmacy Trade Organization，PTO）］；2009 年 6 月，大陆 9 家主要彩电企业（包括海尔、海信、创维、康佳等）为了降低采购成本、优势互补，从台湾三大面板企业联合采购上游液晶面板。

联合定价。著名的哈佛案例“The National Cranberry Cooperative”（红酸果合作社）中曾经指出，90%的小红莓产品的定价都由制造商和加工商联盟所决定，并且这种定价联盟广泛存在[5]。1922 年的美国 *Capper-Volstead Act* 的第一条和我国 2007 年颁布的《中华人民共和国反垄断法》第五十六条都对定价联盟进行了说明，农产品制造商与加工商之间可能会形成定价卡特尔（Price-Setting Cartel）组织，如 Ocean Spray、Sunkist 和 Land O'Lakes 等农业合作社。在国内，2010 年 12 月，为了稳定市场，避免大钢厂间的恶性竞争，山东钢铁集团有限公司牵头联合日照钢铁控股集团有限公司、石横特钢集团有限公司、山东莱钢永锋钢铁有限公司、山东闽源钢铁有限公司、山西西王钢铁有限公司、鲁丽集团有限公司等钢铁企业结成螺纹钢价格联盟。

联合广告（促销）。1991 年 6 月，英特尔成功地开展了“合作广告”的运作模式，补助电脑制造商广告经费，而电脑厂商同意英特尔公司在它们的电视、平面媒体和在线广告中，展示英特尔的商标图案，通过建立这种“内含英特尔”（Intel inside）广告形式，英特尔确立了现有的品牌地位。跨界形式的联合促销在企业的运作中相当普遍，如 1998 年，柯达胶卷公司与可口可乐公司通过推出“巨星联手、精彩连环送”的促销活动产生名牌叠加效应，达到了双赢目的。其他的还有碧浪+海尔、奔驰+阿玛尼等。虽然异业联盟在实践中很常见，但为了应对激烈的市场竞争，很多同行业的企业也开始尝试联合促销活动。大自然地板与圣象地板这两大地板业的巨头之前一直是竞争对手，由于近几年地板行业中的市场争夺激烈，这两大品牌的竞争也达到了白热化，在 2012 年，圣象地板与大自然地板从竞争走向合作，通过共享资源，相互学习，双方已在员工培训及营销策划和客户售后服务等多个环节实现全面合作。

联合运输。由于供应链中很多企业之间具有相似或者互补的物流需求，联合运输变得越来越普遍[16]。因为运输方式（火车、卡车等）的选择必须考虑多个公司的订单，所以这种运输也被称作“订单捆绑”（order bundling）[17]。例如，快速消费品生产商 Kimberly-Clark 和 Unilever-HPC 合作运输，使得服务水平大大提高（由每周两次交货提升到三次），运输次数减少了 50%，同时成本降低了 20%[18]。作为欧洲物流中心的比利时和荷兰，运输联盟已经超过 30 个，联盟通过紧密合作提高生产力，如通过优化车辆的产能利用率，减少非核心的空耗和削减成本，提高其物流网络的竞争力[19]。为了提高服务水平和物流企业的竞争能力，2013 年国内的阿里巴巴公司发起并成立了基于大数据的菜鸟物流网络，联盟网络中包含了顺丰、申通、圆通、中通等众多物流企业。菜鸟物流网络的建立，极大地缓解了“双 11”网络狂欢节中的物流压力，有效解决了快递物流行业信息化不足，同时促进了供应链中各环节协同。

混合联盟。这里的混合联盟指的是联盟内的企业，既有横向上的合作企业，也有纵向上的合作企业。2012 年 2 月，英特尔与电商巨头京东开通超极本购物频道，开展联合促销活动。活动中有多个主要全球电脑厂商，包括三星、联想、惠普、宏碁、华硕等。2008 年 6 月，德国的板材供应商欧德森与北京 5 家家具联盟达成战略联盟，联盟企业通过合作，可以获得采购原料时的折扣，同时做到优势互补和共同培育市场，达到各方共赢。1996 年，湖北格力空调销售公司通过整合区域内所有经销商和零售商，实现统一定价，使其第二年销售量增幅高达 40%。混合联盟的另外一种形式就是制造商联合多个上游供应商寻求合作，如当下非常火热的共享单车行业中，摩拜单车整合了自行车、智能开锁、GPS 定位，为广大消费者提供服务。面对行业的激烈竞争，摩拜单车积极寻求与上游组件供应商企业的合作，2017 年分别与富士康、陶氏化学、汉能移动电源、中再生等各领域顶尖企业达成战略合作。

1.1.3 研发联盟日益成为联盟中的重要形式

调查显示，1993~1998 年，美国研发联盟数量以每年 39%~52%的速度增长[20]。据统计，21 世纪初全球总共出现了 300 多万个联盟，而其中 90%以上都是技术联盟[21]，因此这种研发合作已经成为企业创新和保持竞争力的一种重要方式，研发企业共担风险、利益共享、优势互补，已成为技术革新和发展的新趋势。

研发合作大部分发生在一些技术含量高的产业。在汽车界，雷诺与日产结成战略合作伙伴关系，自 1999 年签署协议以来，日产汽车通过联盟将事业拓展至全球，经济规模大幅增长。2010 年，德国戴姆勒加入雷诺-日产联盟，双方建立全面合作并迅速跻身全球三大汽车联盟之一，参与方共享生产平台和研发技术，从而节约了数十亿欧元的成本[22]。随着自动驾驶技术的发展和成熟，2016 年，芯片制造商美国高通公司与丰田汽车等其他 25 家公司组成全球汽车联盟，以实现自动驾驶技术。该联盟包括丰田、通用、宝马、现代、大众、沃尔沃和日产等 12 家来自汽车行业的公司。在国内，为了迎接无人驾驶技术时代的到来和应对激烈的市场竞争，百度在 2017 年发布了 Apollo 计划，此计划通过建立生态合作伙伴联盟，鼓励合作伙伴在各专业领域做贡献，实现资源优势互补，其中汽车企业包括奇瑞汽车、长安汽车、长城汽车、福田汽车、江淮汽车、金龙客车等。而早在 2014 年，谷歌就已成立了包括通用、本田、奥迪、现代等汽车企业的开放汽车联盟（Open Automotive Alliance，OAA）。随着环境污染的加剧和全球气候的变暖，各个车企都在新能源汽车上发力，而为了应对高昂的研发费用和不确定的市场，国内的车企纷纷寻求合作。在此背景下，新能源汽车联盟层出不穷：2009 年 3 月北京新能源汽车产业联盟率先成立；2009 年 10 月，国内主流的汽车企业成立了电动汽车联盟（TOP10），联盟囊括了上汽、一汽、东风、广汽、北汽、长安、重汽、华晨、奇瑞、江淮这些国内知名企业，拟在研发等方面开展相关合作，从而节约成本增强竞争力。

虽然近几年我国企业在研发上的投入已经大幅增加，企业间的联盟合作也越来越常见，但是与发达国家相比还是差距很大[23]。因此为了赢得市场上的竞争，我国企业之间更需要采用合作的方式，实现优势互补，集中有限的资源在新技术和新产品的开发上，提高我国企业的整体实力。

1.1.4 联盟稳定性是联盟合作中不容忽视的问题

在企业管理的实践中，这些新型供应链联盟的出现很大程度上提升了企业自身的竞争力及所在联盟的整体竞争力，同时也将传统供应链中企业与企业间的竞争逐步演变为供应链中多个合作联盟间的竞争。然而 Morris 和 Hergert[24]曾指出，自 1985 年以来，美国产业联盟组织的增长率高达 25%，而供应链联盟中的企业通过承诺、信息共享和风险利益共担，使得结盟成为供应链管理中最活跃的实践之一。随着供应链联盟的兴起，以前企业间的竞争逐渐演变为供应链联盟之间的竞争。但是供应链联盟内的企业在利益不一致的情况下，仍然存在着竞争关系，联盟合作的目的在于采用相关的竞争合作战略实现联盟内企业的共赢和利润最大化[25]。然而联盟中的企业作为利益个体，加入联盟的根本目的是获取经济收益。因此对于整个供应链联盟而言，如何评价成员企业对整个联盟的贡献，并以此为依据进行利益分配至关重要，其决定了联盟合作的成败及持续性。Wang 和 Zajac[26]通过对 800 多家联盟组织的实证统计分析，认为联盟合作能够成功的只有 45%。而自从 20 世纪 90 年代以来，能够持续 4 年以上的研发联盟只有 40%[27]，Park 和 Russo[28]指出战略联盟失败率为 50%以上，所以联盟的稳定性已经成为现实中不可忽视的问题。

因此供应链联盟的运作一方面给传统的供应链管理理论与方法提供了新的研究视角，另外一方面也给研究者带来了许多新的问题和挑战。例如，在以上实际案例中，不仅包括合作联盟如何做出最优的库存策略、广告策略、采购策略和定价策略等运作策略方面的研究，还包括如何使联盟成员都愿意留在联盟中，而不从联盟中“叛逃”（deviations）的稳定性研究。所有这些都将会影响到供应链联盟及整个供应链绩效和竞争力的提升幅度，也严重制约了这些新型供应链联盟在其他企业或行业的推广应用。

因此，本书将针对上述实际背景，着力研究企业在不同供应链联盟下的运作策略及联盟的稳定性，回答企业在新型供应链联盟实践中所亟须解决的问题，为供应链联盟的有效实施和推广应用提供指导和理论支持，以进一步提高企业的供应链管理水平。因此，本书不仅具有重要的现实意义和潜在的应用价值，对推动供应链管理理论的进一步发展也有积极的作用。

本书来源于国家自然科学基金重点项目“我国供应链管理的创新模式与方法研究”（No. 71131003）子课题二：供应链合作联盟的优化运作方法与稳定性。

1.2 相关文献研究进展

随着供应链联盟合作的兴起，越来越多的理论研究者将目光聚焦于这一研究领域，并且取得了不少关于联盟运作策略及稳定性的研究成果。本节将先梳理供应链联盟合作的相关研究现状，接着介绍与本书相关的理论分析工具——合作博弈（cooperative game）理论及该理论在供应链联盟中的应用情况，由于技术联盟占战略联盟中 90%以上的比例[20]，所以本节最后梳理供应链中的研发合作联盟现状。

1.2.1 供应链联盟合作

自从 20 世纪 80 年代美国 DEC 公司总裁简·霍普兰德（J.Hopland）与管理学家罗杰·内格尔（R.Nagel）提出战略联盟的概念后，日益增长的战略联盟数量和大量失败的联盟案例已经被很多学者关注并已经成为学术研究的重要方向[29]。而战略联盟在学术界中并没有标准的定义，Kale 和 Singh[30]指出，战略联盟是指在两个或两个以上的企业间建立一种关系，使得资源和能力能够在企业之间交换、共享，从而能够共同发展并获得相关的利益。早期关于战略联盟的研究集中在战略合作的事前阶段，如合作的动机、合作的战略选择、伙伴的选择，以及联盟的谈判和契约等[31~34]，而近期很多关于战略联盟的研究已经转向战略合作的事后阶段，如有效的联盟管理、跨文化的理解和公司的绩效等[35~38]，更详细的可以参考 Gomes 等[39]关于战略联盟的综述。

供应链联盟作为战略联盟的一种形式，通过跨组织的合作改善供应链上企业的竞争力[40]，从而适应动态的市场需求。企业通过供应链联盟合作，实现与供应商及顾客之间的资源和信息的共享[41, 42]。作为一种商业经营理念，供应链联盟保持了一个中心目标，即创建基于关系的协同，从单个公司的专业和技能转向共同为业务合作伙伴及最终消费者的利益所服务[43]。对于供应链上节点企业间的这种合作，在理论和实践中有不同的称谓，如虚拟企业（virtual enterprise）、企联（enterprising）、供应链合作伙伴（supply chain partnership）、战略供应链联盟（strategic supply chain alignment），相关的英文文献名词还有 supply chain alliance[44]、supply chain coalition[45]、supply chain collaboration[46]、collaborative supply chain[47]等。供应链中的企业可以合作开展的环节包括联合供应、联合生产、联合运输、联合产品的研发、联合产品的营销等[47]。根据企业在供应链所处的环节可以将供应链联盟分为水平供应链联盟、垂直供应链联盟和混合供应链联盟[47, 48]。水平形式的供应链联盟产生于两个或两个以上的相关企业甚至是竞争企业的合作共享私有信息或资源，如供应商联盟、销售联盟、R&D 联盟、联合库存联盟等；纵向形式的合作产生于两个或两个以上的企业（如制造商、分销商、零售商）共享责任、资源和信息来服务相似的终端顾客，如卖方管理库存、高效客户反应（efficent customer response，ECR）[47, 48]等；而混合供应链联盟指的是既有横向上的合作又有纵向上的合作，如在一个装配型供应链中，上游供应商和下游组装商都可以参与合作结成一个混合联盟[49, 50]。

关于供应链联盟的战略性层面的研究很大一部分集中在以下几个方面：①分析联盟形成（coalition formation）原因和机理（参见文献[46]、[48]和[51]~[54]）；②影响联盟合作的因素（参见文献[55]~[57]）；③供应链联盟伙伴的选择（参见文献[47]、[58]、[59]）。供应链联盟合作运作层面的研究主要采用博弈论的方法，探讨供应链联盟成员间的利润分配和联盟稳定性[5, 60]。当供应链上这些企业选择合作以使得整个联盟获得最大收益时，如何分配这些利润，博弈论的方法成为很自然的选择。所以下面首先介绍合作博弈相关理论及稳定性的概念，其次介绍合作博弈理论在供应链联盟利润分配中的应用及供应链联盟稳定性的研究现状。

1.2.2 供应链中的合作博弈理论研究现状

1. 合作博弈理论介绍

供应链中存在的既竞争又合作的现象，使得博弈论成为分析这二者的一种很好的工具。博弈论，是关于理性决策主体之间冲突与合作关系数学模型的研究，用于分析决策主体的行为发生直接相互作用时的决策及这种决策的均衡问题[61]。自20世纪40年代开始，博弈论广泛应用于人类学、拍卖、生物学、商业、经济、管理、哲学、政治、运动和财富等各个方面，并且自60年代开始，博弈论开始应用于运营管理领域[62]。根据参与人间的相互关系，博弈论模型可以分为非合作博弈（non-cooperative game）与合作博弈。合作博弈强调的是团体理性（collective rationality）、效率（efficency）、公正（fairness）和公平（equality），而非合作博弈强调的是个人理性、个人最优决策，其结果可能是有效率的，也可能是无效率的[61]。纳什（Nash）和斯坦伯格（Stackelberg）均衡是非合作博弈中最重要的两个解，参见文献[63]~[65]。

1944年，von Neumann和Morgenstern在经典的博弈论著作——《博弈论和经济行为》（*The Theory of Games and Economic Behaviour*）中用特征函数（characteristic function）刻画了合作博弈论的概念[61]。随后，许多学者为合作博弈理论的发展做出了奠基性的工作，如Nash和Shapley分别于1950年和1953年提出“讨价还价”模型，Gillies和Shapley于1953年提出了“核”（core）概念等[61]。1960年以后，尽管合作博弈的理论研究仍在不断进行，但应用的限制使得它不像非合作博弈理论那样为经济学和社会学所广泛采用。但在1990年后，合作博弈理论研究又重新焕发出勃勃生机，2005年的诺贝尔经济学奖授予了以色列耶路撒冷希伯来大学的Aumann和美国马里兰大学的Schelling，2012年的诺贝尔经济学奖授予了美国加州大学洛杉矶分校Shapley，以表彰他们在合作博弈理论方面的贡献。

博弈论涉及的内容非常广泛，但是与本书相关的合作博弈理论研究主要集中在两个方面：短视的静态稳定性和远视的长期稳定性，以下将就这两个方面的基本概念分别进行介绍。

1）短视稳定性

合作博弈不同于非合作博弈在于其中的参与人可以进行交流（communication）和承诺（commitment）以期获得更好的结果。两人合作博弈中常见的是纳什谈判解（Nash bargaining solution）[66]，当参与人个数为三个或更多时，大多数的合作博弈以特征函数的形式表征其中的联盟收益，其解有夏普利值（Shapely value）[67]、核仁（nucleolue）[68]、核[69]、联盟结构核（coalition structure core）[70]等。核最早由Gililes于20世纪50年代早期作为研究稳定集合的一个工具，Shapley和Shubik将其发展成为一个解的概念，与Shapley值一起成为合作博弈中最重要也是最常见的两个解[71]。下面简单介绍与本书相关的Nash谈判解、特征函数、平衡博弈、凸博弈、Shapley值等概念。

Nash定义两人谈判问题为一个数对(F,d)，其中$F\subset R^2$是一个闭的凸子集，非空并且有界，是所有可行分配的集合，$d=(d_1,d_2)$是一个二维向量，表示不同意合作时的分配。Nash谈判解需要满足一些公理，从而保证：①解是对称的（相同的参与人收到相同的分配）；②解是可行的（分配之和不会超过总的合作利润）；③Pareto 最优的（两个参与人不可能获得比谈判解更好的收益）。Nash 证明了满足上述公理的解是唯一的，其解可以通过下述优化问题得到：

$$\arg\max_{x=(x_1,x_2)\in F,x\geqslant d}(x_1-d_1)(x_2-d_2)$$

设$N=\{1,2,\cdots,n\}$是由n个参与人形成的集合，集合N的任意一个非空子集S称为一个联盟，如果将空集$\varnothing$称为一个特殊的联盟，则n个参与人可以形成2^n个联盟，从而可以将一切联盟的集合记为2^N。对于每一个联盟$S\in 2^N$，用一个集值函数$v(S)$表示联盟S中成员通过共同努力所能获得的收益，将其称为特征函数。因此，可以给出如下合作博弈的定义。

定义 1.1[72]：数对(N,v)称为合作博弈，其中$N=\{1,2,\cdots,n\}$表示参与人的集合，v称为合作博弈的特征函数，表示从$2^N=\{S|S\subseteq N\}$到实数集R的映射，并且满足$v(\varnothing)=0$。

当任意两个联盟的交集为空集时，如果由这两个联盟中的所有参与人所组成新联盟的总收益总是不小（大）于原先的两个联盟的收益之和，这种博弈称为超（次）可加博弈。用数学语言给出如下定义：

定义 1.2[71~74]：合作博弈(N,v)是超（次）可加的，如果对于任意$S,T\in 2^N$，且$S\cap T=\varnothing$，有$v(S)+v(T)\leqslant(\geqslant)v(S\cup T)$。

注：如果一个博弈是超（次）可加的，则意味着“整体大于（小于）部分之和”；也就是说，如果两个不相交的联盟能够实现某种剩余，那么这两个联盟联合起来至少可以实现这种剩余。

两个联盟（交集不一定为空集）联合起来，这两个联盟中所有参与人组成的联盟所获得的总利润加上其交集的联盟所获得的利润，不小于原先两个联盟的利润之和，此称为合作博弈的凸性，用数学语言描述如下：

定义 1.3[71~74]：合作博弈 (N,v) 是一个凸（凹）博弈，如果对于任意 $S,T\in 2^N$，有 $v(S)+v(T)\leqslant(\geqslant)v(S\cup T)+v(S\cap T)$，其中 $v(\varnothing)=0$。

注：凸博弈的直观含义是参与人对某个联盟的边际贡献随着联盟规模的扩大而增加。

下面介绍合作博弈论中常用到的解概念，包括核和 Shapley 值等。

设向量 $\boldsymbol{x}=(x_i)_{i\in N}\in R^N$ 表示参与人为 $N=\{1,2,\cdots n\}$ 时博弈 (N,v) 的收益向量，x_i 表示分配给参与人 i 的收益。

定义 1.4[71~74]：合作博弈 (N,v) 的配置向量 $\boldsymbol{x}\in R^N$ 是符合个体理性（individual rational）的，如果对于 $\forall i\in N$，都有 $x_i\geqslant v(i)$。

定义 1.5[71~74]：合作博弈 (N,v) 的配置向量 $\boldsymbol{x}\in R^N$ 是符合集体理性（group rational）的，如果 $x(S)=\sum_{i\in S}x_i\geqslant v(S)$。

定义 1.6[72]：合作博弈 (N,v) 的核 $C(v)$ 定义为

$$C(v)=\left\{x\in R^n \middle| x(N)=v(N),\text{且对于}\forall S\subset N,\text{都有}x(S)\geqslant v(S)\right\}$$

其中，$x\in R^n$ 表示当参与人为 $N=\{1,2,\cdots,n\}$ 时博弈 $x(N)$ 支付向量；x_i 表示分配给参与人 $i\in N$ 的数量。

定义 1.7[70]：合作博弈 (N,v) 的联盟结构核 $C'(v)$ 定义为对于给定的联盟结构 ℓ，存在 $x\in R^n$ 满足 $C'(v)=\left\{x\in R^n \middle| \sum_{i\in Z_k}x_i=v(Z_k),\forall Z_k\in\ell,\text{且对于}\forall S\subseteq N,\text{都有}\sum_{i\in s}x_i\geqslant v(S)\right\}$。

定义 1.8[75]：合作博弈是超模的，如果对任意的 $S_1\subseteq S_2\subseteq N\setminus\{i\}$ 都有

$$v(S_2\cup\{i\})-v(S_2)\geqslant v(S_1\cup\{i\})-v(S_1)$$

定义 1.9[71~74]：由 N 的非空子集组成的集合 B 是一个平衡的集合，如果对于 $\forall S\in B$ 总存在正数 κ_S 使得 $\sum_{S\in B}\kappa_S=1_N$。（其中 1_S 为元素为 0 或 1 的向量，与 S 中的元素相对应的为 1，否则为 0）。

定义 1.10[71~74]：合作博弈 (N,v) 是一个平衡的博弈，如果对于任意平衡的集合 B 及其权重 $\{\kappa_S\}_{S\in B}$，总有 $v(N)\geqslant\sum_{S\in B}\kappa_S v(S)$。

定理 1.1[76]：合作博弈 (N,v) 的核非空当且仅当该合作博弈是平衡的。

定义 1.11[67]：对于 n 人合作博弈 (N,v)，参与人 i 的 Shapley 值定义为

$$\phi_i^S(v)=\sum_{S\subseteq N\setminus\{i\}}\frac{|S|!(n-|S|-1)!}{n!}\left(v(S\cup\{i\})-v(S)\right)$$

其中，S 表示不包含参与人 i 的联盟；$|S|$ 表示 S 中的成员数目。

核具有稳定的性质，也就是当用核作为分配联盟利润的策略时，子集 S 中的参与人不会有从大联盟 N 和小联盟 S 中叛逃的动机，核的不足在于其可能是空集。核反映了大联盟的稳定性，而联盟结构核刻画了任意联盟结构的稳定性。两种核本质上都是短视稳定的，因为这种判定方法只考虑单个参与人或者参与人集合的一步“叛逃”。Shapley 值是满足有效性、匿名性、虚拟局中人性质和可加性的唯一解，所以 Shapley 值是“一点解”，而核却是“集值解”[72]。然而美中不足的是 Shapley 值不一定在核中，即使核非空时。当合作博弈满足超模性质时，Shapley 值在核中，即联盟按照 Shapley 值分配收益时大联盟稳定[71]。

描述联盟短视稳定性的概念还有纳什均衡（Nash equilibrium）[77]和强纳什均衡（strong Nash equilibrium）[78]。其中 Nash 均衡考虑的是单个参与人的一步“叛逃”，而强 Nash 均衡考虑的是某个参与人集合的“叛逃”，也就是参与人集合经过一步“叛逃”后其成员收益变大，此时联盟稳定。所以这两种稳定性与核一样，都是短视稳定的。然而这种判断联盟稳定性的方法也许并不符合实际。例如，考虑任意一个联盟结构 ℓ，如果某个参与人集合 Z 叛逃后其能够增加收益并且形成一个新的联盟结构，从短视的角度此时联盟结构 ℓ 是不稳定的。然而，此时联盟内的成员可能会有进一步叛逃的动机以获得比当前联盟结构下更好的收益。实际上此时的叛逃可能会引起一系列的叛逃，最终使得这一系列叛逃后的成员利润相比于叛逃以前的联盟结构 ℓ 并没有增加。在这样的情况下，有远见的参与人也许并不会发生第一步的叛逃，也就是联盟结构 ℓ 是远视稳定（farsighted stable）的[60]。

2）远视稳定性

目前，大多数学者的基本假设是参与者是短视的，因此采用的稳定性概念是静态稳定的。他们仅考虑到参与者的一步“叛逃”能否获得更高的利润，如果某个参与者从大联盟“叛逃”能获得较高的利润，则从静态稳定性的概念可知大联盟是不稳定的联盟结构，与此相关的概念包括上述介绍的核等。但是，发生一步“叛逃”之后所形成的联盟结构是否稳定，以及参与者从大联盟中“叛逃”是否将是不可避免的现象，这些问题都无法用短视参与者的静态稳定性概念做出回答。为了克服短视的静态稳定性概念的不足之处，在 1994 年 Chwe[79]提出了远视参与者的动态稳定性概念。Chwe 指出远视参与者会考虑到如下情况，虽然某个参与者的一步“叛逃”能使他获得更多的利润，但这有可能使得其他参与者产生一系列的“叛逃”行动，最终使得该参与者的利润比叛逃之后更低，并且提出采用最大一致集（largest consistent set，LCS）作为动态合作博弈的解概念。描述这种联盟远视的稳定性的还有 Mauleon 和 Vannetelbosch[80]提出的最大谨慎一致集（largest cautious consistent set，LCCS）与 Konishi 和 Ray[81]提出的联盟形成均衡过程（equilibrium process of coalition formation，EPCF）。下面主要介绍与本书相关的最大一致集的概念。

定义 1.12[60]（参与人对联盟结构的强偏好关系）：如果对于两种联盟结构 ℓ_1 和 ℓ_2 有 $u_i^{\ell_1} < u_i^{\ell_2}$ 成立，则对于参与人 i 来说其更偏好于联盟结构 ℓ_2，即

$$u_i^{\ell_1} < u_i^{\ell_2} \Leftrightarrow \ell_1 \prec_i \ell_2$$

其中，$u_i^{\ell_j}$ 表示参与人 i 在联盟结构 ℓ_j 中的利润。

定义 1.13[60]（直接占优的联盟结构）：

（1）如果对于 $\forall i \in S$，都有 $\ell_1 \prec_i \ell_2$ 成立，则记为 $\ell_1 \prec_S \ell_2$；

（2）如果 S 中的所有参与人从联盟结构 ℓ_1 叛逃使得联盟结构变成 ℓ_2，则记为 $\ell_1 \rightarrow_S \ell_2$；

（3）如果存在某个参与人集合 S，使得 $\ell_1 \rightarrow_S \ell_2$ 并且 $\ell_1 \prec_S \ell_2$，则称联盟结构 ℓ_1 被联盟结构 ℓ_2 直接占优，记为 $\ell_1 < \ell_2$。

定义 1.14[60]（间接占优的联盟结构）：如果存在 m 个不同的联盟结构 $\ell_1, \ell_2, \cdots, \ell_m$ 和 m 个不同的参与人集合 $S_1, S_2, \cdots, S_m$，使得 $\ell_i \rightarrow_{S_i} \ell_{i+1}$ 并且 $\ell_i \prec_{S_i} \ell_m$，$i = 1, 2, \cdots, m-1$，则称联盟结构 ℓ_1 被联盟结构 ℓ_m 间接占优，记为 $\ell_1 \ll \ell_m$。

定义 1.15[60]（一致集）：集合 Y（其元素为联盟结构）若满足对于 $\forall\ \ell, V \in Y$ 和 $\forall S \subseteq N$，$\ell \rightarrow_S V$，都存在 $B \in Y$ 使得 $V = B$ 或 $V = B$ 且 $\ell \nprec_S B$，则称 Y 为一致集。

Chwe[82]证明了最大一致集的存在性、唯一性和非空性。由于每一个联盟都会考虑当自身发生改变时，其他的联盟相应的也会发生改变，从而引起一系列的变化，所以最大一致集包含了远视联盟稳定（farsighted coalitional stability）结构，在给出所有可能的稳定结果同时能确保不在最大一致集内的联盟结构不可能稳定。

2. 短视稳定性视角下供应链联盟合作研究现状

本节主要介绍参与人短视稳定性视角下多人合作博弈理论（又称为联盟博弈，其中参与人为三个或三个以上）在供应链联盟中的应用研究。在各种商业活动和产业组织中，联盟合作已经成为非常普遍的现象，并且在经济学相关的文献中，联盟形成和稳定性也已经成为非常重要的研究点。然而与非合作博弈比较，合作博弈理论应用于供应链管理的文献要少得多（文献[60]和[83]）。但是近几年应用合作博弈理论研究供应链联盟的文章正变得越来越多，经过梳理，相关文献大致可以分为横向水平联盟上的库存合作、信息共享、联合订货、联合运输、供应链纵向上的联盟整合，以及既含有横向又有纵向的混合联盟等。

库存合作。Nagarajan 和 Sošić[60]认为 Gerchak 和 Gupta[84]最早将合作博弈理论应用于库存合作，其中 Gerchak 和 Gupta 利用分数分配规则研究了库存合作系统的成本分摊。然而 Robinson[85]指出此分配规则并不稳定，并给出了两种稳定的解：Shapley 值和核仁。Wang 和 Parlar[86]利用非合作博弈及合作博弈两种不同的方法分析了含有三个参与人的报童问题。Hartman 和 Dror[87]研究了 n 个零售商的库存集中问题，提出了合作时成本分配应该满足组织稳定性、合理性和可算性三个方面，并证明了核仁和 Shapley 值都满足前两个标准，但是计算复杂。Granot 和 Sošić[88]针对一个两层的分销系统，研究了下游 n 个零售商的库存共享问题，并证明了 Shapley 值规则下联盟利润最大，但缺点是此时联盟不稳定。上述文献都是确定性需求下的库存合作，相关的文献还有[89]~[92]及基于 EOQ（economic order quantity，经济订货批量）/EPQ（economic production quantity，经济生产批量）模型研究多个零售商就同种产品进行库存共享时的订购策略的文献[93]~[95]。

对于单期随机需求的库存共享问题，Hartman 等[96]是最早的研究者，文中零售商所面临的产品需求被假定服从多元联合正态分布；Müller 等[97]则针对所有的需求分布函数形式，研究了零售商进行库存共享时的订货决策问题。此后，一些学者又对他们的研究进行了多方面的扩展。例如，Slikker 等[98]进一步考虑了在需求实现之后，零售商的剩余库存可以相互转运；Klijn 和 Slikker[99]及 Ozen 等[100]则考虑了零售商可以有多个库存仓库的情况；Ozen 等[101]探讨了需求信息更新（但需求还未实现）之后再重新分配库存的情况；Chen[102]在需求随机依赖于价格假定下，讨论了零售商进行库存共享时的订货决策问题；Hartman 和 Dror[103]则讨论了零售商的持有成本和惩罚成本各不相同时，形成库存共享的零售商的订货量决策问题；此外，Chen 和 Zhang[104]将零售商进行库存共享时的订货决策问题，构建为一个随机线性规划模型，并通过随机规划对偶理论提供了订货决策方法。类似的考虑随机需求的下库存合作文献还有[13]、[105]~[111]。

而针对动态需求的研究则相对不多，仅有的一些主要是关于多期确定型库存共享问题的研究，如 van den Heuvel 等[112]最早从传统单个零售商的经济批量（economic lotsize，ELS）问题出发，分析了在有限时期内具有确定型需求多个零售商的库存共享问题；随后 Chen 和 Zhang[113]则通过考虑允许缺货和更一般的订货成本而扩展了上述库存共享问题；Guardiola 等[114]、Guardiola 等[115]则讨论了一类多期确定型需求的生产-库存共享问题，在该类合作中联盟成员可通过有限时期内生产设施和仓储设施的共享，利用最低的生产成本进行生产并且利用最低的持有成本进行存储。

信息共享。Raghunathan[116]针对一个制造商和 n 个零售商的两层分销系统，基于 Shapley 值研究了需求信息共享下的联盟合作。Leng 和 Parlar[117]针对一个三层的供应链系统（供应商、制造商、零售商）研究了成员间信息共享对供应链成本改善的影响，并根据 Shapley 值和核仁分配联盟节省的成本。利用合作博弈的方法探讨联盟成员间信息共享的文献还有[118]、[119]等。

联合订货。Hartman 和 Dror[120]研究了一个多产品库存系统的联合订货问题，结果显示当所有的物品一起订购时，博弈的核是非空的，但是当订货成本分摊的比例很小时，核却是空的。Drechsel 和 Kimms[121]针对联合采购问题给出了具体的计算核分配的方法。Elomri 等[122]针对由一个制造商和多个零售商构成的两层供应链系统，研究了零售商联合补货的问题，当联盟博弈不满足超可加性时，仍然给出有效的联盟结构。其他类似的文献还有[123]~[126]。

联合运输。Cruijssen 等[19]对物流服务提供商潜在的合作进行了调研，找到了合作的可靠方法并构造了一个公平的分配机制。Frisk 等[127]针对森林合作运输问题，运用 Shapley 值、核仁等多种分配方法讨论联盟收益的分配。Lozano 等[128]研究了物流商之间的合作运输问题，并利用合作博弈中不同的解概念探讨了联盟合作所节省的成本分摊。类似的文献还有[16]、[129]~[131]等。

供应链纵向上的联盟整合。相比较于供应链横向上的联盟合作，纵向上利用联盟博弈探讨相应的运作策略和稳定性的文献要少得多。Rosenthal[132]针对纵向供应链上的 n 个成员企业共享技术和交易成本，基于 Shapley 值给出了企业间的转移价格。Leng 和 Parlar[117]针对一个三层的供应链系统（供应商、制造商、零售商）研究了三个成员合作建立共享信息联盟对供应链的改善，并根据 Shapley 值和核仁分配联盟节省的成本。Guo 等[133]利用三人合作博弈理论分析了信用卡网络中发卡行、收单行和商户之间的各种费率的计算。Kumoi 和 Matsubayashi[134]在链上成员企业间契约内生的情况下，研究了垂直整合后的利润分配和稳定性问题。

混合联盟。Leng 和 Parlar[135]针对两层的系统（一个上游子公司和 n 个下游子公司），证明了当上下游所有公司联盟合作时整个系统利润最大，并基于 Shapley 值给出了联盟内部的转移价格。李昌文等[50]研究了指数函数需求下装配型供应链中所有成员参与合作的联盟稳定性问题，并基于 Shapley 值给出了组装商与上游供应商间的转移价格。类似的文献还有[136]、[137]。

3. 远视稳定性视角下供应链联盟合作研究现状

应用核和 Shapley 值研究联盟博弈的稳定性都是短视的视角，也就是仅考虑参与人的一步叛逃，然而实际上此时的叛逃可能会引起一系列的叛逃，使得最初的叛逃也许不是合适的。考虑到此种情形，很多学者将远视稳定性应用到供应链的联盟合作中，大致可以分为横向上的联合订购（定价）联盟、组装供应商联盟及库存合作联盟等。

联合订购（定价）联盟。Granot 和 Sošić[138]首次将远视稳定性应用于供应链[60]。该文针对电子商务平台上销售同质产品的三个零售商，通过联合订货，从而减少相应的成本，利用最大一致集探讨了合作联盟的远视稳定性。Nagarajan 和 Sošić[139]研究了竞争性市场上的动态联盟形成，其中市场上的 n 个零售商销售可替代性的产品，在确定性需求和随机性需求下，作者研究了不同市场规模和竞争强度对联盟结构远视稳定性的影响。Nagarajan 等[140]分析了集团联盟采购的远视稳定性。周永务等[141]针对由一个供应商和三个零售商组成的供应链，在批发价契约下，分别考虑了供应商-Stackelberg、零售商-Stackelberg、供应商-零售商 Nash 三种博弈框架下零售商联合定价联盟的远视稳定性。肖旦等[142]仍然针对由一个供应商和三个零售商组成的供应链，在线性折扣契约（linear discount schedule）下，研究了竞争零售商联盟在不同折扣比例下的远视稳定性。其他类似的联合定价文献还有[143]、[144]。

组装供应商联盟。Nagarajan 和 Bassok[145]针对一个装配型供应链系统（n 个提供互补产品的上游供应商和一个下游组装商），考虑了随机需求情形下上游供应商为了增强谈判力而进行联盟合作后的联盟远视稳定性。Granot 和 Yin[146]针对一个装配型供应链系统，研究了推策略（供应商先定批发价格，然后组装商确定订货量）和拉策略（组装商先确定提供给供应商的价格，然后供应商确定产量）两种不同的契约下，供应商联盟的远视稳定结构。使用最大谨慎一致集理论，作者发现在拉策略下任何联盟结构都是稳定的，而在推策略下只有大联盟是稳定的。Nagarajan 和 Sošić[147]针对一个装配型供应链系统，在需求依赖于价格情形下，利用最大一致集和联盟形成均衡过程两种方法，分别考虑了供应商-Stackelberg、零售商-Stackelberg、供应商-零售商 Nash 三种博弈框架下供应商联盟的远视稳定性。Sošić[148]放松了 Nagarajan 和 Sošić[147]中确定性需求的条件，考虑了不确定性需求下供应商联盟的稳定结构。

库存合作联盟。Sošić[149]针对一个由 n 个零售商组成的分销系统，利用最大一致集方法探讨了库存共享联盟的远视稳定性。Li 等[150]研究了零售商可以延期支付情形下，证明了零售商库存合作联盟的核是非空的，并给出了相应的大联盟的分配方法，证明了此种分配是远视稳定的。

其他的利用远视视角探讨联盟稳定性的文献还有[151]~[155]等。其中 Sošić[151]针对一个三层的供应链系统，研究了链上成员间信息共享时的联盟远视稳定性。Tian 等[152]和 Tian 等[153]都是针对市场的产品回收合作，探讨了联盟合作的稳定性。

1.2.3　供应链中的研发合作研究现状

由于 R&D 联盟占战略联盟中 90%以上的比例[20]，所以理论界对研发联盟的研究成果非常丰富，如联盟伙伴关系的选择、联盟利益分配、联盟运行机制、联盟绩效等，相关的理论方法有交易成本论、博弈论、生态学理论、复杂网络结构理论等[156]。这里仅梳理与本书相关采用博弈论方法研究 R&D 联盟的三个方面：

横向水平上的R&D联盟、纵向上的R&D联盟及R&D联盟稳定性研究现状。

横向水平上的R&D联盟。企业间研发合作的目的在于通过知识溢出节省成本、共担风险及消除研发活动中的低效率。大多数关于研发联盟合作的文献都是基于d'Aspremont-Lynden和Jacquemin[157]及Kamien等[158]所做的开创性工作。d'Aspremont-Lynden和Jacquemin利用一个两阶段（第一阶段研发，第二阶段生产）的模型，针对生产同质产品的两个寡头企业，假设企业在投入一定的研发降低本企业产品成本的同时，也会通过溢出效应使得对手企业的成本降低。作者比较分析了三种情形下（两个阶段都没有合作、研发阶段合作生产阶段竞争、研发和生产阶段都合作）的研发支出以及企业产量，后来的学者称文中的模型为AJ模型。Kamien等拓展了d'Aspremont-Lynden和Jacquemin所做的工作：市场上有n个企业，其产品是存在差异的，同时研发生产函数是更广泛的一般凹函数（Concave R&D Prodcution Function），在生产阶段除了考虑数量竞争，还要考虑价格竞争。作者仍然采用两阶段的方法，比较分析了四种模式下［研发竞争、研发联合体（research joint ventures，RJVs）、研发卡特尔（R&D Cartel）、RJVs卡特尔］的研发效果、企业产量、企业效益和社会福利，并进一步分析了研发溢出率对三种合作模式的影响。

在d'Aspremont-Lynden和Jacquemin及Kamien等所做工作的基础上，很多学者做了相应的拓展。Poyago-Theotoky[159]分析了一个具有信息溢出效应的简单寡头模型，其中的部分企业合作结成RJVs。结果发现RJVs的均衡大小与溢出率有关，并且通常情况下都比最优的结果要小。在AJ模型的基础上做拓展的相关静态模型（static models）的文献还有[160]~[164]等。考虑横向研发合作的动态模型的文献有[165]~[167]等。横向上不确定性情况下的研发合作文献有[160]、[168]~[170]等。Bandy Opadhyay和Mukherjee[171]研究了非创新公司对创新公司的研发合作影响，结论是非创新公司的进入对合作研发的影响取决于两个公司间的溢出率。

纵向上的R&D联盟。Banerjee和Lin[172]较早开展了供应链纵向上研发合作的研究，作者研究了由一个上游供应商和n个下游企业组成的供应链系统，假设上游供应商和下游的部分企业组建研发联盟，讨论了不同的联盟策略和成本分担方式对社会福利的影响。Banerjee和Lin[173]仍然以上述纵向供应链系统为研究对象，在考虑下游部分企业间进行研发合作的情形下，探讨了上游供应商分别采用固定价格模式和变动定价模式对下游企业研发的影响。Ishii[174]针对两条供应链系统（分别由一个供应商和一个制造商构成），在供应链系统中既存在横向的溢出，又存在纵向的溢出的情况下，建立了一个纵向双寡头研发合作模型，探讨了其对研发策略的影响。Gupta[175]针对两条竞争供应链（分别由一个制造商和一个零售商构成），在制造商进行研发投入以削减成本并且有技术溢出情形下，探讨了制造商间没有研发合作及有研发合作时对渠道结构的影响。Ge 等[176]针对一个两层的供应链，在批发价契约下，分别考虑了上下游公司三种合作方式（RJVs、研发卡特尔、RJVs 卡特尔）的影响。类似的纵向上的研发合作文献还有[177]~[183]。

R&D 联盟稳定性研究现状。关于研发联盟合作稳定性的探讨基本上都是基于研发信息共享并且都是短视的视角。Poyago-Theotoky[159]分析了一个内生的 RJVs 模型，RJVs 内的公司完全共享研发信息，在此基础上作者探讨了 RJVs 的均衡大小。结果发现当 n 个企业中有 k 个企业结盟，剩下的 $n-k$ 个企业仍然独立时，通常情形下，均衡时的 RJVs 大小 k 要比最优值小。Kamien 和 Zang[184]研究了产业组织内部有多个 RJVs 时的均衡结果。Yi 和 Shin[185]研究了两种规则（独家会员模式和开放会员模式）对内生 RJVs 的影响，研究发现独家会员模式比开放会员模式的集中程度更高，但是搭便车问题使得难以得到均衡的联盟。Yi[186]研究了成本减少型 RJVs 联盟的稳定性。以上文献都考虑了内生联盟的稳定性影响，但都基于溢出率外生条件。Atallah[187]则从溢出率内生的角度探讨了 RJVs 的稳定性。Greenlee[188]仅从研发共享，而不是最大化联合利润的角度探讨了联盟形成博弈（coalition formation game），结果发现，当限制联盟成员时，联盟结构中最多包含三个 RJVs，并且低溢出率能够增加 RJVs 的财富，而当溢出率比较高时，应该限制 RJVs。研究 n 个企业联盟形成博弈的文献有[185]~[186]、[188]~[194]。以上文献虽然都从不同角度探讨了研发联盟形成时的稳定性，但都是基于短视角度。其中 Greenlee 和 Cassiman[192]从生产竞争及生产合作两个方面探讨了联盟的形成的均衡结果，其中研发阶段的合作模式是卡特尔。

1.2.4 文献评述和问题提出

在对以上文献梳理后可以发现，供应链联盟稳定性的研究主要集中在横向水平上的联合库存、联合采购、联合运输及纵向上的信息共享等。但是在横向上的联合库存研究方面，以往的文献主要关注零售商库存共享联盟的运作策略，并没有考虑制造商所提供的数量折扣契约方案对零售商横向库存共享联盟运作策略的影响，更没有涉及制造商与零售商形成混合的库存共享联盟。

对于合作广告的研究，以往主要集中于纵向合作广告。Berger[195]最先提出了纵向合作广告的基本模型。随后一些学者基于非合作博弈论的视角，提出动态和静态的纵向合作广告模型，如 Jørgensen 等[196]、Jørgensen 等[197]、Jørgensen 等[198]、Huang 和 Li[199]、Huang 等[200]、Li 等[201]、Huang 和 Li[202]。以上文献都是讨论制造商对零售商地方促销广告费用进行补贴，从而使整条供应链的利润达到最大，并没有讨论实际上广泛存在的零售商间的横向的合作广告，以及供应商与零售商既存在纵向又存在横向上广告合作联盟的情形。

对于定价联盟的研究目前仅限于单层零售商层面，如 Granot 和 Sošić[203]、

Nagarajan 和 Sošić[204]都是针对销售具有替代性产品的零售商形成合作联盟展开研究，然而他们没有考虑到零售商联盟与上游制造商之间的纵向博弈对零售商合作联盟结构的影响。但实际上除了这种单纯的横向合作以外，还有很多混合形式的联盟合作，如欧德森与五大家具联盟，湖北格力空调销售联盟等。探讨这种供应商和多个零售商间的混合联盟合作是对单纯横向或纵向上的联盟合作的补充。

目前对于联合采购的研究主要集中于零售商库存系统中的联合补货问题，零售商间没有竞争关系，并且大都是从短视角度研究采购联盟的稳定性。但实际中很多零售商进行联合采购时，存在着订货量相互竞争的情形，因此当上游制造商或者供应商提供不同的契约时（如批发价格契约和数量折扣契约），研究下游零售商进行联合采购时的最优策略，以及不同联盟结构的稳定性将会丰富采购联盟这一理论研究成果。

梳理装配型供应链中相关文献后发现，联盟合作研究主要集中在对上游组装商间的联盟合作及相关稳定性的讨论，但是在实际中存在着组装商和上游供应商的混合联盟合作，如摩拜单车与上游组件供应商间的联盟，所以研究垄断情形下及竞争情形下的装配型供应链联盟将会丰富供应链联盟这一理论研究成果。

研发联盟作为联盟合作的一种重要形式，虽然相关的文献研究很丰富，但是目前关于研发联盟的稳定性讨论都是基于短视稳定的视角。在实际上，研发成员企业会从长远的角度选择合作，因此从远视的角度探讨联盟合作的稳定性将更符合实际。

综上所述，本书将在前人研究工作的基础上，主要运用非合作博弈及合作博弈理论中的短视稳定性和远视稳定性，分别探讨库存共享、广告合作、联合定价、联合采购，以及研发合作中的联盟相关运作策略及稳定性问题。

1.3 本书内容和结构安排

本书基于现实的管理现状和相关研究，针对分销链中的供应商和多个零售商及装配供应链中的组装商和多个上游供应商的合作开展了相关研究，拓展和丰富了研发合作联盟稳定性的理论内容，使得研究更贴近实际。本书共分七章，各章内容安排如下。

第 1 章为绪论。简要地分析了供应链新型合作模式产生的时代背景，阐述了国内外企业在供应链合作模式上的实践现状，阐明了供应链联盟在运作管理和稳定性上的研究现状，提出了本书的研究问题，并对结构进行了安排，指出了本书的特色与创新之处。

第 2 章为库存共享联盟的库存补充策略及稳定性研究。该章针对由一个制造商、一个制造商中心仓库和多个非竞争性的零售商所组成的供应链系统，在零售商间横向库存共享情形下，与制造商和零售商间既有横向库存共享又有纵向库存共享的混合库存共享情形下，讨论了两种库存共享联盟的运作策略与稳定性。

第 3 章为广告合作联盟的广告投入策略及稳定性研究。该章针对由一个制造商和多个非竞争性的零售商所组成的供应链系统，在零售商横向合作广告（horizontal cooperative advertising，HCA）情形下，制造商和零售商的混合合作广告（hybrid cooperative advertising，HYCA）情形下，与制造商和零售商间既进行合作广告又进行库存共享的合作情形下，分别讨论了相应合作联盟的运作策略、分配方案及稳定性。

第 4 章为联合定价联盟的定价策略及稳定性研究。该章首先针对由单一制造商和三个基于价格竞争的零售商所组成的两层供应链系统，在制造商处于领导地位、制造商和零售商地位相同与零售商处于领导地位三种不同的市场结构下，采用短视的 Nash 稳定性概念与远视的最大一致集概念研究了不同类型零售商定价联盟的运作策略与稳定性。其次针对一个供应商和两个价格的竞争零售商，讨论了供应链中三个参与人联盟合作的定价策略及联盟远视稳定性。

第 5 章为联合采购联盟的采购策略及稳定性研究。该章首先针对由单一制造商和三个基于数量竞争的零售商组成的两层供应链系统，在供应商提供批发价格契约下，零售商间通过联合订货以使得联盟利润最大化，在供应商和零售商三种不同的博弈框架下，分析了零售商间不同的联合采购联盟的采购策略及联盟稳定性。其次考虑制造商提供一般数量折扣契约，研究了基于订货量竞争的零售商联合采购联盟的采购策略与稳定性，分析了数量折扣契约形式对远视零售商联合采购联盟结构的影响。

第 6 章为装配供应链中的联盟定价策略及稳定性研究。该章首先针对由一个供应商和 n 个上游供应商组成的供应链系统，讨论了装配型供应链的联盟合作策略，并证明了大联盟是稳定的，利用 Shapley 值分配了联盟的利润。其次将整个装配型供应链系统放宽到竞争性环境下，探讨了装配型供应链系统在面对同质产品竞争时的联盟稳定性及相应的利润分配。

第 7 章为合作研发联盟的研发投入策略及稳定性研究。该章首先利用两阶段博弈的方法，讨论了在生产阶段竞争及生产阶段合作两种方式的最优研发投入策略，其次探讨了相应联盟的短视及远视稳定性。

最后为总结与展望。对本书的研究内容进行了总结，指出了不足，并提出了今后值得进一步研究的问题和方向。

针对上述研究内容，本书的技术路线如图 1-1 所示。

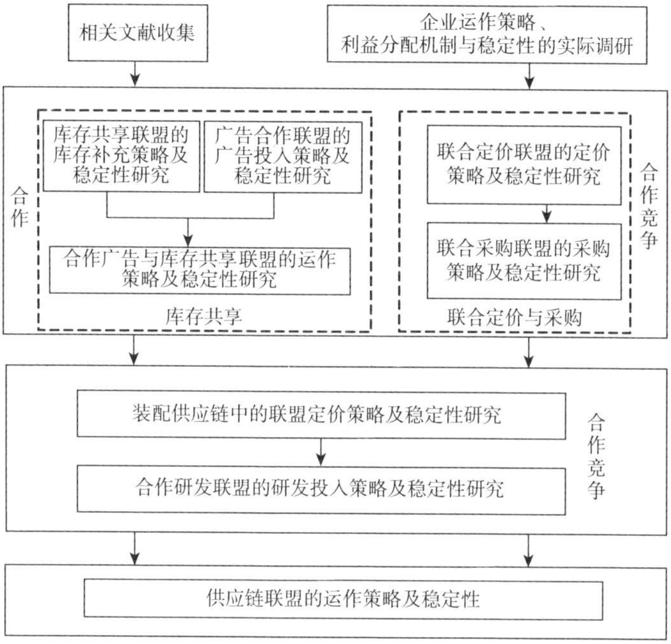

图 1-1　本书的技术路线图

1.4　本书特色和创新之处

本书的研究特色和创新之处主要体现在以下几个方面。

（1）针对库存共享联盟，首先，本书在研究对象上区别于现有文献中对单层库存共享联盟的研究，考虑了制造商参与库存共享的混合库存共享模式；在研究方法上区别于探讨每个供应链成员利润最大化的非合作博弈论，采用了先使“蛋糕”做大（即每个库存共享联盟成员以联盟利润最大化为目标），再公平合理地分“蛋糕”（也就是使库存共享联盟成员不从联盟中“叛逃”）的合作博弈论。其次，本书还考虑了在全国性品牌广告和地方性促销广告随机影响的情形下，合作广告和库存共享联盟的运作策略和稳定性。区别于现有大多数文献对纵向合作广告模型的讨论，本书讨论了一个制造商和多个零售商间既进行横向合作广告又进行纵向合作广告，以及合作广告和库存共享同时进行的合作情形，特别地，对于横向合作广告情形，本书设计了基于销售收益在大联盟中所占比例对联盟成本进行分摊的规则，而对于混合合作广告联盟，则设计了基于特殊“批发价格”的利润分配方案，使得合作广告联盟的大联盟保持稳定。

（2）针对联合采购联盟，区别于现有文献中仅考虑单层企业间的“合作竞争”关系，本书考虑了上游制造商对下游零售商联盟结构的影响。首先，在制造商处于领导地位、制造商和零售商地位相同及零售商处于领导地位三种不同的市场结构中，本书考虑了当制造商提供批发价契约时，基于订货量竞争的短视零售商联合采购联盟及远视零售商联合采购联盟的稳定结构。结果发现，无论在制造商 Stackelberg 模型、垂直 Nash 模型还是零售商 Stackelberg 模型中，短视的零售商在竞争强度相对比较小时，都会选择大联盟；但是当竞争强度相对比较大时，短视的零售商在大联盟中都会发生叛逃行为，也就是短视的零售商大联盟不稳定。但是从远视的角度来说，无论哪一种模型下，大联盟都远视稳定。其次，本书还研究了制造商向基于订货量竞争的零售商联合采购联盟提供不同形式的数量折扣契约时，对远视零售商联合采购联盟稳定结构的影响。结论表明，当制造商提供线性折扣契约时，如果折扣比例较低（小于 0.5），基于订货量竞争的零售商会形成仅两个零售商联合采购的联盟结构；而如果折扣比例较高（大于 0.5），基于订货量竞争的远视零售商将只会形成大联盟，以增强共同的竞争力。但是，当制造商提供两部收费制折扣契约（two-part tariff discount schedule）时，无论制造商所提供的折扣比例如何变化，基于订货量竞争的零售商都以三个零售商联合采购的大联盟为稳定结构。而对于一般的数量折扣契约，则通过数值例子说明了大联盟是联合采购联盟的稳定结构。

（3）针对联合定价联盟，区别于现有文献中仅考虑单层企业间的“合作竞争”中的联合定价，本书考虑了两层供应链中上游制造商对下游零售商联盟结构的影响。首先，在制造商及零售商处于三种不同地位的市场结构中，本书考虑了基于价格竞争的短视零售商定价联盟和远视零售商定价联盟的稳定结构。结论表明，不同的市场结构对短视零售商定价联盟和远视零售商定价联盟的稳定结构有不同影响，相比于零售商处于主导地位的市场结构，远视零售商在制造商处于领导地位的市场结构中形成大联盟的阈值更高；而在制造商和零售商地位相同的市场中，大联盟则是远视零售商和短视零售商共同的稳定结构。其次针对由一个供应商与两个相互竞争零售商组成的两层分销供应链系统，在供应商-Stackelberg 博弈框架下，研究短视零售商联盟的稳定结构和远视零售商联盟的稳定结构。结果发现当竞争强度比较弱时，基于 Shapley 值分配联盟利润方案下的大联盟从短视角度下是稳定的，供应链系统更可能发生的联盟为供应商-零售商联盟。对于不同的竞争强度，还给出了远视情形下可能存在的其他稳定结构。

（4）现有的文献关于装配型供应链联盟的研究都仅仅是上游供应商联盟的合作研究，而很少关注组装商与上游供应商的联盟合作。本书首先针对由 n 个供应互补产品的上游供应商和一个组装生产最终产品的下游组装商组成的供应链系统（其中下游组装商的需求是价格敏感型的），当供应链系统内的所有供应商和组装商都可以自由合作时，证明了大联盟稳定并且利润最高，利用 Shapley 值分配方法给出了联盟利润的分配，并在此基础上给出了供应链系统内部的转移价格。其次将整个供应链系统放置于一个更普遍的环境，也就是整个装配型供应链的产品面对同质产品竞争时的情形，给出了相应的装配型供应链系统的联盟运作策略和稳定性问题。

（5）现有的关于研发联盟稳定性的研究都是基于短视的视角，也就是只考虑联盟成员的一步“叛逃”，但根据研发合作的实践可知，研发合作的成员需要从长远的角度看待研发联盟合作，也就是需要有远视视角。本书分析比较了两种研发合作策略（产量阶段竞争和产量阶段合作）的研发投入、企业产量、企业利润之间的关系，并给出了两种合作模式下的短视及远视的研发联盟稳定性结构，结果表明其联盟稳定性不仅与研发企业间的溢出率有关，而且与研发投入难度相关。我们发现，产量竞争情形下的卡特尔 RJVs 模式中联盟的短视稳定性与远视稳定性一致，即当$\beta<0.5$时，两人联盟结构是唯一稳定的联盟结构，而当$0.5<\beta<1$时，大联盟唯一稳定。而产量合作时的卡特尔 RJVs 模式中的大联盟在任何情形下都不短视稳定，仅仅当溢出率比较小，并且研发成本系数比较小时，大联盟才远视稳定。

综上所述，本书在研究中不仅考虑了单一的运作合作，也考虑了多种运作合作模式的并存，而已有相关研究只考虑单一的运作合作；不仅考虑了供应链中的横向运作合作，也考虑了既有纵向合作又有横向合作的混合合作，而现有的相关研究仅考虑供应链横向运作合作；不仅考虑了装配供应链中的供应商参与的联盟合作，而且也考虑了组装商参与的联盟合作，而现有的相关研究仅考虑供应商合作；不仅考虑了研发联盟的短视稳定性，也考虑了研发联盟的远视稳定性，而现有的相关研究仅考虑研发联盟的短视稳定性。因此本书在现有供应链联盟相关研究的基础上，为供应链中合作联盟的稳定性与利益分配方案提供了新的理论模型与方法。

第2章　库存共享联盟的库存补充策略及稳定性研究

2.1 引　言

近年来，随着经济全球化步伐的加快和我国改革开放进程的深入，零售市场逐渐从卖方市场转向买方市场，顾客的需求变得日益多样化并充满了不确定性，导致企业的库存水平居高不下，库存成本越来越高。在 2012 年，由于受到国内外宏观经济形势等因素的影响，李宁、安踏、361°、特步、匹克等国内 6 家知名运动品牌企业的库存占用的资金高达 38 亿元人民币。另外，众多企业为了有效地降低库存成本和提高服务水平，在库存合作上进行了诸多创新。例如，2010 年 4 月苏宁与联想达成了库存共享合作协议，相当于在联想的下游零售商间实现了横向库存共享。此外，2012 年 12 月，国美通过上线全新的 ERP（enterprise resource planning，企业资源计划）系统，不仅实现了全国连锁店库存共享，而且建立了零售商与供应商信息共享的管理平台，确保了有货率接近 100%。

库存共享虽然能使参与合作企业的库存运作成本降低，并能更有效地应对顾客需求的不确定性，但是，在现实生活中库存共享联盟往往难以实施，而实施之后的效果也并不十分理想。究其原因，往往涉及如下两类亟须解决的问题：①库存共享联盟的最优运作策略是什么？②如何公平合理地分配库存联盟所获得的总利润？即是否存在一种对库存共享大联盟的利润分配方案，使得每个联盟成员都不愿意单独或者形成小联盟从大联盟中“叛逃”出去。

为了回答上述问题，已有一些学者在需求是随机的情形下展开了讨论。例如，Hartman 等[96]和 Müller 等[97]分析了具有相同价格参数的零售商所形成基本库存共享联盟的稳定性。随后，Slikker 等[98]，Klijn 和 Slikker[99]及 Özen 等[100]则讨论了在需求实现之后，可进行转运的库存共享联盟的稳定性；Chen[102]在需求随机依赖于价格的假设下，讨论了零售商进行库存共享联盟的稳定性。但是，以上的研究都仅考虑了单层的零售商库存共享联盟的运作策略，并没有考虑制造商所提供的数量折扣契约方案对零售商横向库存共享联盟运作策略的影响，更没有涉及制造商与零售商形成混合的库存共享联盟。

本章以苏宁和联想达成的横向库存共享联盟，和国美与上游供应商的混合库存共享联盟为实际背景，考虑由一个制造商、一个制造商中心仓库和多个非竞争性的零售商组成的供应链系统。每个零售商所面临的需求是随机的，在需求实现之前，零售商将其订货量汇集到仓库，制造商每次按照仓库中零售商的订货总量，给予每个零售商相同的批发价格；在需求实现之后，按照每个零售商处的实际需求将订货量的重新分配。如果制造商不与零售商合作，则仓库中剩余的库存将全部运送到零售商处；而如果制造商与零售商进行合作，则剩余的库存可留在仓库中进行处理。与以上所述的实际背景相对应，本章具体考虑如下两种不同的合作情形：①仅零售商间进行库存共享合作；②制造商也参与库存共享的混合库存共享合作。

2.2　符号与模型假设

N：下游零售商的集合，$N=\{1,2,\cdots,n\}$；

0：上游制造商；

$N_0=N\cup\{0\}$：所有零售商与制造商的集合；

X_i：零售商 i 的随机需求，其累积分布函数为 $F_i(x)$ $\left[\overline{F_i}(x)=1-F_i(x)\right]$，概率密度函数为 $f_i(x)$，随机变量之间是相互独立的；

x_i：零售商 i 需求的实际值；

q_i：需求实现前零售商 i 的订货量；

p_i：零售商 i 的单位产品销售价格；

v_i：单位产品在零售商 i 处的残值；

v_w：单位产品在制造商中心仓库 w 处的残值；

c_m：制造商生产单位产品的成本；

$w(q)$：制造商向零售商所提供产品的单位批发价格，是关于订货量 q 的连续减函数。零售商的订货量越多，制造商提供的批发价格越低。

本章考虑全量折扣契约，因此零售商的订货成本为 $w(q)q$（$q=q_i$ 或后文中出现的 q_S）。此外，假设制造商和所有的零售商都是风险中性的，为与实际情况保持一致，设 p_i，v_i，v_w 和 c_m 均为非负数，并对于所有的 $i\in N$ 和 $q\geqslant 0$，都有

$p_i > w(q) > c_m > v_w > v_i$成立。

2.3 制造商和零售商的库存共享博弈模型

本节讨论制造商与零售商在不同库存共享合作模式下的最优运作策略。首先对于只有一个制造商和一个零售商的供应链，指出如何设计基本的数量折扣契约使供应链达到协调；其次，研究了一个制造商如何向多个零售商所形成的横向库存共享联盟提供数量折扣契约的情形；再次，讨论了制造商与零售商间既有横向库存共享又有纵向库存共享的混合库存共享情形；最后，对于以上两种不同的库存共享情形，通过刻画相应合作博弈的特征函数，构建了两种不同的库存共享博弈模型。

2.3.1 基本的数量折扣契约形式

在仅有一个制造商和一个零售商 i 的供应链中，如果制造商向零售商提供的数量折扣契约为 $w(q)$，则根据经典的 Newsvendor 模型，可知零售商 i 的期望利润为

$$E\left[\Pi_i^R(q_i)\right] = -(w(q_i)-v_i)q_i + (p_i - v_i)\int_0^{q_i}\overline{F_i}(x)dx \tag{2-1}$$

其中，$q_i \in Q_i = \{q_i \in R_+ \mid c_m < w(q_i) \leqslant p\}$；而制造商的利润则为 $\Pi_0(q_i) = (w(q_i)-c_m)q_i$。

Cachon[205]曾指出，如果零售商 i 的最优订货量为 $\overline{F}(q_i^I) = \dfrac{c_m - v_i}{p_i - v_i}$，则整条供应链的利润可实现最大化，并提供了如下的一种特殊的数量折扣契约 $w(q_i)$，使得整条供应链达到协调：

$$w(q_i) = (1-\lambda)(p_i - v_i)\left(S_i(q_i)/q_i\right) + \lambda(c_m - v_i) + v_i \tag{2-2}$$

其中，$S_i(q_i) = \int_0^{q_i}\overline{F_i}(x)dx$，并且 $S_i(q_i)/q_i$ 是关于 q_i 的减函数；λ 在一般情况下不超过 1，表示当供应链达到协调时零售商所能获得供应链总利润的份额。

2.3.2 横向库存共享下零售商的运作策略

假设供应链中存在多个相互独立不存在竞争关系的销售市场，零售商可以自由形成横向库存共享联盟。本小节考虑在由制造商、制造商中心仓库和下游零售商横向库存共享联盟组成的供应链系统中，零售商横向库存共享联盟的最优运作策略。

在零售商横向库存共享联盟中，零售商的决策以整个横向库存共享联盟的利润最大化为目标。本小节中制造商与零售商之间并未形成合作关系，制造商仅向零售商提供数量折扣契约。因此，零售商不能将需求实现之后可能多余的库存留在制造商中心仓库处。从而，零售商横向库存共享联盟的决策顺序为：首先，制造商向零售商提供统一的数量折扣契约，零售商为了获得较高的数量折扣，形成横向库存共享联盟；其次，横向库存共享联盟中的零售商根据联盟的总利润最大化提出各自的订货量，并将他们的订货量汇总，向制造商中心仓库提供一个总的订货量信息；最后，当需求实现并且产品到达仓库之后，零售商重新分配订货量以使横向库存共享联盟的利润最大化。由于制造商产品的订单信息只来源于仓库，所以，制造商并不清楚零售商是否结成库存共享联盟。从而，制造商只根据中心仓库得到的订单提供相应的数量折扣契约，并将产品运送至中心仓库。零售商横向库存共享联盟的决策顺序如图 2-1 所示。

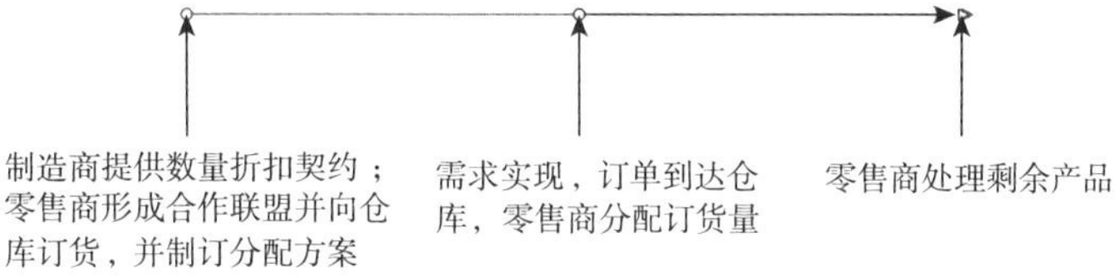

制造商提供数量折扣契约；零售商形成合作联盟并向仓库订货，并制订分配方案
需求实现，订单到达仓库，零售商分配订货量
零售商处理剩余产品

图 2-1　零售商横向库存共享联盟的决策顺序图

设 $S \subseteq N$ 是由多个零售商形成的横向库存共享联盟，且零售商的订货量取值于 $\boldsymbol{Q}^S = \left\{ \boldsymbol{q} \in R_+^N \mid q_i = 0, i \notin S \text{ 且 } q_i \geqslant 0, i \in S \right\}$，$q_S = \sum_{i \in S} q_i$ 是横向库存共享联盟 S 的总订货量；设横向库存共享联盟 S 所面临的随机需求为 $\boldsymbol{X}^S = (X_i)_{i \in S}$，其中 $X_i \geqslant 0$，$i \in S$，则其所对应需求的实现值为 $\boldsymbol{x}^S = (x_i)_{i \in S}$，其中 $x_i \geqslant 0$，$i \in S$；而当需求实现之后，横向库存共享联盟 S 可以对总订货量 q_S 进行重新分配，则重新分配方案 $\boldsymbol{a}$ 取值于

$$\boldsymbol{A}^S(q_S) = \left\{ \boldsymbol{a} \in R_+^N \mid \sum_{i \in S} a_i = q_S, \text{且 } a_i = 0, i \notin S \right\} \tag{2-3}$$

因此，当需求实现之后，横向库存共享联盟 S 的总利润为

$$G_S(q_S, \boldsymbol{x}^S, \boldsymbol{a}) = H_S(q_S, \boldsymbol{x}^S, \boldsymbol{a}) - C_1(q_S) \tag{2-4}$$

其中，$H_S(q_S, \boldsymbol{x}^S, \boldsymbol{a}) = \sum_{i \in S} p_i \min\{a_i, x_i\} + \sum_{i \in S} v_i (a_i - x_i)^+$；$C_1(q_S) = w(q_S) q_S$。

性质 2.1：对于给定的实际需求 $\boldsymbol{x}^S$ 和零售商的总订货量 q_S，存在对 q_S 的重新分配方案 $\boldsymbol{a}^* \in \boldsymbol{A}^S(q_S)$，使得横向库存共享联盟 S 的总收益 $H_S(q_S, \boldsymbol{x}^S, \cdot)$ 最大。

证明：由于 $H_S(q_S, \boldsymbol{x}^S, \cdot)$ 是关于 $\boldsymbol{a}$ 的连续函数，而 $\boldsymbol{A}^S(q_S)$ 则是非空的紧集，非空紧集上的连续函数必有最值，命题得证。

性质 2.1 说明在需求实现之后，存在对零售商横向库存共享联盟的总订货量 q_S 的最优重新分配方案 $\boldsymbol{a}$（即在给定横向库存共享联盟的总订货量 q_S 和零售商所面临的需求 $\boldsymbol{x}^S$ 情况下的最优分配方案），使得零售商横向库存共享联盟 S 的利润达到最大。

令 $H_S(q_S,\boldsymbol{x}^S,\boldsymbol{a}^*(q_S,\boldsymbol{x}^S))=h_S(q_S,\boldsymbol{x}^S)$，$\Pi_S^R(q_S)=h_S(q_S,\boldsymbol{x}^S)-C_1(q_S)$，因此，零售商横向库存共享联盟 S 的期望利润为

$$E\left[\Pi_S^R(q_S)\right]=E\left[h_S(q_S,\boldsymbol{X}^S)\right]-w(q_S)q_S \tag{2-5}$$

制造商的利润为 $\Pi_0(q_S)=(w(q_S)-c_m)q_S$。

与单个制造商和单个零售商的讨论相似，为了使整条供应链的利润最大化，制造商向横向库存共享联盟中零售商提供数量折扣契约的形式可以为

$$\begin{aligned}w(q_S)=&\frac{(1-\lambda)}{q_S}\sum_{i\in S}(p_i-v_i)S_i\left(E_{\boldsymbol{X}^S}(a_i^*)\right)+\lambda\frac{1}{q_S}\left(c_m-\sum_{i\in S}v_iE_{\boldsymbol{X}^S}(a_i^*)\right)\\&+\frac{1}{q_S}\sum_{i\in S}v_iE_{\boldsymbol{X}^S}(a_i^*)\end{aligned} \tag{2-6}$$

下面的性质 2.2 则说明存在有限的最优订货量使得零售商横向库存共享联盟 S 的期望利润达到最大。

性质 2.2：横向库存共享联盟 S 的期望利润 $E\left[\Pi_S^R(q_S)\right]$ 是关于 q_S 的连续函数，并且存在有限的 q_S^{II} 使得 $E\left[\Pi_S^R(q_S)\right]$ 最大。

证明：为了证明 $E\left[\Pi_S^R(q_S)\right]$ 是关于 q_S 的连续函数，可以先证明 $E\left[h(q_S,\boldsymbol{X}^S)\right]$ 是关于 q_S 的连续函数，而 $w(q_S)q_S$ 是关于 q_S 的连续函数则是易知的。

对于 $\forall\varepsilon>0$，设 $\delta=\dfrac{\varepsilon}{(p_S+v_S)|S|}$，取 q_S 和 $q_S^{'}$ 满足 $\left|q_S-q_S^{'}\right|<\delta$，相应的最优分配方案为 $\boldsymbol{a}^*$ 和 $\boldsymbol{a}^{*,'}$，并令 $p_S=\max\limits_{i\in S}p_i$，$v_S=\max\limits_{i\in S}v_i$，则有

$$\begin{aligned}&\left|E\left[h(q_S,\boldsymbol{X}^S)\right]-E\left[h(q_S^{'},\boldsymbol{X}^S)\right]\right|\\&\leqslant E\left[\left|h(q_S,\boldsymbol{X}^S)-h(q_S^{'},\boldsymbol{X}^S)\right|\right]\\&=\sum_{i\in S}p_i\min\{a_i^*,x_i\}+\sum_{i\in S}v_i(a_i^*-x_i)^+-\left(\sum_{i\in S}p_i\min\{a_i^{*,'},x_i\}+\sum_{i\in S}v_i(a_i^{*,'}-x_i)^+\right)\\&\leqslant p_S\sum_{i\in S}\left|a_i^*-a_i^{*,'}\right|+v_S\sum_{i\in S}\left|a_i^*-a_i^{*,'}\right|\\&=(p_S+v_S)\sum_{i\in S}\left|a_i^*-a_i^{*,'}\right|\\&\leqslant(p_S+v_S)|S|\left|q_S-q_S^{'}\right|\\&<\varepsilon\end{aligned}$$

上面的第一个不等式由三角不等式可得，第一个等式则是由 $h_S(q_S, \boldsymbol{x}^S)$ 的定义可知，第二个不等式则由不等式 $\min\{x,y\}-\min\{z,y\} \leqslant |x-z|$，$p_S$ 和 v_S 的定义可知，其他的等式和不等式则经过简单的代数运算可知。

由于 $w(q_S)$ 是关于 q_S 的连续减函数，故 $w(q_s)$ 是关于 $1/q_S$ 的连续增函数，即 $w(q_s)q_S$ 是关于 q_S 的连续函数，从而 $E\left[\Pi_S^R(q_S)\right]$ 是关于 q_S 的连续函数。

此外，由于 $E\left[\Pi_S^R(q_S)\right] \leqslant \sum_{i\in S} p_i E[X_i] - c_m q_S$，如果 $q_S > \sum_{i\in S} p_i E\left[X_i\right] \big/ c_m$，则 $E\left[\Pi_S^R(q_S)\right] < 0$，所以最优的订货量是有限的，即应在 $[0, \sum_{i\in S} p_i E\left[X_i\right] \big/ c_m]$ 中。

2.3.3　混合库存共享下制造商和零售商的运作策略

本小节在零售商横向库存共享联盟与上游制造商形成混合库存共享联盟的情形下，分析混合库存共享联盟中成员的最优运作策略。假设制造商与零售商横向库存共享联盟形成混合库存共享联盟后，零售商以混合库存共享联盟的期望利润最大化为目标做出订货量决策；然后，制造商根据零售商库存共享联盟的总订货量提供数量折扣契约；当零售商的需求实现之后，零售商则根据已经达成的分配方案分配总的订货量。

在制造商与零售商横向库存共享联盟形成的混合库存共享联盟中，为了实现整个混合库存共享联盟的利润最大化，可以将分配给零售商 i 的多余订货量留在制造商的仓库中进行处理（产品留在制造商仓库中处理的利润比在零售商处高），而不必强行运送至零售商 i 处。

设 $S_0 = S \cup \{0\}$，其中 $S \subseteq N$，是下游零售商横向库存共享联盟与上游制造商形成的混合库存共享联盟。在销售初期零售商库存共享联盟向制造商提供总订货量，而当需求实现之后零售商库存共享联盟根据实际需求重新分配总订货量，如果出现多余的库存则在制造商的仓库中处理掉，而如果出现过剩的需求，则缺货不补。此时，总订货量的分配方案 a 取值于 $\boldsymbol{B}^S(q_S) = \{\boldsymbol{a} \in R_+^N \mid \sum_{i\in S} a_i \leqslant q_S, a_i = 0$ 对任意的 $i \notin S\}$。

当需求实现之后，下游零售商横向库存共享联盟的总利润为

$$\sum_{i\in S} p_i \min\{a_i, x_i\} - w(q_S)q_S \tag{2-7}$$

上游制造商的利润为

$$w(q_S)q_S - c_m q_S + \sum_{i\in S} v_w (a_i - x_i)^+ \tag{2-8}$$

则混合库存共享联盟的利润为

$$G_{S_0}(q_S, \boldsymbol{a}, \boldsymbol{x}^S) = H_{S_0}(q_S, \boldsymbol{a}, \boldsymbol{x}^S) - C_2(q_S) \tag{2-9}$$

其中，$H_{S_0}(q_S,\boldsymbol{a},\boldsymbol{x}^S)=\sum_{i\in S}p_i x_i+\sum_{i\in S}v_w(a_i-x_i)^+$ ；$C_2(q_S)=c_m q_S$。

同性质 2.1 和性质 2.2 类似，下面通过性质 2.3，指出存在对总订货量的最优分配方案使得需求实现之后的混合库存共享联盟的利润达到最大。

性质 2.3：对于给定的实际需求 $\boldsymbol{x}^S$ 和零售商横向库存共享联盟的总订货量 q_S，存在对总订货量的最优分配方案 $\boldsymbol{a}\in \boldsymbol{B}^S(q_S)$，使得 $H_{S_0}(q_S,\boldsymbol{a},\boldsymbol{x}^S)$ 最大。

此时的最优分配方案如下：

（1）当总订货量 q_S 与总需求量 $\sum_{i\in S}x_i$ 相等时，每个零售商按照各自的实际需求进行分配，即 $a_i=x_i$，$(i=1,2,\cdots,n)$。

（2）当总订货量 q_S 大于总需求量 $\sum_{i\in S}x_i$ 时，每个零售商按照各自的实际需求进行分配，即 $a_i=x_i$，$(i=1,2,\cdots,n)$；剩余的库存 $q_S-\sum_{i\in S}x_i$ 留在制造商仓库中。

（3）当总订货量 q_S 小于总需求量 $\sum_{i\in S}x_i$ 时，对零售商按销售价格的高低排序，将订货量优先分配给销售价格高的零售商，直至总订货量被分完。

设此时的最优分配方案为 $\boldsymbol{a}^{**}(q_S,\boldsymbol{x}^S)$，并令 $H_{S_0}(q_S,\boldsymbol{a}^{**}(q_S,\boldsymbol{x}^S),\boldsymbol{x}^S)=h_{S_0}(q_S,\boldsymbol{x}^S)$，$\pi_{S_0}(q_S)=h_{S_0}(q_S,\boldsymbol{x}^S)-C_2(q_S)$，则混合库存共享联盟的期望利润为

$$E\left[\Pi_{S_0}(q_S)\right]=E\left[h_{S_0}(q_S,\boldsymbol{X}^S)\right]-c_m q_S \tag{2-10}$$

下面通过性质 2.4 说明，存在最优的总订货量使得混合库存共享联盟的期望利润最大。

性质 2.4：混合库存共享联盟的期望利润 $E\left[\Pi_{S_0}(q_S)\right]$ 是关于 q_S 的连续函数，并存在有限的 $q_{S_0}^{III}$ 使得 $E\left[\Pi_{S_0}(q_S)\right]$ 的利润达到最大化。

2.3.4 两种库存共享博弈模型

根据以上讨论的两种不同库存共享情形，可以分别定义如下两种不同的库存共享博弈模型，它们的特征函数分别是每种库存共享联盟所能获得的最大期望利润。

定义 2.1：定义横向库存共享博弈为 (N,v_1)，其中，对于所有的 $S\subseteq N$，$v_1(S)=E\left[\Pi_S^R(q_S^{II})\right]$，$v_1(\varnothing)=0$。

定义 2.2：定义制造商和零售商的混合库存共享博弈为 (N_0,v_2)，其中，对于所有的 $S\subseteq N$，$v_2(S_0)=E\left[\Pi_{S_0}(q_{S_0}^{III})\right]$，$v_2(S)=v_1(S)$，$v_2(\varnothing)=0$，$v_2(0)=0$（由于制造商需要通过零售商销售其产品才能实现利润）。

下面的性质 2.5 说明，制造商和零售商的混合库存共享联盟比零售商横向库存共享联盟的整体利润要大。

性质 2.5：对于所有的 $S \subseteq N$ ，$v_2(S_0) \geqslant v_1(S)$ 。

证明：当下游零售商横向库存共享联盟的总订货量为 q_S^{II} ，而实际需求为 x^S 时，

$$\sum_{i \in S} p_i \min\left\{a_i^*, x_i\right\} + \sum_{i \in S} v_w (a_i^* - x_i)^+ \geqslant \sum_{i \in S} p_i \min\left\{a_i^*, x_i\right\} + \sum_{i \in S} v_i (a_i^* - x_i)^+ ,$$

$$v_w > v_i (i = 1, 2, \cdots, n)$$

对不等式两边同时求期望可知 $E\left[h_{S_0}(q_S^{II}, \boldsymbol{X}^S)\right] \geqslant E\left[h(q_S^{II}, \boldsymbol{X}^S)\right]$ 。根据 q_S^{II} 和 q_S^{III} 的定义，有

$$\begin{aligned}
& E\left[h_{S_0}(q_S^{III}, \boldsymbol{X}^S)\right] - c_m q_S^{III} \\
\geqslant & E\left[h_{S_0}(q_S^{II}, \boldsymbol{X}^S)\right] - c_m q_S^{II} \\
\geqslant & E\left[h_S(q_S^{II}, \boldsymbol{X}^S)\right] - c_m q_S^{II} \\
\geqslant & E\left[h_S(q_S^{II}, \boldsymbol{X}^S)\right] - w(q_S^{II}) q_S^{II}
\end{aligned}$$

因此 $E\left[\Pi_{S_0}(q_{S_0}^{III})\right] \geqslant E\left[\Pi_S^R(q_S^{II})\right]$ ，即 $v_2(S_0) \geqslant v_1(S)$ 。在 Guardiola 等[206]讨论的确定性需求中也有类似的性质。

2.4　两种库存共享博弈的核

本节讨论了在两种不同的库存共享情形下，相应的库存共享联盟的稳定性。合作博弈的核最早是由 Gililes 于 20 世纪 50 年代早期作为研究稳定集合的工具引进的，而根据定理 1.1 可知，合作博弈的核是否非空与合作博弈是否是平衡博弈等价。因此，以下我们将证明两种库存共享情形所对应的合作博弈都是完全平衡的。

2.4.1　零售商横向库存共享博弈的核

定理 2.1：零售商横向库存共享博弈 (N, v_1) 是平衡的。

证明：设 $\boldsymbol{\kappa}$ ：$2^N \setminus \{\varnothing\}$ 是一个平衡映射，$\boldsymbol{X}^N = (X_i)_{i \in N}$ ，由于 $\boldsymbol{\kappa}$ 是平衡映射，故 $\sum_{S \subseteq N: S \neq \varnothing} \kappa(S) 1_S = 1_N$ ，$\sum_{S \subseteq N: S \neq \varnothing} \kappa(S) X_i^S = X_i$ 。

设 $\boldsymbol{a}^{N,*}$ 是在大联盟 N 中需求为 $\boldsymbol{x}^N = (x_i)_{i \in N}$ 和联盟订货量为 $\sum_{S \subseteq N: S \neq \varnothing} \kappa(S) q_S^{II}$ 给定的情况下的最优分配方案，$\boldsymbol{a}^{S,*}$ 是在合作联盟 S 中 $\boldsymbol{x}^S = (x_i)_{i \in S}$ 和 q_S^{II} 都给定情况下的

最优分配方案。下面先证明$E\left[\Pi_N^R(\sum_{S\subseteq N:S\neq\varnothing}\kappa(S)q_S^{II})\right]\geqslant\sum_{S\subseteq N:S\neq\varnothing}E\left[\Pi_S^R\left(\kappa(S)q_S^{II}\right)\right]$。由于$\boldsymbol{a}^{N,*}$是关于$\sum_{S\subseteq N:S\neq\varnothing}\kappa(S)q_S^{II}$的最优分配方案，故有

$$
\begin{aligned}
&\Pi_N^R\left(\sum_{S\subseteq N:S\neq\varnothing}\kappa(S)q_S^{II}\right)\\
&=\sum_{i\in N}p_i\min\left\{a_i^{N,*},x_i\right\}+\sum_{i\in N}v_i\left(a_i^{N,*}-\sum_{S\subseteq N:S\neq\varnothing}\kappa(S)x_i\right)^+-w\left(\sum_{S\subseteq N:S\neq\varnothing}\kappa(S)q_S^{II}\right)\\
&\geqslant\sum_{S\subseteq N:S\neq\varnothing}\kappa(S)q_S^{II}\sum_{i\in N}p_i\min\left\{\sum_{S\subseteq N:S\neq\varnothing,i\in S}\kappa(S)a_i^{S,*},x_i\right\}+\sum_{i\in N}v_i\left(\sum_{S\subseteq N:S\neq\varnothing,i\in S}\kappa(S)a_i^{S,*}-x_i\right)^+\\
&\quad-w\left(\sum_{S\subseteq N:S\neq\varnothing}\kappa(S)q_S^{II}\right)\sum_{S\subseteq N:S\neq\varnothing}\kappa(S)q_S^{II}
\end{aligned}
$$

又因为$H_S(q_S,\boldsymbol{x}^S,\cdot)=\sum_{i\in N}p_i\min\{\cdot,x_i\}+\sum_{i\in N}v_i(\cdot-x_i)^+$是关于$\boldsymbol{a}$的凹函数，所以有

$$
\begin{aligned}
&\sum_{i\in N}p_i\min\left\{\sum_{S\subseteq N:S\neq\varnothing,i\in S}\kappa(S)a_i^{S,*},x_i\right\}+\sum_{i\in N}v_i\left(\sum_{S\subseteq N:S\neq\varnothing,i\in S}\kappa(S)a_i^{S,*}-x_i\right)^+\\
&\geqslant\sum_{S\subseteq N:S\neq\varnothing}\kappa(S)\sum_{i\in S}p_i\min\left\{a_i^{S,*},x_i\right\}+\sum_{S\subseteq N:S\neq\varnothing}\kappa(S)\sum_{i\in S}v_i\left(a_i^{S,*}-x_i\right)^+
\end{aligned}
$$

根据前面的讨论可知

$$
w(q_S)=\frac{(1-\lambda)}{q_S}\sum_{i\in S}(p_i-v_i)S_i\left(E_{X^S}(a_i^*)\right)+\lambda\frac{1}{q_S}\left(c_mq_S-\sum_{i\in S}v_iE_{X^S}(a_i^*)\right)+\frac{1}{q_S}\sum_{i\in S}v_iE_{X^S}(a_i^*)
$$

$$
w(q_S)q_S=(1-\lambda)\sum_{i\in S}(p_i-v_i)S_i\left(E_{X^S}(a_i^*)\right)+\lambda\left(c_mq_S-\sum_{i\in S}v_iE_{X^S}(a_i^*)\right)+\sum_{i\in S}v_iE_{X^S}(a_i^*)
$$

因此

$$
\begin{aligned}
&w\left(\sum_{S\subseteq N:S\neq\varnothing}\kappa(S)q_S^{II}\right)\sum_{S\subseteq N:S\neq\varnothing}\kappa(S)q_S^{II}\\
&\leqslant(1-\lambda)\sum_{i\in S}(p_i-v_i)E_{X^S}\left(\sum_{S\subseteq N:S\neq\varnothing,i\in S}\kappa(S)a_i^{S,*}\right)\\
&\quad+\lambda\left(c_m\sum_{S\subseteq N:S\neq\varnothing}\kappa(S)q_S^{II}-\sum_{i\in S}v_iE_{X^S}\left(\sum_{S\subseteq N:S\neq\varnothing,i\in S}\kappa(S)a_i^{S,*}\right)\right)\\
&\quad+\sum_{i\in S}v_iE_{X^S}\left(\sum_{S\subseteq N:S\neq\varnothing,i\in S}\kappa(S)a_i^{S,*}\right)\\
&\leqslant(1-\lambda)\sum_{i\in S}p_iE_{X^S}\left(\sum_{S\subseteq N:S\neq\varnothing,i\in S}\kappa(S)a_i^{S,*}\right)+\lambda c_m\sum_{S\subseteq N:S\neq\varnothing}\kappa(S)q_S^{II}
\end{aligned}
$$

从而有

$$
\begin{aligned}
& w\left(\sum_{S\subseteq N:S\neq\varnothing}\kappa(S)q_S^{II}\right)\sum_{S\subseteq N:S\neq\varnothing}\kappa(S)q_S^{II} \\
& \leqslant (1-\lambda)\sum_{i\in N}p_i E_{X^S}\left(\sum_{S\subseteq N:S\neq\varnothing,i\in S}\kappa(S)a_i^{S,*}\right)+\lambda c_m\sum_{S\subseteq N:S\neq\varnothing}\kappa(S)q_S^{II} \\
& = \sum_{S\subseteq N:S\neq\varnothing}\kappa(S)\sum_{i\in S}(1-\lambda)p_i E_{X^S}(a_i^{S,*})+\sum_{S\subseteq N:S\neq\varnothing}\kappa(S)\lambda c_m q_S^{II} \\
& \leqslant \sum_{S\subseteq N:S\neq\varnothing}\kappa(S)w(q_S^{II})q_S^{II}
\end{aligned}
$$

从而可知

$$
\begin{aligned}
& \Pi_N^R\left(\sum_{S\subseteq N:S\neq\varnothing}\kappa(S)q_S^{II}\right) \\
& \geqslant \sum_{S\subseteq N:S\neq\varnothing}\kappa(S)\sum_{i\in S}p_i\min\left\{a_i^{S,*},x_i\right\}+\sum_{S\subseteq N:S\neq\varnothing}\kappa(S)\sum_{i\in S}v_i\left(a_i^{S,*}-x_i\right)^+ \\
& \quad -\sum_{S\subseteq N:S\neq\varnothing}\kappa(S)w(q_S^{II})q_S^{II}=\kappa(S)\Pi_S^R(q_S^{II})
\end{aligned}
$$

即 $E\left[\Pi_N^R\left(\sum_{S\subseteq N:S\neq\varnothing}\kappa(S)q_S^{II}\right)\right]\geqslant\sum_{S\subseteq N:S\neq\varnothing}\kappa(S)E\left[\Pi_S^R(q_S^{II})\right]$ 成立。

又由于

$$
\begin{aligned}
v_1(N) &= E\left[\Pi_N^R(q_N^{II})\right] \\
&\geqslant E\left[\pi_N^R\left(\sum_{S\subseteq N:S\neq\varnothing}\kappa(S)q_S^{II}\right)\right] \\
&\geqslant \sum_{S\subseteq N:S\neq\varnothing}\kappa(S)E\left[\Pi_S^R\left(q_S^{II}\right)\right] \\
&= \sum_{S\subseteq N:S\neq\varnothing}\kappa(S)v(S)
\end{aligned}
$$

综上所述，零售商横向库存共享博弈 (N,v_1) 是平衡的。

根据定理 2.1，有如下推论 2.1 成立。

推论 2.1：零售商横向库存共享博弈 (N,v_1) 的核是非空的。

2.4.2 制造商和零售商的混合库存共享博弈的核

与定理 2.1 的证明类似，可以得出如下的结论。

定理 2.2：制造商和零售商的混合库存共享博弈 (N_0,v_2) 是平衡的。

与推论 2.1 类似，可得如下推论 2.2。

推论 2.2：制造商和零售商的混合库存共享博弈 (N_0,v_2) 的核是非空的。

推论 2.1 和推论 2.2 的结果说明在随机需求的环境下，两种不同的库存共享情形下所形成的库存共享联盟都是稳定的。但是，制造商与零售商库存共享联盟形成的混合库存共享联盟的总期望利润要高于仅横向零售商的库存共享联盟。这也为国美与上游供应商形成库存共享联盟提供了理论上的解释。

2.5 本章小结

本章以苏宁和联想的横向库存共享联盟，以及国美与上游供应商形成混合库存共享联盟为实际背景，研究了横向库存共享联盟，以及制造商和零售商的混合作联盟的最优运作策略和稳定性。在需求随机的情形下，制造商通过自身的中心仓库向多个零售商提供数量折扣契约。本章还证明了仅横向零售商的横向库存共享联盟，以及制造商和零售商的混合库存共享联盟最优运作策略的存在性，并给出了仅零售商库存形成横向库存共享联盟时，制造商所提供数量折扣契约的具体形式。此外，还证明了两种库存共享博弈的核都是非空的，即两种库存共享联盟的大联盟都是稳定的。最后我们还发现，混合库存共享联盟的总期望利润要高于横向的零售商库存共享联盟。本章为实际中企业间的混合库存共享联盟的形成，提供了理论上的支持。

第3章　广告合作联盟的广告投入策略及稳定性研究

3.1　引　　言

在现代市场经济活动中，广告是企业经理人提高产品销量的一种重要手段。制造商和零售商可以通过各种各样的广告宣传让顾客充分了解其所经营产品的价格、质量和售后服务等属性，增加潜在顾客购买其经销产品的欲望，进而达到增加产品需求的目的。一般来说，广告可分为全国性的品牌广告和地方性的促销广告两类。全国性的品牌广告具有传播企业文化与精神，树立产品品牌形象，提高产品市场占有率等目的；而地方性的促销广告则主要通过发布产品的零售价格、促销时间和销售地点等具体信息刺激顾客进行购买。由于在供应链中所处层次的不同，所以，制造商关注的是产品在全国市场的销量，而零售商关心的是产品在本地市场的销量。从而，制造商一般投资于具有全国影响力的品牌广告，而零售商则往往投放具体的地方促销广告。

随着经济的高速发展，企业之间的竞争变得越来越激烈，在各种新闻媒体上投放广告的成本越来越高。例如，中国著名白酒制造商——贵州茅台酒厂有限公司，以高达 4.43 亿元的价格赢得了 2012 年中央电视台《新闻联播》报时组合 8 个月的广告权。然而，在 1994 年，中国另一家大型酒厂——孔府宴酒业有限公司，仅以 3 000 万元人民币就拿下中央电视台《新闻联播》和《天气预报》之间的黄金广告时段，成为央视的首届“标王”。另据 2012 年 2 月 28 日《中国日报》的报道，2011 年中国的广告费用同比增长了 14.5%，达到 6 810 亿元人民币（约合 1 080 亿美元）。广告费用在企业运作成本中所占的比例越来越高，这使得中国的许多企业，特别是中小型企业承受了巨大的财务压力。因此，许多企业的决策者都在思考既能节省广告费用，又能增加产品销量的运作策略。

企业解决以上问题的一个较为有效的策略就是进行合作广告。合作广告指的是供应链中多家在业务上有联系的企业合作刊登广告，造成较大的声势，并对总的广告费用进行合理分摊。根据合作广告企业在供应链中所处的层次不同，一般可分为纵向合作广告和横向合作广告两类。纵向合作广告指的是由供应链中上游的制造商和下游的零售商联合分摊产品的广告费用，而横向合作广告指的是供应链中同一层次的企业联合起来刊登广告，并分摊广告费用。两种类型的合作广告不仅可以达到促销的目的，而且可以降低各自的广告成本，因此，这两种类型的合作广告在实际生活中很常见。例如，在计算机行业中，著名的 Apple 公司负担了 75%的媒体广告成本，而在汽车行业中，通用汽车公司向其经销商提供了 25%的分担比例。2013 年 4 月，著名运动品牌 NIKE、adidas、New Balance 及 PUMA 共同发起了一个公益广告，以悼念波士顿马拉松爆炸案中的遇难者。

而目前对于合作广告的研究，主要集中于纵向合作广告。Berger[195]先提出了纵向合作广告的基本模型。随后，一些学者基于非合作博弈论的视角，提出动态和静态的纵向合作广告模型，如 Jørgensen 等[196~198]，Huang 和 Li[199]，Huang 等[200]，Li 等[201]与 Huang 和 Li[202]。以上文献都是讨论制造商对零售商地方促销广告费用进行补贴，从而使整条供应链的利润达到最大。但是，以上的讨论存在两个方面的不足之处：①制造商对零售商的广告补贴使各方利润最大，只能对拥有较少数量的零售商模型适用，而对于零售商数量较多时则比较复杂；②它们并没有讨论零售商间可以进行横向的合作广告。本章所讨论的内容则与以上文献不同，将基于合作博弈论的角度，分析一个制造商与多个零售商进行纵向和横向合作广告的情形。

此外，为了更加有效地降低企业的运作成本，一些企业不仅进行了广告上的合作，而且还实现了库存上的共享。例如，2011 年 10 月，丰田 Corolla 的制造商——天津一汽丰田汽车有限公司，在各种媒体上对 2011 款 Corolla 车型进行了大量的宣传活动；与此同时，作为一汽丰田在大连的主要经销商之一，中升集团在大连的 5 家 4S 店共同举行了“中升集团 5 周年汽车文化节”的促销活动；而且由于中升集团的 4S 店的所有库存及销售信息都会共享，所以，如果某个 4S 店出现缺货的情况则可以随时向其他的 4S 店进行调货，此时的中升集团不仅实现了与上游制造商和大连地区经销店的合作广告，而且也实现了大连地区汽车库存的共享，使得大连中升丰田荣获“2011 中国汽车流通行业优秀企业奖”。

企业间开展合作广告与库存共享的合作，形成相应的联盟往往能使得总利润增加，但是，大联盟的稳定性却是由每个联盟成员所能分得的利润而决定的。因此，大联盟利润的分配方法是否合理对其稳定性将产生重要影响。为了探讨合作广告联盟，以及合作广告与库存共享联盟的稳定性，需要考虑如下问题。首先，联盟如何决策品牌广告费用和地方促销广告费用，以及各零售商的订货量使联盟的利润最大化，即如何将“蛋糕”做大？其次，如何公平合理地分配大联盟的利润，使得大联盟保持稳定，即如何合理地分“蛋糕”？

目前，虽然已有学者讨论了基本的库存共享联盟的稳定性（Hartman 等[96]，Müller 等[97]）和需求随机依赖于价格时库存共享联盟的稳定性（Chen[102]），但是，对于需求受广告随机影响下的库存共享联盟的运作策略和稳定性，特别是基于合作博弈论方法的讨论还未有涉及。因此，为了研究上述问题，本章考虑了由一个制造商和多个非竞争性的零售商组成的两层供应链系统，其中，每个零售商所面临的需求都受到全国性的品牌广告费用和地方性的促销广告费用的随机影响。为了与实际中存在的不同合作模式相对应，本章分别考虑了两种不同的合作情形：①供应链中的成员仅仅只进行合作广告而没有实现库存共享；②供应链中的成员不仅进行了合作广告，而且在零售商之间实现了库存共享。

针对以上的两种不同合作情形，本章分别建立了相应的合作博弈模型，其中，每个合作博弈的特征值是在相应合作情形下联盟所能实现的最大期望利润。通过理论分析可知，每一种合作情形所对应合作博弈的核都是非空的，也就是说存在公平合理的分配规则使得所有的参与者都愿意留在大联盟中，而不从联盟中“叛逃”出去。此外，为了方便企业实际的应用，对于合作广告博弈模型，本章还设计了不仅在核中而且易于计算的分配规则。

3.2　模型描述、符号与模型假设

3.2.1　模型描述

本章考虑由一个制造商和多个非竞争性零售商组成的两层供应链系统。制造商通过多个零售商销售其产品，而本身不能直接将产品销售给顾客。当制造商和零售商不进行合作广告时，制造商以自身利润最大化为目标投资于全国性的品牌广告，而零售商则会以横向合作广告联盟的利润最大化为目标专注于地方性的促销广告；而当制造商和零售商进行合作广告时，混合合作广告联盟以总利润最大化为目标整体投资于全国性的品牌广告和地方性的促销广告。除了进行合作广告之外，零售商之间还可以在库存上开展合作，即需求实现之后在零售商间进行库存的重新分配，使制造商与零售商的合作广告与库存共享联盟的总利润达到最大化。由于在销售季节开始前，供应链中的成员向市场投放全国性的品牌广告和地方性的促销广告，并且下游零售商向上游制造商进行订货，而在销售季节结束后，剩余产品则被处理掉，所以本书的研究框架基于经典的报童模型（newsvendor model）。下面将介绍本章用到的一些符号和模型假设。

3.2.2 符号

N：下游零售商集合，$N=\{1,2,\cdots,n\}$；

0：上游制造商；

S：部分零售商的集合，$Z\subseteq N$；

$N_0=N\cup\{0\}$：制造商和零售商全体组成的大联盟；

c：制造商生产单位产品的成本；

w：制造商提供给零售商单位产品的批发价格，对每个零售商都是一致的，即没有价格歧视；

p_i：单位产品在零售商 i 处的销售价格；

q_i：零售商 i 的订货量。

3.2.3 模型假设

1. 需求假设

假设每个零售商面临的需求是随机的，并且依赖于全国性的品牌广告费用和地方性的促销广告费用的投入。不妨设零售商 i 的需求函数的形式为 $D_i=d(b,l_i)X_i$，其中，$d(b,l_i)$ 刻画了广告费用投入对产品销量的影响，l_i 为零售商 i 所投入的地方性促销广告费用，b 表示制造商所投入的全国性品牌广告费用；X_i 表示市场环境对产品销量的随机影响，其累积概率分布函数为 $F_i(x)$。一般情况下，$d(b,l_i)$ 是关于 b 和 l_i 的非减函数，不妨设 $d(b,l_i)$ 为常用的非线性形式，即 $d(b,l_i)=\alpha-\beta b^{-u}l_i^{-v}$，其中 α、β、u 和 v 为正常数，α 表示需求达到饱和时的量，u 和 v 分别表示需求关于品牌广告费用和促销广告费用的弹性系数，并且当 $b\to\infty$ 或（和）$l\to\infty$ 时，$d(b,l)\to\alpha$。Huang 等[200]解释了采用此非线性函数的合理性。

2. 残值假设

由于残值是否为零对利润分配方案的结构和联盟的稳定性没有影响，本章假设在销售季节结束时产品的残值为 0。

3.3 模型建立

为了后面讨论的方便，本节先在仅有一个制造商和一个零售商 i 的供应链系统中，讨论了两类基本的模型：①制造商与零售商之间没有任何合作关系的非合作模型，②制造商与零售商 i 进行合作广告的基本合作广告模型。

3.3.1　非合作模型

供应链中的制造商和零售商 i 既不进行广告上的合作也不进行库存上的合作。制造商和零售商间进行 Stackelberg 博弈，即在需求实现之前，制造商作为领导者先决策全国性的品牌广告费用，随后，零售商 i 作为跟随者对地方性的促销广告费用及订货量进行决策。

对于任意给定的全国性品牌广告费用 b_i，零售商 i 的期望利润可表示为

$$E\left[\Pi_i\left(l_i,q_i\right)\right]=\left(p_i-w\right)q_i-d\left(b_i,l_i\right)p_i\int_0^{\frac{q_i}{d\left(b_i,l_i\right)}}F_i\left(x\right)dx-l_i \tag{3-1}$$

制造商的期望利润为

$$E\left[\Pi_0\left(b_i\right)\right]=\left(w-c\right)q_i-b_i \tag{3-2}$$

采用逆向归纳法，可得最优的全国性品牌广告费用 b_i^*、零售商 i 的地方性促销广告费用 l_i^* 和最优订货量 q_i^* 如下：

$$\begin{aligned}
b_i^* &= \beta^a\eta^{-\eta a}\left[\delta(w-c)\boldsymbol{\Phi}_{di}\right]^{a(1+\eta)}G_{di}{}^{-a\eta}\\
l_i^* &= \beta^a\eta^{a(1+\mu)}G_{di}{}^{a(1+\mu)}\left[\delta(w-c)\boldsymbol{\Phi}_{di}\right]^{-a\mu}\\
q_i^* &= \boldsymbol{\Phi}_{di}\left\{\alpha-\beta^a\eta^{-a\eta}\left[\delta(w-c)\boldsymbol{\Phi}_{di}\right]^{-a\mu}G_{di}{}^{-a\eta}\right\}
\end{aligned} \tag{3-3}$$

其中，$a=1/(1+\mu+\eta)$；$\delta=\mu(1+\eta)^{-1}$；$\boldsymbol{\Phi}_{di}=F_i^{-1}\left[\left(p_i-w\right)/p_i\right]$；$G_{di}=p_i\int_0^{\boldsymbol{\Phi}_{di}}x\,\mathrm{d}F_i\left(x\right)$。

从而，零售商 i 的最大期望利润和制造商的最大期望利润分别为

$$\begin{aligned}
E\left[\Pi_i\left(l_i^*,q_i^*\right)\right]&=E\left[\Pi_i\left(l_i^*,q_i^*\right)\right]\alpha G_{di}-\beta^a\left(\eta^{-a\eta}+\eta^{a(1+\mu)}\right)\left[\delta(w-c)\boldsymbol{\Phi}_{di}\right]^{-a\mu}G_{di}{}^{a(1+\mu)}\\
E\left[\Pi_0\left(b_i^*\right)\right]&=\alpha\left(w-c\right)\boldsymbol{\Phi}_{di}-\beta^a\left(w-c\right)^{a(1+\eta)}\eta^{-a\eta}\left(\delta^{-a\mu}+\delta^{a(1+\eta)}\right)\boldsymbol{\Phi}_{di}{}^{a(1+\eta)}G_{di}{}^{-a\eta}
\end{aligned} \tag{3-4}$$

3.3.2　基本合作广告模型

本小节讨论制造商与零售商 i 之间进行合作广告，即在需求实现之前，制造商和零售商 i 以整条供应链的利润最大化为目标，确定全国性的品牌广告费用、地方性的促销广告费用和零售商 i 的订货量。

此时，零售商 i 和制造商的期望利润之和为

$$\begin{aligned}
E\left[\Pi_{\{i0\}}\left(b_{\{i0\}},l_{\{i0\}},q_{\{i0\}}\right)\right]=&\left(p_i-c\right)q_{\{i0\}}-p_i d\left(b_{\{i0\}},l_{\{i0\}}\right)\int_0^{q_{\{i0\}}/d\left(b_{\{i0\}},l_{\{0i\}}\right)}\\
&F_i\left(x\right)dx-l_{\{i0\}}-b_{\{i0\}}
\end{aligned} \tag{3-5}$$

给定 $q_{\{i0\}}$ 时，通过计算易知 $E\left[\Pi_{\{i0\}}\left(b_{\{i0\}},l_{\{i0\}},q_{\{i0\}}\right)\right]$ 的 Hessin 矩阵是负定的，因此，对 $E\left[\Pi_{\{i0\}}\left(b_{\{i0\}},l_{\{i0\}},q_{\{i0\}}\right)\right]$ 分别求关于 $b_{\{i0\}}$ 和 $l_{\{i0\}}$ 的一阶导数，可得 $b_{\{i0\}}$ 和 $l_{\{i0\}}$ 关于 $q_{\{i0\}}$ 的表达式。将其代入式（3-5）并求关于 $q_{\{i0\}}$ 的一阶导数，可知最优的全

国性品牌广告费用 $b_{\{i0\}}^{*}$ 、地方促销广告费用 $l_{\{i0\}}^{*}$ 及零售商 i 的订货量 $q_{\{i0\}}^{*}$ 分别为

$$\begin{aligned} b_{\{i0\}}^{*} &= \left(\beta\mu^{1+\eta}\eta^{-\eta}G_{ci}\right)^{a} \\ l_{\{i0\}}^{*} &= \left(\beta\eta^{1+\mu}\mu^{-\mu}G_{ci}\right)^{a} \\ q_{\{i0\}}^{*} &= \varPhi_{ci}\left(\alpha-\beta^{a}\mu^{-a\mu}\eta^{-a\eta}G_{ci}{}^{-a(\mu+\eta)}\right) \end{aligned} \tag{3-6}$$

其中，$\varPhi_{ci}=F_i^{-1}\left(\left(p_i-c\right)/p_i\right)$； $G_{ci}=p_i\int_0^{\varPhi_{ci}}x\,\mathrm{d}F_i\left(x\right)$。从而制造商和零售商 i 合作广告联盟的最大期望利润为

$$E\left[\Pi_{\{i0\}}\left(b_{\{i0\}}^{*},l_{\{i0\}}^{*},q_{\{i0\}}^{*}\right)\right]=\alpha G_{ci}-\left(\beta G_{ci}\right)^{a}\left(\mu^{-a\mu}\eta^{-a\eta}+\mu^{a(1+\eta)}\eta^{-a\eta}+\eta^{a(1+\mu)}\mu^{-a\mu}\right) \tag{3-7}$$

3.4 合作广告博弈模型

本节考虑具有一个制造商和多个零售商的供应链中，成员进行合作广告的情形，讨论两种不同类型的合作广告，一种是零售商间的横向合作广告，即合作广告仅发生在零售商之间，另一种是既包含横向合作广告又包含纵向合作广告的混合合作广告，即制造商也加入合作广告联盟。在每一种合作广告情形中，全国性的品牌广告费用、地方性的促销广告费用和零售商的订货量均在需求实现之前进行决策，但是，在需求实现之后，零售商间不能进行产品的转运。为了讨论在两种情形下合作广告联盟的稳定性，本节将分析如下两种不同的合作广告博弈模型，横向合作广告博弈（HCA game）和混合合作广告博弈（HYCA game）。

3.4.1 横向合作广告博弈

本小节仅讨论零售商间进行横向合作广告的情形。此时，制造商与零售商进行 Stackelberg 博弈，制造商作为博弈的主导者，以最大化其自身利润为目标，先决策全国性的品牌广告费用 b_S；而零售商横向合作广告联盟作为追随者决策地方性的促销广告费用 l_S 和每个零售商的订货量 q_i^S 。定义 $\boldsymbol{q}^S=(q_i^S)_{i\in S}$，$\boldsymbol{q}^S$ 是一个$|S|$维向量。以下采用逆向归纳法求解制造商与零售商横向合作广告联盟的均衡策略。

给定制造商的全国性品牌广告费用 b_S，零售商横向合作广告联盟 S 的期望利润为

$$E\left[\Pi_S\left(l_S,\boldsymbol{q}^S\right)\right]=\sum_{i\in S}\left[\left(p_i-w\right)q_i^S-d\left(b_S,l_S\right)p_i\int_0^{\frac{q_i^S}{d(b_S,l_S)}}F_i\left(x\right)dx\right]-l_S \tag{3-8}$$

制造商的期望利润为

$$E\left[\Pi_0\left(b_S\right)\right]=\left(w-c\right)\sum_{i\in S}q_i^S-b_S \qquad (3\text{-}9)$$

给定制造商的全国性品牌广告费用 b_S，容易证明零售商横向合作广告联盟 S 的利润 $E\left[\Pi_S\left(l_S,\boldsymbol{q}^S\right)\right]$ 是关于（q_i^S，l_S）的联合凹函数，因此，根据式（3-8）关于 q_i^S 的一阶条件，可以得到 $q_i^S=\Phi_{di}d(b_S,l_S)$，其中 $\Phi_{di}=F_i^{-1}((p_i-w)/p_i)$。将 q_i^S 代入式（3-8）中，则有 $E\left[\Pi_S\left(b_S,l_S\right)\right]=d(b_S,l_S)\sum_{i\in S}G_{di}-l_S$，其中 $G_{di}=p_i\int_0^{\Phi_{di}}xdF_i\left(x\right)$。

令 $\mathrm{d}E[\prod_S(b_S,l_S)]/\mathrm{d}l_S=0$，可知当给定制造商的全国性品牌广告费用 b_S 时，零售商横向合作广告联盟 S 的最优地方性促销广告费用为 $l_S(b_S)=\left(\eta\beta\sum_{i\in S}G_{di}\right)^{1/(1+\eta)}b_S^{-\mu/(1+\eta)}$。

将 $l_S(b_S)$ 代入零售商横向合作广告联盟 S 中零售商 i 的订货量 $q_i^S=\Phi_{di}d(b_S,l_S)$ 中可得

$$q_i^S(b_S)=\Phi_{di}\left[\alpha-\beta^{1/(1+\eta)}\left(\eta\sum_{i\in S}G_{di}\right)^{-\eta/(1+\eta)}b_S^{-\mu/(1+\eta)}\right] \qquad (3\text{-}10)$$

将 $q_i^S(b_S)$ 代入式（3-9）可得

$$E\left[\Pi_0\left(b_S\right)\right]=\left(w-c\right)\left[\alpha-\beta^{1/(1+\eta)}\left(\eta\sum_{i\in S}G_{di}\right)^{-\eta/(1+\eta)}b_S^{-\mu/(1+\eta)}\right]\sum_{i\in S}\Phi_{di}-b_S \qquad (3\text{-}11)$$

由于 $\partial E\left[\Pi_0\left(b_S\right)\right]/\partial b_S\leqslant 0$，故 $E\left[\Pi_0\left(b_S\right)\right]$ 是关于 b_S 的凹函数。由 $E\left[\Pi_0\left(b_S\right)\right]$ 的一阶最优性条件可知最优的全国性品牌广告费用 b_S^*。根据 l_S（b_S）和 $q_i^S(b_S)$ 的表达式，易得零售商横向合作广告联盟的地方性促销广告费用 l_S^* 和零售商 i 订货量 q_i^{S*}，如引理 3.1 所示。

引理 3.1：在横向合作广告情形下，制造商的最优全国性品牌广告费用、零售商横向合作广告联盟 S 的最优地方性促销广告费用及零售商 i 的订货量如下

$$\begin{aligned}
b_S^*&=\beta^a\eta^{-a\eta}\left[\delta(w-c)\sum_{i\in S}\Phi_{di}\right]^{a(1+\eta)}\left(\sum_{i\in S}G_{di}\right)^{-a\eta}\\
l_S^*&=\beta^a\eta^{a(1+\mu)}\left(\sum_{i\in S}G_{di}\right)^{a(1+\mu)}\left[\delta(w-c)\sum_{i\in S}\Phi_{di}\right]^{-a\mu} \qquad (3\text{-}12)\\
q_i^{S*}&=\Phi_{di}\left\{\alpha-\beta^a\eta^{-a\eta}\left[\delta(w-c)\sum_{i\in S}\Phi_{di}\right]^{-a\mu}\left(\sum_{i\in S}G_{di}\right)^{-a\eta}\right\}
\end{aligned}$$

根据引理 3.1，可得零售商横向合作广告联盟 S 和制造商的最大期望利润分别为

$$E[\Pi_S(l_S^*,\ \boldsymbol{q}^{S*})]=\alpha\sum_{i\in S}G_{di}-\beta^a\left(\eta^{-a\eta}+\eta^{a(1+\mu)}\right)\left[\delta(w-c)\left(\sum_{i\in S}\boldsymbol{\Phi}_{di}\right)\right]^{-a\mu}\left(\sum_{i\in S}G_{di}\right)^{a(1+\mu)} \tag{3-13}$$

$$E[\Pi_0(b_S^*)]=\alpha(w-c)\sum_{i\in S}\boldsymbol{\Phi}_{di}-\beta^a\left(\delta^{-a\mu}+\delta^{a(1+\eta)}\right)\left(\eta\sum_{i\in S}G_{di}\right)^{-a\eta}\left((w-c)\sum_{i\in S}\boldsymbol{\Phi}_{di}\right)^{a(1+\eta)} \tag{3-14}$$

从式（3-12）可以得到，制造商与零售商横向合作广告联盟 S 进行 Stackelberg 博弈的均衡策略具有如下的性质。

性质 3.1：在零售商横向合作广告情形下，对于任意的 $S\subseteq N$，$T\subseteq N$ 且 $S\cap T=\varnothing$，有

（1）$b_{S\cup T}^*\leqslant b_S^*+b_T^*$，$l_{S\cup T}^*\leqslant l_S^*+l_T^*$。

（2）$\sum_{i\in S\cup T}q_i^{S\cup T*}\geqslant\sum_{i\in S}q_i^{S*}+\sum_{i\in T}q_i^{T*}$。

（3）$E[\Pi_{S\cup T}(l_{S\cup T}^*,\ \boldsymbol{q}^{S\cup T*})]\geqslant E[\Pi_S(l_S^*,\ \boldsymbol{q}^{S*})]+E[\Pi_T(l_T^*,\ \boldsymbol{q}^{T*})]$。

（4）$E[\Pi_0(b_{S\cup T}^*)]\geqslant E[\Pi_0(b_S^*)]+E[\Pi_0(b_T^*)]$。

性质 3.1 表明，在零售商横向合作广告情形下，如果两个较小的横向合作广告联盟中的零售商形成一个较大的新横向合作广告联盟，则地方性促销广告的总费用将降低，而零售商在新横向合作广告联盟中的订货量将增加。从而，多个零售商形成一个较大的横向合作广告联盟其利润将超过零售商形成小联盟的利润之和，这可能是由于较多的零售商形成较大的横向合作广告联盟，将会产生较高的广告聚集效应，使得各零售商的需求都增加。

从性质 3.1 还可以知道，零售商形成一个较大的横向合作广告联盟，也可以降低制造商的全国性品牌广告费用并增加制造商的销售量，从而使制造商的利润增加。说明在制造商与零售商不进行纵向合作广告的情形下，零售商的横向合作广告也将使上游的制造商获利。这与 Buccola 等[207]和 Weitz 和 Wang[208]所得到零售商合作总是对制造商不利的结论是有区别的。

尽管以上的分析说明，小联盟形成较大的横向合作广告联盟将使各小联盟的总利润增加，但是，零售商加入横向合作广告联盟的动因却在于其在联盟中实际可以分得的利润。因此，为了对大联盟的稳定性进行说明，以下将先给出横向合作广告博弈的定义，然后通过找到一种对大联盟期望利润进行公平合理分配的方案，分析该合作博弈核的非空性。

定义 3.1：定义横向合作广告博弈为（N，v_1），其中，对于任意的 $S\subseteq N$，$v_1(S)=E\left[\Pi_S\left(l_S^*,\boldsymbol{q}^{S*}\right)\right]$，并且 v_1（$\varnothing$）=0。

从性质 3.1 可以知道，v_1（S）具有超可加性和严格单调递增性。即横向合作广告博弈（N，v_1）是一个超可加博弈。合作博弈的超可加性保证了所有的零售商都有动机形成大联盟，且大联盟的期望利润为

$$E[\prod_N(l_N^*,\ \boldsymbol{q}^{N^*})]=\alpha\sum_{i\in N}G_{di}-T_1\left(\sum_{i\in N}\boldsymbol{\Phi}_{di}\right)^{-a\mu}\left(\sum_{i\in N}G_{di}\right)^{a(1+\mu)} \tag{3-15}$$

其中，$T_1=\beta^a\left(\eta^{-a\eta}+\eta^{a(1+\mu)}\right)\left[\delta(w-c)\right]^{-a\mu}$。

本节将通过如下的两个步骤来分配大联盟的期望利润使得大联盟保持稳定。

第一步，分配收益 $r_i=\alpha G_{di}$ 给零售商 I。

第二步，根据零售商 i 的收益在联盟总收益中所占的比例 $g_i=\dfrac{G_{di}}{\sum_{i\in N}G_{di}}$，对总成本 $T_1\left(\sum_{i\in N}\boldsymbol{\Phi}_{di}\right)^{-a\mu}\left(\sum_{i\in N}G_{di}\right)^{a(1+\mu)}$ 进行分摊。从而零售商 i 在大联盟中所能分得利润为 $y_i=r_i-g_iT_1\left(\sum_{i\in N}\boldsymbol{\Phi}_{di}\right)^{-a\mu}\left(\sum_{i\in N}G_{di}\right)^{a(1+\mu)}$。

定理 3.1：分配规则 $(y_i)_{i\in N}$ 在横向合作广告博弈（N，v_1）的核中。

证明：由 $(y_i)_{i\in N}$ 的定义易知 $\sum_{i\in N}y_i=v_1(N)$；并且对于任意的 $S\subseteq N$，

$$\begin{aligned}
\sum_{i\in S}y_i&=\sum_{i\in S}\alpha G_{di}-T_1\frac{\sum_{i\in S}G_{di}}{\sum_{i\in N}G_{di}}\left(\sum_{i\in N}\boldsymbol{\Phi}_{di}\right)^{-a\mu}\left(\sum_{i\in N}G_{di}\right)^{a(1+\mu)}\\
&=\sum_{i\in S}\alpha G_{di}-T_1\frac{\sum_{i\in S}G_{di}}{\left(\sum_{i\in N}G_{di}\right)^{a\eta}}\left(\sum_{i\in N}\boldsymbol{\Phi}_{di}\right)^{-a\mu}\\
&\geqslant\sum_{i\in S}\alpha G_{di}-T_1\left(\sum_{i\in S}\boldsymbol{\Phi}_{di}\right)^{-a\mu}\left(\sum_{i\in S}G_{di}\right)^{a(1+\mu)}\\
&=v_1(S)
\end{aligned}$$

根据合作博弈核的定义可知分配规则（y_i）$_{i\in N}$在核中。

定理 3.1 表明，横向合作广告大联盟期望利润的分配规则 $(y_i)_{i\in N}$ 可以保证没有零售商单独或形成小联盟从大联盟中叛逃出去，因此对于合作博弈（N，v_1），大联盟是稳定的。

3.4.2　混合合作广告博弈

本节讨论零售商不仅形成横向合作广告联盟，而且与制造商形成纵向合作广告联盟，即“混合合作广告”情形。假设零售商联盟 S 与制造商形成混合合作广告联盟 S_0，即 $S_0=S\cup\{0\}$。为了最大化混合合作广告联盟的期望利润，混合合作联盟 S_0 将会在需求实现之前，决策全国性的品牌广告 b_{S_0}，地方性的促销广告费

用l_{S_0}和混合合作联盟S_0中零售商i的订货量$q_i^{S_0}$，设$q^{S_0}=(q_i^{S_0})_{i\in S}$，则$q^{S_0}$是一个$|S|$维向量。

混合合作广告联盟S_0的期望利润为

$$E\left[\Pi_{S_0}\left(b_{S_0},l_{S_0},\boldsymbol{q}^{S_0}\right)\right]=\sum_{i\in S}(p_i-c)q_i^{S_0}-\sum_{i\in S}p_i d\left(b_{S_0},l_{S_0}\right)\int_0^{\frac{q_i^{S_0}}{d\left(b_{S_0},l_{S_0}\right)}}F_i(x)\mathrm{d}x-b_{S_0}-l_{S_0} \quad (3\text{-}16)$$

引理 3.2：在混合合作广告情形下，混合合作联盟S_0的最优全国性品牌广告费用、最优地方性促销广告费用和联盟S_0中零售商$i\in S$的最优订货量分别如下：

$$\begin{aligned}
b_{S_0}^* &= \left(\beta\mu^{1+\eta}\eta^{-\eta}\sum_{i\in S}G_{ci}\right)^a \\
l_{S_0}^* &= \left(\beta\eta^{1+\mu}\mu^{-\mu}\sum_{i\in S}G_{ci}\right)^a \\
q_i^{S_0*} &= \boldsymbol{\Phi}_{ci}\left\{\alpha-\beta^a\mu^{-a\mu}\eta^{-a\eta}\left(\sum_{i\in S}G_{ci}\right)^{-a(\mu+\eta)}\right\},\forall i\in S
\end{aligned} \quad (3\text{-}17)$$

将上述最优的$b_{S_0}^*$，$l_{S_0}^*$和$q_i^{S_0*}$代入（3-16）式，可得混合合作联盟S_0的最大期望利润为

$$E\left[\Pi\left(b_{S_0}^*,l_{S_0}^*,\boldsymbol{q}^{S_0*}\right)\right]=\alpha\sum_{i\in S}G_{ci}-T_2\left(\sum_{i\in S}G_{ci}\right)^a \quad (3\text{-}18)$$

其中，$T_2=\beta^a\left(\mu^{-a\mu}\eta^{-a\eta}+\mu^{a(1+\eta)}\eta^{-a\eta}+\mu^{a(1+\mu)}\eta^{-a\mu}\right)$。

比较横向合作广告情形和混合合作广告情形下，最优的全国性品牌广告费用、地方性促销广告费用和零售商i的订货量及期望利润，可得性质 3.2。

性质 3.2：对于任意的$S\subseteq N$，

（1）如果$\left[(w-c)(1+\eta)^{-1}\sum_{i\in S}\boldsymbol{\Phi}_{di}\right]^{(1+\eta)}\geqslant\left(\sum_{i\in S}G_{ci}\right)\left(\sum_{i\in S}G_{di}\right)^{\eta}$，则有$b_{S_0}^*\leqslant b_S^*$；否则有$b_{S_0}^*>b_S^*$；

（2）如果$\left(\sum_{i\in S}G_{di}\right)^{1+\mu}\geqslant\left(\sum_{i\in S}G_{ci}\right)\left[(w-c)(1+\eta)^{-1}\sum_{i\in S}\boldsymbol{\Phi}_{di}\right]^{\mu}$，则有$l_{S_0}^*\leqslant l_S^*$；否则有$l_{S_0}^*>l_S^*$；

（3）对于任意的$i\in S$，都有$q_i^{S*}<q_i^{S_0*}$成立；

（4）$E\left[\Pi_S\left(l_S^*,\boldsymbol{q}^{S*}\right)\right]+E\left[\Pi_0\left(b_S^*\right)\right]\leqslant E\left[\Pi\left(b_{S_0}^*,l_{S_0}^*,\mathbf{q}^{S_0*}\right)\right]$。

性质 3.2 说明，在混合合作广告情形下，全国性的品牌广告费用和地方促销广告费用都不一定少于横向合作广告时的情形；混合合作广告情形下零售商i的

订货量大于在横向合作广告情形下零售商 i 的订货量；混合合作广告情形下的总利润要高于横向合作广告情形下制造商和零售商的总利润。

性质 3.2 还说明，如果制造商加入零售商横向合作广告联盟，形成混合合作广告联盟，在性质 3.2 中（1）和（2）的条件下，全国性品牌广告费用和地方性促销广告费用都可能增加。虽然在混合合作广告联盟下的总广告费用比横向合作广告联盟的可能要高，但是，由零售商的订货量增多带来的总收益可以弥补两种广告费用的支出。因此，制造商和零售商都有动机形成混合合作广告联盟。

与性质 3.1 相似，性质 3.3 给出了在混合合作广告情形下，两个互不相交的联盟形成一个较大的联盟时，全国性品牌广告费用、地方性促销广告费用、零售商的订货量及混合合作广告的期望利润的性质。

性质 3.3：在混合合作广告情形下，对于任意的 $S \subseteq N$ ，$T \subseteq N$ 且 $S \cap T = \varnothing$，设 $S_0 = S \cup \{0\}$ 且 $T_0 = T \cup \{0\}$ ，则有

（1）$b^*_{S_0 \cup T_0} \leqslant b^*_{S_0} + b^*_{T_0}$ 和 $l^*_{S_0 \cup T_0} \leqslant l^*_{S_0} + l^*_{T_0}$ ；

（2）$\sum\limits_{i \in S_0 \cup T_0} qi^{S_0 \cup T_0 *} \geqslant \sum\limits_{i \in S_0} qi^{S_0 *} + \sum\limits_{i \in T_0} qi^{T_0 *}$ ；

（3）$E\left[\Pi\left(b^*_{S_0 \cup T_0}, l^*_{S_0 \cup T_0}, \boldsymbol{q}^{S_0 \cup T_0 *}\right)\right] \geqslant E\left[\Pi\left(b^*_{S_0}, l^*_{S_0}, \boldsymbol{q}^{S_0 *}\right)\right] + E\left[\Pi\left(b^*_{T_0}, l^*_{T_0}, \boldsymbol{q}^{T_0 *}\right)\right]$。

性质 3.3 说明，在联盟 $S_0 \cup T_0$ 中，全国性品牌广告费用和地方性促销广告费用将分别小于在联盟 S_0 和联盟 T_0 中费用的总和，但是零售商的总订货量将高于在联盟 S_0 和联盟 T_0 中零售商订货量的总和。并且，在联盟 $S_0 \cup T_0$ 中，联盟的期望利润高于在联盟 S_0 和联盟 T_0 中联盟期望利润的总和。

以上的结论说明，如果制造商与零售商横向合作广告联盟形成混合合作广告联盟，在混合合作广告联盟中所有成员的总利润将会增加，但是，两种广告成本都会降低。因此，混合合作广告联盟的利润将会随着联盟中零售商数量的增多而增加。

从以上的分析还可知，在混合合作广告情形下，所有供应链成员都参与合作广告可使总的广告费用降低，并且使混合合作广告联盟的期望利润达到最高。下面将说明存在一种公平合理的分配方案，使得所有供应链成员都同意进行合作广告。因此，本小节定义了在混合合作广告情形下的混合合作广告博弈模型（N_0，v_2），其特征函数 v_2 定义为混合合作广告联盟的最大期望利润。

定义 3.2：定义混合合作广告博弈为（N_0，v_2），其中对 $\forall\ S \subseteq N$ ，$v_2(S) = E\left[\Pi_S\left(l^*_S, \boldsymbol{q}^{S*}\right)\right]$，$v_2(S_0) = E\left[\Pi_{S_0}\left(b^*_{S_0}, l^*_{S_0}, \boldsymbol{q}^{S_0 *}\right)\right]$，且 v_2（$\varnothing$）=0。

根据定义 3.2 可知，混合合作广告联盟所获得的利润是零售商销售产品给顾客所得，因此，假设 v_2（{0}）=0 是非常自然的。从性质 3.3 可知，混合合作广

告博弈（N_0，v_2）具有超可加性，从而，所有的供应链成员都有动机加入大联盟 N_0 中。而大联盟 N_0 的期望利润为 $E\left[\Pi\left(b_{N_0}^*,l_{N_0}^*,\boldsymbol{q}^{N_0*}\right)\right]=\alpha\sum_{i\in N}G_{ci}-T_2\left(\sum_{i\in N}G_{ci}\right)^a$。

下面通过例 3.1 对混合合作博弈（N_0，v_2）的特征函数及分配规则进行简单的说明。

例 3.1　考虑由一个制造商 0 和两个零售商 $N=\{1,2\}$ 构成的混合合作广告博弈（N_0，v_2）。假设制造商生产单位产品的成本 c=1，而卖给零售商单位产品的批发价格 w=8，两个零售商销售给顾客的零售价格 p_1=p_2=16。零售商 i 所面临的需求形式是 D_i=（$6\,000-5\times10^7b^{-1.2}l_i^{-1}$）$X_i$，其中，$X_i$ 服从均值为 i 方差为 9 的正态分布。合作广告联盟的运作策略（全国性品牌广告费用、地方性促销广告费用和联盟订货量）如表 3-1 所示，而不同联盟所能获得的期望利润见表 3-2。

表 3-1　合作广告联盟的运作策略

联盟	全国性品牌广告费用	地方性促销广告费用	联盟订货量
{0，1，2}	$b_{\{0,1,2\}}^*=984.819\,2$	$l_{\{0,1,2\}}^*=820.682\,6$	73 038
{1，2}	$b_{\{1,2\}}^*=743.017$	$l_{\{1,2\}}^*=304.188\,8$	17 823
{0，2}	$b_{\{0,2\}}^*=837.521\,2$	$l_{\{0,2\}}^*=697.934\,4$	39 467
{0，1}	$b_{\{0,1\}}^*=742.224\,1$	$l_{\{0,1\}}^*=618.520\,1$	33 452
{2}	$b_{\{2\}}^*=619.406\,0$	$l_{\{2\}}^*=302.624\,1$	11 853
{1}	$b_{\{1\}}^*=614.143\,3$	$l_{\{1\}}^*=154.179\,2$	5 853.8

表 3-2　合作广告联盟的期望利润

T	{0}	{1}	{2}	{0，1}	{0，2}	{1，2}	{0，1，2}
v_2（T）	0	6 018.1	24 019	125 820	185 850	30 342	313 280

从表 3-2 可知，当 $T\neq\{0\}$时，合作博弈的特征值都是正数，并且可以找到一种分配规则 $\boldsymbol{y}$=（282 938，6 323，24 019）在合作博弈的核中，从而说明该合作博弈的核是非空的。

而对于一般的混合合作广告博弈（N_0，v_2），也可以证明它的核是非空的。根据核的定义可知，混合合作广告博弈（N_0，v_2）的核为

$$C\left(N_0,v_2\right)=\left\{y\in R^{N_0}\mid\sum_{i\in N_0}y_i=v_2\left(N_0\right);\ y_0+\sum_{i\in S}y_i\geqslant v_2\left(S_0\right);\sum_{i\in S}y_i\geqslant v_2\left(S\right)\right\}\quad(3\text{-}19)$$

为方便讨论混合合作广告博弈的核非空性，本节定义两个新的合作博弈：

（1）（N，ϕ），其中对 $\forall\ S\subseteq N$，ϕ（S）=v_2（S_0）且 ϕ（$\varnothing$）=0；

（2）（N，χ），其中对 $\forall\ S\subseteq N$，χ（S）$\equiv b_{S_0}^{*}+l_{S_0}^{*}=T_3\left(\sum_{i\in S}G_{ci}\right)^{a}$，$T_3=\beta^{a}$ $\left(\mu^{a(1+\eta)}\eta^{-a\eta}+\mu^{a(1+\mu)}\eta^{-a\mu}\right)$，$\chi$（$\varnothing$）=0。

引理 3.3：合作博弈$\in C(N,x)$是凹博弈。

根据引理 3.3 和凹博弈的性质，可得到如下的推论 3.1。

推论 3.1：合作博弈（N，χ）的核包含 Shapley 值，即对于所有的 $i\in N$，

$$\sum_{S\subseteq N\backslash i}\frac{|s|!\left(n-|s|-1\right)!}{n!}\left(\chi\left(S\cup\{i\}\right)-\chi(S)\right)\in C\left(N,x\right)$$

引理 3.4：合作博弈(N,ϕ)是凸博弈。

定理 3.2：混合合作广告博弈(N_0,v_2)的核是非空的，即 $Core(N_0,v_2)\neq\varnothing$。

证明：由引理 3.4 可知，合作博弈(N,ϕ)是凸博弈，从而合作博弈(N,ϕ)的核是空的。因此，不妨设分配规则$(x_1,x_2,\cdots,x_n)$在合作博弈的(N,ϕ)的核中，即对于任意的 $S\subseteq N$，$\sum_{i\in N}x_i=\phi(N)$，$\sum_{i\in S}x_i\geqslant\phi(S)$。设 $\boldsymbol{z}=(z_0,z_1,\cdots,z_n)$，其中，$z_0=0$，$z_i=x_i$，$i=1,2,3,\cdots,n$，则 $\boldsymbol{z}\in R^{No}$，且对于所有的 $S\subseteq N$，满足 $\sum_{i\in No}z_i=\sum_{i\in N}x_i=\phi(N)=v_2(N_0)$，$z_0+\sum_{i\in S}z_i=\sum_{i\in S}x_i\geqslant\phi(S)=v_2(S_0)$，$\sum_{i\in S}z_i=\sum_{i\in S}x_i\geqslant\phi(S)=v_2(S_0)>v_2(S)$。因此，$\boldsymbol{z}\in Core(N_0,v_2)$，即 $Core(N_0,\ v_2)\neq\varnothing$。

虽然从定理 3.2 的证明可知，分配规则$(0,x_1,\cdots,x_n)$总是在混合合作广告博弈(N_0,v_2)的核中，但是，这种分配规则分配给制造商的利润为 0。而形成混合合作广告联盟，制造商能够给零售商横向合作广告联盟带来期望利润的增加$\left[v_2\left(S_0\right)-v_2\left(S\right)\geqslant0，即v_2\left(S_0\right)\geqslant v_2\left(S\right)\right]$。因此，这种分配规则对于制造商而言是不公平的。Guardiola 等[206]将这种形式的分配规则称为完全的利他主义分配（the altruistic allocation）规则。由于制造商参与合作广告联盟可以使得合作广告联盟的利润达到最大，所以，制造商可以要求分享混合合作广告联盟的一部分正利润。从而，一种合理公平的分配规则不但需要在合作博弈（N_0，v_2）的核中，而且需要分配给制造商一部分正利润。

混合合作广告大联盟 N_0 的最大期望利润可表示为

$$\begin{aligned}E\left[\Pi\left(b_{N_0}^{*},l_{N_0}^{*},\boldsymbol{q}^{N_0*}\right)\right]&=d\left(b_{N_0}^{*},l_{N_0}^{*}\right)\sum_{i\in N}G_{ci}-b_{N_0}^{*}-l_{N_0}^{*}\\&=d\left(b_{N_0}^{*},l_{N_0}^{*}\right)\sum_{i\in N}\left[\left(p_i-c\right)\boldsymbol{\Phi}_{ci}-p_i\int_0^{\boldsymbol{\Phi}_{ci}}F_i\left(x\right)dx\right]-b_{N_0}^{*}-l_{N_0}^{*}\end{aligned}$$

其中，第二个等式的第一项表示联盟 N_0 期望收益，而后两项表示联盟 N_0 的全国性的品牌广告费用与地方性的促销广告费用。

以下我们给出一种特殊的分配规则，它不但在混合合作广告博弈的核中，而且分配给制造商正的期望利润。而这种分配规则可以通过如下步骤得到：

第一步，在 n 个零售商间进行广告费用的分摊。

对于混合合作广告联盟 N_0 的所有广告费用 $\left(b_{N_0}^*+l_{N_0}^*\right)$，在每个零售商间按照 Shapley 值进行分摊。因此，零售商 i 所需承担的广告费用为

$$r_i^*=\sum_{S\subseteq N\setminus i}\frac{|s|!\left(n-|s|-1\right)!}{n!}\left(b_{S_0\cup\{i\}}^*+l_{S_0\cup\{i\}}^*-b_{S_0}^*-l_{S_0}^*\right)$$

第二步，在制造商和 n 个零售商间分享混合合作广告大联盟 N_0 的期望收益。

我们通过找到一个“批发价格” w^*对混合合作广告大联盟 N_0 的期望收益进行分配，即制造商分配得到的期望收益为 $y_0=\left(w^*-c\right)d\left(b_{N_0}^*,l_{N_0}^*\right)\sum_{i\in N}\boldsymbol{\Phi}_{ci}$，而零售商 i 所分配到的期望收益为 $y_i=d\left(b_{N_0}^*,l_{N_0}^*\right)\left[\left(p_i-w^*\right)\boldsymbol{\Phi}_{ci}-p_i\int_0^{\Phi_{ci}}F_i\left(x\right)dx\right]$。

下面将通过定理 3.3 的证明过程，首先说明 w^*的存在性，其次说明该分配方案在混合合作广告博弈的核中。

定理 3.3：存在一个“批发价格” $w^*\in(c,\min_{i\in N}p_i)$，使得分配规则 $y^*=(y_0{}^*,y_1{}^*,\cdots,y_n{}^*)$在混合合作广告博弈$(N_0,\ v_2)$的核中，并且使得制造商获得正的期望利润，其中制造商为 0，$y_0{}^*=y_0$，零售商 $i\in N$，$y_i{}^*=y_i-r_i{}^*$。

证明：由于 $r_i^*(i=1,2,\cdots,n)$是合作博弈(N,χ)的 Shapley 值，故从推论 3.1 可知 $(r_1{}^*,r_2{}^*,\cdots,r_n{}^*)\in Core(N,\chi)$，从而，根据核的性质可知，对于任意的 $S\subseteq N$，有

$$\sum_{i\in S}r_i^*\leqslant b_{S_0}^*+l_{S_0}^* \tag{3-20}$$

由不等式（3-20）和 $d\left(b_{N_0}^*,l_{N_0}^*\right)\geqslant d\left(b_{S_0}^*,l_{S_0}^*\right)$ 可知，对于任意的 $S\subseteq N$ 有

$$\begin{aligned}&d\left(b_{N_0}^*,l_{N_0}^*\right)\sum_{i\in S}\left[\left(p_i-c\right)\boldsymbol{\Phi}_{ci}-p_i\int_0^{\Phi_{ci}}F_i\left(x\right)dx\right]-\sum_{i\in S}r_i^*\\&\geqslant d\left(b_{S_0}^*,l_{S_0}^*\right)\sum_{i\in S}\left[\left(p_i-c\right)\boldsymbol{\Phi}_{ci}-p_i\int_0^{\Phi_{ci}}F_i\left(x\right)dx\right]-b_{S_0}^*-l_{S_0}^*\\&>d\left(b_S^*,l_S^*\right)\sum_{i\in S}\left[\left(p_i-w\right)\boldsymbol{\Phi}_{di}-p_i\int_0^{\Phi_{di}}F_i\left(x\right)dx\right]-l_S^*\\&=v_2\left(S\right)\\&>0\end{aligned} \tag{3-21}$$

设 $p_{\max}=\max_{i\in N}\{p_i\}$，$p_{\min}=\min_{i\in N}\{p_i\}$。因此，对任意的 $S\subseteq N$，在（c，$p_{\max}$）上定义关于 t 的线性递减函数：

$$f_S\left(t\right)=d\left(b_{N_0}^*,l_{N_0}^*\right)\sum_{i\in S}\left[\left(p_i-t\right)\boldsymbol{\Phi}_{ci}-p_i\int_0^{\Phi_{ci}}F_i\left(x\right)dx\right]-\sum_{i\in S}r_i^*-v_2\left(S\right) \tag{3-22}$$

从式（3-20）和函数 $f_S(t)$ 的定义，容易得到 $f_S(c)>0$ 并且 $f_S(p_{\max})<0$。

因此，对任意的 $S\subseteq N$，存在一个 $w_S^*\in(c,p_{\max})$，满足 $f_S(w_S^*)=0$。特别地，如果 $S=\{i\}$，则此时的 $w_S^*\in(c,p_i)$。设 $w^*=\min_{S\subseteq N}\{w_S^*\}$，由定义可知 $w^*\in(c,p_{\min})$。因此从以上第一步和第二步得到的分配规则 $\boldsymbol{y}^*$满足 $y_0^*\geqslant 0$；并且对于所有的 $i\in N$，$y_i^*\geqslant 0$。

下面证明分配规则 $\boldsymbol{y}^*=(y_0^*,y_1^*,\cdots,y_n^*)$ 在混合合作广告博弈(N_0,v_2)的核中。

（1）
$$
\begin{aligned}
y_0+\sum_{i\in N}y_i&=\left(w^*-c\right)d\left(b_{N_0}^*,l_{N_0}^*\right)\sum_{i\in N}\boldsymbol{\Phi}_{ci}-b_{N_0}^*\\
&\quad+\sum_{i\in N}d\left(b_{N_0}^*,l_{N_0}^*\right)\left[\left(p_i-w^*\right)\boldsymbol{\Phi}_{ci}-p_i\int_0^{\Phi_{ci}}F_i(x)dx\right]-l_{N_0}^*\\
&=v\left(N_0\right)
\end{aligned}
$$

（2）对于任意的 $S\subseteq N$，
$$
\begin{aligned}
&y_0+\sum_{i\in S}y_i\\
&=\left(w^*-c\right)d\left(b_{N_0}^*,l_{N_0}^*\right)\sum_{i\in N}\boldsymbol{\Phi}_{ci}+\sum_{i\in S}d\left(b_{N_0}^*,l_{N_0}^*\right)\left[\left(p_i-w^*\right)\boldsymbol{\Phi}_{ci}-p_i\int_0^{\Phi_{ci}}F_i(x)dx\right]-\sum_{i\in S}r_i^*\\
&\geqslant\sum_{i\in S}d\left(b_{N_0}^*,l_{N_0}^*\right)\left[\left(p_i-c\right)\boldsymbol{\Phi}_{ci}-p_i\int_0^{\Phi_{ci}}F_i(x)dx\right]-\sum_{i\in S}r_i^*\\
&\geqslant d\left(b_{S_0}^*,l_{S_0}^*\right)\sum_{i\in S}G_{ci}-\left(b_{S_0}^*+l_{S_0}^*\right)\\
&=v\left(S_0\right)
\end{aligned}
$$
第二个不等式成立是因为式（3-19）和 $d\left(b_{N_0}^*,l_{N_0}^*\right)\geqslant d\left(b_{S_0}^*,l_{S_0}^*\right)$。

（3）对于任意的 $S\subseteq N$，
$$
\begin{aligned}
\sum_{i\in S}y_i&=\sum_{i\in S}d\left(b_{N_0}^*,l_{N_0}^*\right)\left[\left(p_i-w^*\right)\Phi_{ci}-p_i\int_0^{\Phi_{ci}}F_i(x)dx\right]-\sum_{i\in S}r_i^*\\
&\geqslant\sum_{i\in S}d\left(b_{N_0}^*,l_{N_0}^*\right)\left[\left(p_i-w_S^*\right)\boldsymbol{\Phi}_{ci}-p_i\int_0^{\Phi_{ci}}F_i(x)dx\right]-\sum_{i\in S}r_i^*\\
&\geqslant d\left(b_S^*,l_S^*\right)\sum_{i\in S}G_{di}-l_S^*=v_2\left(S\right)
\end{aligned}
$$

综上所述，根据核的定义可知 $\boldsymbol{y}^*\in Core(N_0,v_2)$。

例 3.1（续）我们将使用例 3.1 中的参数，对定理 3.3 给出的分配规则进行说明。根据定理 3.3 可知，$w_{\{1\}}^*=4.611,w_{\{2\}}^*=5.118,w_{\{12\}}^*=4.874$，因此 $w^*=\min_{S\subseteq N}\{w_S^*\}$，即 $w^*=4.612$。从而，可以得到如下公平合理的分配方案，$y_0^*=263\,740.5$，$y_1^*=6\,018.1,y_2^*=43\,521.41$使得混合合作广告联盟的大联盟保持稳定。

3.5 合作广告与库存共享博弈

在 3.4 节中，我们讨论了供应链中成员仅形成合作广告联盟的运作策略和稳定性。但是，实际中存在着大量类似中升集团的案例，因此，本节将考虑制造商和零售商同时进行合作广告和库存共享的合作模式，使上节的结论更具有一般性。从 3.4 节的分析可知，制造商与零售商进行纵向合作广告总是可以使得包含制造商的联盟获得更多的利润，此外，本章假设产品的残值为 0，因此，本节考虑制造商参与混合合作广告而零售商间实现库存共享的情形。

在本节中，供应链中各成员的决策顺序如下：对于任意的$S \subseteq N$，如果零售商集合 S 和制造商形成了合作广告与库存共享联盟 S_0，即$S_0 = S \cup \{0\}$，则在需求实现之前，合作广告与库存共享联盟将决策全国性品牌广告费用b_{S_0}、地方性促销广告费用l_{S_0}和零售商集合 S 中每个零售商的订货量$q_i^{S_0}$，而在需求实现之后，零售商间将对订货量重新进行分配。

对于任意的$S \subseteq N$，设$X^{S_0}=(X_i^{S_0})_{i\in N}$，其中，对所有 $i\in S$，$X_i^{S_0}=X_i$；对所有$i\in N \setminus S$，$X_i^{S_0}=0$。设$x^{S_0}=(x_i^{S_0})_{i\in N}$，其中，对所有 $i\in S$，$x_i^{S_0}=0$，且对所有的 $i\in S$，$x_i^{S_0}=x_i(X_i$ 的实现值)。定义零售商库存共享联盟所面临的随机需求为向量$\boldsymbol{D}^{S_0}=(d(b_{S_0}, l_{S_0})\quad X_i^{S_0})_{i\in N}\in R^N$，并且零售商库存共享联盟的订货向量为$Q^{S_0}=\left\{\boldsymbol{q}^{S_0}\in R^N \mid 对于 i\in N\setminus S, q_i^{S_0}=0;\ 对于 i\in S, q_i^{S_0}\geqslant 0\right\}$。设合作广告与库存共享联盟 S_0 的全国性品牌广告费用为b_{S_0}，地方性促销广告费用为l_{S_0}，订货向量为$\boldsymbol{q}^{S_0}\in \boldsymbol{Q}^{S_0}$，随机需求的实现值为$\boldsymbol{d}^{S_0}=(d(b_{S_0}, l_{S_0})\, x_i^{S_0})_{i\in N}\in R^N$。对订货量$\boldsymbol{q}^{S_0}$的重新分配为矩阵$\boldsymbol{A}^{S_0}=\left(A_{ij}^{S_0}\right)_{N\times N}\in R_+^{N\times N}$，其中，$A_{ij}^{S_0}$满足：①如果$i\notin S$或者$j\notin S, A_{ij}^{S_0}=0$；②对于任意的$i\in S, \sum_{j\in S} A_{ij}^{S_0}=q_i^{S_0}$；③$A_{ij}^{S_0}\geqslant 0$。$A_{ij}^{S_0}$表示联盟 S_0 中从零售商 i 到零售商 j 订货量的转移量；如果 $j=i$, $A_{ii}^{S_0}$ 表示在零售商 i 处没有转运到其他零售商处而在本地销售的量；其中，约束条件①表示不允许联盟外的零售商与联盟内的零售商间进行转运，约束条件②表示每个零售商处的转运总量等于其订货量。设$M^{S_0}(\boldsymbol{q}^{S_0})$表示联盟 S_0 中零售商订货向量$\boldsymbol{q}^{S_0}$所有可能组合，t_{ij}表示从零售商 i 到零售商 j 单位转运成本。

给定全国性品牌广告费用b_{S_0}、地方性促销广告费用l_{S_0}、订货向量$\boldsymbol{q}^{S_0}\in Q^{S_0}$及环境随机影响的实现值$x^{S_0}$，在转运策略$A^{S_0}\in M^{S_0}(q^{S_0})$下，合作广告与库存共享联盟 S_0 的利润为

$$P^{S_0}\left(A^{S_0},b_{S_0},l_{S_0},\boldsymbol{q}^{S_0},\boldsymbol{x}^{S_0}\right)=-\sum_{i\in S}\sum_{j\in S}A_{ij}^{S_0}t_{ij}+\sum_{j\in S}p_j\min\left(\sum_{i\in S}A_{ij}^{S_0},d\left(b_{S_0},l_{S_0}\right)x_j\right) \tag{3-23}$$

定理 3.4 则说明了需求实现之后最优转运策略的存在性。

定理 3.4：对于任意的 $S\subseteq N$，给定 $\left(b_{S_0},l_{S_0},q^{S_0},x^{S_0}\right)$ 时，存在最优的转运策略 $A^{S_0*}\left(b_{S_0},l_{S_0},\boldsymbol{q}^{S_0},\boldsymbol{x}^{S_0}\right)\in M^S\left(\boldsymbol{q}^{S_0}\right)$ 使得合作广告与库存共享联盟 S_0 的利润最大化。

设 $P^{S_0}\left(A^{S_0*},b_{S_0},l_{S_0},\boldsymbol{q}^{S_0},\boldsymbol{x}^{S_0}\right)=p^{S_0}\left(b_{S_0},l_{S_0},\boldsymbol{q}^{S_0},\boldsymbol{x}^{S_0}\right)$，则对于给定的($b_{S_0}$，$l_{S_0}$，$\boldsymbol{q}^{S_0}$，$\boldsymbol{x}^{S_0}$)，合作广告与库存共享联盟 S_0 的最大利润可以表示为

$$\boldsymbol{\pi}^{S_0}\left(b_{S_0},l_{S_0},\boldsymbol{q}^{S_0},\boldsymbol{x}^{S_0}\right)=p^{S_0}\left(b_{S_0},l_{S_0},\boldsymbol{q}^{S_0},\boldsymbol{x}^{S_0}\right)-b_{S_0}-l_{S_0}-c\sum_{i\in S}q_i^{S_0} \tag{3-24}$$

因此，给定全国性品牌广告费用 b_{S_0}、地方性促销广告费用 l_{S_0}、订货向量 q^{S_0}，则合作广告与库存共享联盟 S_0 的期望利润可以表示为，$\Pi^{S_0}\left(b_{S_0},l_{S_0},\boldsymbol{q}^{S_0}\right)=E_{\boldsymbol{X}^{S_0}}\left[\boldsymbol{\pi}^{S_0}\left(b_{S_0},l_{S_0},\boldsymbol{q}^{S_0},\bullet\right)\right]$。

定理 3.5：对于任意给定的 $S\subseteq N$，合作广告与库存共享联盟 S_0 存在最优的零售商订货向量 q^{S_0**}、全国性品牌广告费用 $b_{S_0}^{**}$ 和地方性促销广告费用 $l_{S_0}^{**}$ 使得联盟 S_0 的期望利润最大。

对于定理 3.5 中给出的最优策略($b_{S_0}^{**}$，$l_{S_0}^{**}$，$\boldsymbol{q}^{S_0**}$)，如果需求的实现值为 $\boldsymbol{d}^{S_0}$，则合作广告与库存共享联盟 S_0 最优的转运策略为 A^{S_0*}($b_{S_0}^{**}$，$l_{S_0}^{**}$，$\boldsymbol{q}^{S_0**}$，$\boldsymbol{d}^{S_0}$)。在这些最优策略下，合作广告与库存共享联盟 S_0 的最大期望利润为 Π^{S_0}($b_{S_0}^{**}$，$l_{S_0}^{**}$，$\boldsymbol{q}^{S_0**}$)。

基于以上的讨论，我们构造了一个合作广告与库存共享的合作博弈模型(N_0, v_3)，其特征函数为 $v_3(S_0)=\Pi^{S_0}$($b_{S_0}^{**}$，$l_{S_0}^{**}$，$\boldsymbol{q}^{S_0**}$)，且 $v_3(\{0\})=0$，$v_3(\varnothing)0$，其特征函数表示每个合作广告与库存共享联盟决策了最优的全国性品牌广告费用、地方性促销广告费用和零售商订货量，并实施了最优转运策略之后可获得的最大期望利润。为了定义的完整性，对于任意的 $S\subseteq N$，设 $v_3(S)=\Pi^S(l_S^{**},\boldsymbol{q}^{S**})$，其中，$\Pi^S(l_S^{**},\boldsymbol{q}^{S**})$ 表示不包含制造商的仅零售商进行合作广告和库存共享时联盟 S 的最大期望利润，它的存在性证明请参考附录 B。

为了证明合作博弈(N_0,v_3)具有非空的核，可以定义一个新的合作博弈(N,ρ)，其中，对于任意的 $S\subseteq N$，$\rho(S)=v_3(S_0)$ 且 $\rho(\varnothing)=0$。与 Slikker 等[98]和 Özen 等[100]提出的方法相似，可以证明合作博弈(N,ρ)是平衡的。

定理 3.6：合作博弈(N,ρ)是平衡的。

推论 3.2：合作博弈(N,ρ)有非空核。

与定理 3.2 的证明过程相似，我们可以得到如下的结论。

定理 3.7：合作广告与库存共享博弈的核是非空的，即 $Core(N_0,v_3)\neq\varnothing$。

由于合作广告与库存共享问题比较复杂，对于此合作博弈模型很难找到一种具体的利润分配方案。但是，如果转运成本能够忽略不计（对于所有的 i, $j\in N$, $t_{ij}=0$），当所有零售商的零售价格都相同（对于所有的 $i\in N$, $p_i=p$）时，本节所讨论的问题就可以简化为一个具有合作广告的报童博弈(newsvendor game with co-op advertising)模型。在此情形下，采用 Montrucchio 和 Scarsini[209]提出的方法，我们能找到一种特殊的分配方案 $\boldsymbol{y}$ 在核中，即 $y_0=0$，$y_i = pd\left(b_{N_0}^{**},l_{N_0}^{**}\right)\int_{X(N)\leqslant \varPhi_{ci}} X_i dF_i\left(x\right)-a_i^{**}$，其中，

$$X\left(N\right)=\sum_{i\in N}X_i\text{ ，}\quad a_i^{**}=\sum_{S\subseteq N\setminus i}\frac{|s|!\left(n-|s|-1\right)!}{n!}\left(b_{S_0\cup\{i\}}^{**}+l_{S_0\cup\{i\}}^{**}-b_{S_0}^{**}-l_{S_0}^{**}\right)\text{。}$$

3.6 本章小结

本章分别针对著名运动品牌 NIKE、adidas、New Balance 及 PUMA 共同发起的零售商横向合作广告情形、Appel 公司补贴零售商广告的混合合作广告情形，以及中升集团与一汽丰田的合作广告与库存共享情形，建立了相应的合作博弈模型。其中，每个合作博弈的特征值是在相应合作情形下联盟所能实现的最大期望利润。本章从理论上分析了相应联盟的运作策略，并且证明了每一种合作情形所对应合作博弈的核都是非空的，也就是说存在公平合理的分配规则使得所有的参与者都愿意留在大联盟中，而不从联盟中“叛逃”出去。此外，为了方便相关企业在实际中的应用，对于以上两种不同的合作广告博弈模型，设计了既公平又易于计算的分配规则，使得本章所得到的相关结果可以给相关企业提供建议。

附 录 A

1. 性质 3.1 的证明

证明：

（1）我们采用如下的不等式证明性质 3.1 中的（1）。

对于任意的正数 a_1，a_2，b_1，b_2，当 $0<x<1$，$0<y<1$ 时，都有$(a_1+a_2)^x/(b_1+b_2)^y \leqslant a_1^x/b_1^y+a_2^x/b_2^y$ 成立。因此，对于任意的横向合作广告联盟 S 和 T，$S\subseteq N$，$T\subseteq N$，且 $S\cap T=\varnothing$，如果令

$$a_1=\sum_{i\in S}\boldsymbol{\Phi}_{di},a_2=\sum_{i\in T}\boldsymbol{\Phi}_{di},b_1=\sum_{i\in S}G_{di},b_2=\sum_{i\in T}G_{di},x=a(1+\eta),y=a\eta$$

则可知如下两式成立：

$$\left(\sum_{i\in S\cup T}\boldsymbol{\Phi}_{di}\right)^{a(1+\eta)}\left(\sum_{i\in S\cup T}G_{di}\right)^{-a\eta}\leqslant\left(\sum_{i\in S}\boldsymbol{\Phi}_{di}\right)^{a(1+\eta)}/\left(\sum_{i\in S}G_{di}\right)^{a\eta}+\left(\sum_{i\in T}\boldsymbol{\Phi}_{di}\right)^{a(1+\eta)}/\left(\sum_{i\in T}G_{di}\right)^{a\eta} \tag{A1}$$

$$\left(\sum_{i\in S\cup T}G_{di}\right)^{a(1+\mu)}\left(\sum_{i\in S\cup T}\boldsymbol{\Phi}_{di}\right)^{-a\mu}\leqslant\left(\sum_{i\in S}G_{di}\right)^{a(1+\mu)}/\left(\sum_{i\in S}\boldsymbol{\Phi}_{di}\right)^{a\mu}+\left(\sum_{i\in T}G_{di}\right)^{a(1+\mu)}/\left(\sum_{i\in T}\boldsymbol{\Phi}_{di}\right)^{a\mu} \tag{A2}$$

从而可知，对于任意的横向合作广告联盟 $S\subseteq N$，$T\subseteq N$，且 $S\cap T=\varnothing$，有 $b^*_{S\cup T}\leqslant b^*_S+b^*_T$ 和 $l^*_{S\cup T}\leqslant l^*_S+l^*_T$ 成立。

（2）从式（3-12）和式（A1），易知 $\sum_{i\in S\cup T}qi^{S\cup T*}\geqslant\sum_{i\in S}qi^{S*}+\sum_{i\in T}qi^{T*}$ 成立。

（3）与（1）的证明过程类似，易知性质 3.1 中的（3）也是正确的。

2. 引理 3.2 的证明

证明：为了求得最优的全国性品牌广告费用 b_{S_0}、地方性促销广告费用 l_{S_0} 和零售商 i 的订货量 $q_i^{S_0}$（$i=1,2,\cdots,n$），最大化混合合作广告联盟 S_0 的期望利润，根据式（3-17），分别求 $E\left[\Pi_{S_0}\left(b_{S_0},l_{S_0},\boldsymbol{q}^{S_0}\right)\right]$ 关于 $q_i^{S_0}$ 的一阶导数和二阶导数，可得

$$\frac{\partial E\left[\Pi_{S_0}\left(b_{S_0},l_{S_0},\boldsymbol{q}^{S_0}\right)\right]}{\partial q_i^{S_0}}=p_i-c-p_iF_i\left(\frac{q_i^{S_0}}{d\left(b_{S_0},l_{S_0}\right)}\right) \tag{A3}$$

$$\frac{\partial^2 E\left[\Pi_{S_0}\left(b_{S_0},l_{S_0},\boldsymbol{q}^{S_0}\right)\right]}{\partial\left(q_i^{S_0}\right)^2}=-\frac{p_i}{d\left(b_{S_0},l_{S_0}\right)}f_i\left(\frac{q_i^{S_0}}{d\left(b_{S_0},l_{S_0}\right)}\right) \tag{A4}$$

由于 $\frac{\partial^2 E\left[\Pi_{S_0}\left(b_{S_0},l_{S_0},\boldsymbol{q}^{S_0}\right)\right]}{\partial\left(q_i^{S_0}\right)^2}\leqslant 0$，故 $E\left[\Pi_{S_0}\left(b_{S_0},l_{S_0},\boldsymbol{q}^{S_0}\right)\right]$ 是关于 $q_i^{S_0}$ 的凹函数。从而根据 $E\left[\Pi_{S_0}\left(b_{S_0},l_{S_0},\boldsymbol{q}^{S_0}\right)\right]$ 关于 $q_i^{S_0}$ 的一阶导数，可求得混合合作广告联盟 S_0 中零售商 i 的最优订货量为

$$q_i^{S_0}=d\left(b_{S_0},l_{S_0}\right)\boldsymbol{\Phi}_{ci} \tag{A5}$$

其中，$\boldsymbol{\Phi}_{ci}=F_i^{-1}\left(\left(p_i-c\right)/p_i\right)$。

将式（A5）代入式（3-16），可得

$$E\left[\Pi_{S_0}\left(b_{S_0},l_{S_0}\right)\right]=d\left(b_{S_0},l_{S_0}\right)\sum_{i\in S}G_{ci}-b_{S_0}-l_{S_0}$$

其中，$G_{ci}=p_i\int_0^{\Phi_{ci}}xdF_i(x)$。

分别求 $E\left[\Pi_{S_0}\left(b_{S_0},l_{S_0}\right)\right]$ 关于 b_{S_0} 和 l_{S_0} 的二阶导数和混合偏导数：

$$\frac{\partial^2 E\left[\Pi_{S_0}\left(b_{S_0},l_{S_0}\right)\right]}{\partial b_{S_0}^2}=\sum_{i\in S}G_{ci}\beta\mu(-\mu-1)b_{S_0}^{-\mu-2}l_{S_0}^{-\eta}$$

$$\frac{\partial^2 E\left[\Pi_{S_0}\left(b_{S_0},l_{S_0}\right)\right]}{\partial l_{S_0}^2}=\sum_{i\in S}G_{ci}\beta\eta(-\eta-1)b_{S_0}^{-\mu}l_{S_0}^{-\eta-2}$$

$$\frac{\partial^2 E\left[\Pi_{S_0}\left(b_{S_0},l_{S_0}\right)\right]}{\partial b_{S_0}\partial l_{S_0}}=\sum_{i\in S}G_{ci}\beta\mu(-\eta)b_{S_0}^{-\mu-1}l_{S_0}^{-\eta-1}$$

由于 $\dfrac{\partial^2 E\left(\Pi_{S_0}\right)}{\partial b_{S_0}^2}<0$ 和 $\dfrac{\partial^2 E\left(\Pi_{S_0}\right)}{\partial b_{S_0}^2}\cdot\dfrac{\partial^2 E\left(\Pi_{S_0}\right)}{\partial l_{S_0}^2}-\left[\dfrac{\partial^2 E\left(\Pi_{S_0}\right)}{\partial b_{S_0}\partial l_{S_0}}\right]^2>0$，故 $E\left[\Pi_{S_0}\left(b_{S_0},l_{S_0}\right)\right]$ 是关于 b_{S_0} 和 l_{S_0} 的联合凹函数。

$E\left[\Pi_{S_0}\left(b_{S_0},l_{S_0}\right)\right]$ 的一阶最优性条件给出了最优的全国性品牌广告费用和地方性促销广告费用，分别如下

$$b_{S_0}^*=\left(\beta\mu^{1+\eta}\eta^{-\eta}\sum_{i\in S}G_{ci}\right)^a,\quad l_{S_0}^*=\left(\beta\eta^{1+\mu}\mu^{-\mu}\sum_{i\in S}G_{ci}\right)^a$$

将 $b_{S_0}^*$ 和 $l_{S_0}^*$ 代入式（A4），可得混合合作广告联盟 S_0 中零售商 i 的最优订货量 $q_i^{S_0*}$ 为 $q_i^{S_0,*}=\Phi_{ci}\left\{\alpha-\beta^a\mu^{-a\mu}\eta^{-a\eta}\left(\sum_{i\in S}G_{ci}\right)^{-a(\mu+\eta)}\right\}$。

3. 性质 3.2 的证明

证明：

（1）由于

$$b_{S_0}^*/b_S^*=\left(\sum_{i\in S}G_{ci}\right)\left(\sum_{i\in S}G_{di}\right)^{\eta}/\left[(w-c)(1+\eta)^{-1}\sum_{i\in S}\Phi_{di}\right]^{(1+\eta)}$$

$$l_{S_0}^*/l_S^*=\left(\sum_{i\in S}G_{ci}\right)\left[(w-c)(1+\eta)^{-1}\sum_{i\in S}\Phi_{di}\right]^{\mu}/\left(\sum_{i\in S}G_{di}\right)^{1+\mu}$$

结论（1）可以很容易得到。

（2）如果制造商和零售商不做任何广告，则 $(w-c)\Phi_{di}$ 表示在分散决策的供应

链中，制造商作为领导者与零售商 i 进行 Stackelberg 博弈时，制造商所能获得的利润；然而，G_{ci} 表示在集中决策的供应链中制造商和零售商 i 的总利润。从而易知 $G_{ci}\geqslant(w-c)\Phi_{di}$。

因此对于任意的 $\eta\geqslant0$，可得 $G_{ci}\geqslant(1+\eta)^{-1}(w-c)\Phi_{di}$，对于任意的 $S\subseteq N$，有 $\sum_{i\in S}G_{ci}\geqslant(1+\eta)^{-1}(w-c)\sum_{i\in S}\boldsymbol{\Phi}_{di}$。此外，从 $\boldsymbol{\Phi}_{di}$、$\boldsymbol{\Phi}_{ci}$、G_{di} 和 G_{ci} 的定义，可知 $\boldsymbol{\Phi}_{di}<\boldsymbol{\Phi}_{ci}$ 和 $G_{di}<G_{ci}$ 成立。从而有 $q_i^{S*}<q_i^{S_0*}$ 成立。

（3）根据式（3-13）和式（3-14）可知

$$E\left[\Pi_S\left(l_S^*,\boldsymbol{q}^{S*}\right)\right]+E\left[\Pi_0\left(b_S^*\right)\right]$$
$$=\sum_{i\in S}\left[\left(p_i-w\right)q_i^{S*}-d\left(b_S^*,l_S^*\right)p_i\int_0^{\frac{q_i^{S*}}{d\left(b_S^*,l_S^*\right)}}F_i\left(x\right)dx\right]-l_S^*+\left(w-c\right)\sum_{i\in S}q_i^{S*}-b_S^*$$

另外，

$$E\left[\Pi\left(b_{S_0},l_{S_0},\boldsymbol{q}^{S_0}\right)\right]$$
$$=\sum_{i\in S}\left[\left(p_i-w\right)q_i^{S_0}-d\left(b_{S_0},l_{S_0}\right)p_i\int_0^{\frac{q_i^{S_0}}{d\left(b_{S_0},l_{S_0}\right)}}F_i\left(x\right)dx\right]-l_{S_0}+\left(w-c\right)\sum_{i\in S}q_i^{S_0}-b_{S_0}$$

由于 $b_{S_0}^*$、$l_{S_0}^*$、$\boldsymbol{q}^{S_0*}$ 是使得 $E\left[\Pi\left(b_{S_0},l_{S_0},\boldsymbol{q}^{S_0}\right)\right]$ 最大化的最优运作策略，从而有 $E\left[\Pi_S\left(l_S^*,\boldsymbol{q}^{S*}\right)\right]+E\left[\Pi_0\left(b_S^*\right)\right]\leqslant E\left[\Pi\left(b_{S_0}^*,l_{S_0}^*,\boldsymbol{q}^{S_0*}\right)\right]$ 成立。

4. 性质 3.3 的证明

证明：由于对于任意的 $0<a<1$，都有 $\left(\sum_{i\in S\cup T}G_{ci}\right)^a\leqslant\left(\sum_{i\in S}G_{ci}\right)^a+\left(\sum_{i\in T}G_{ci}\right)^a$ 成立，故与性质 3.1 的证明过程相似可以得到性质 3.3 的结论。

5. 引理 3.3 的证明

证明：设 $y=G_{ci}$，对于任意的 $x>0$，定义函数 $f\left(x\right)=\left(x+y\right)^a-x^a$。由于 $0<a=1/(1+\mu+\eta)<1$，$y>0$，$f'\left(x\right)=a\left[\left(x+y\right)^{a-1}-x^{a-1}\right]$，从而对于任意的 $x>0$，有 $f'\left(x\right)<0$ 成立，即 $f(x)$ 在 $(0,+\infty)$ 上是递减函数。

对于任意的 $i\in N$ 和所有满足 $S_1\subset S_2\subset N\setminus\{i\}$ 的联盟 S_1 和 S_2，由 $\chi(S)$ 的定义可知

$$\chi(S_1\cup\{i\})-\chi(S_1)=T_3\left[\left(\sum_{j\in S_1}G_{cj}+G_{ci}\right)^a-\left(\sum_{j\in S_1}G_{cj}\right)^a\right]$$

$$\chi(S_2\cup\{i\})-\chi(S_2)=T_3\left[\left(\sum_{j\in S_1}G_{cj}+\sum_{j\in S_2\setminus S_1}G_{cj}+G_{ci}\right)^a-\left(\sum_{j\in S_1}G_{cj}+\sum_{j\in S_2\setminus S_1}G_{cj}\right)^a\right]$$

设 $x_1=\sum_{j\in S_1}G_{cj}+\sum_{j\in S_2\setminus S_1}G_{cj}$,$x_2=\sum_{j\in S_1}G_{cj}$ ，则有 $x_1>x_2>0$ 成立。由 $f(x)$ 的递减性可知，$f(x_2)>f(x_1)$，由于 $T_3>0$，从而 $\chi(S_1\cup\{i\})-\chi(S_1)\geqslant\chi(S_2\cup\{i\})-\chi(S_2)$。由凹博弈成立的充分条件可知$(N,\chi)$是凹博弈。

6. 引理 3.4 的证明

证明：对于任意的 $i\in N$ 和所有满足 $S_1\subset S_2\subset N\setminus\{i\}$ 的联盟 S_1 和 S_2，有

$$\phi(S_1\cup\{i\})-\phi(S_1)=\alpha G_{ci}-T_2\left[\left(\sum_{j\in S_1}G_{cj}+G_{ci}\right)^a-\left(\sum_{j\in S_1}G_{cj}\right)^a\right]$$

$$\phi(S_2\cup\{i\})-\phi(S_2)=\alpha G_{ci}-T_2\left[\left(\sum_{j\in S_2}G_{cj}+G_{ci}\right)^a-\left(\sum_{j\in S_2}G_{cj}\right)^a\right]$$

与引理 3.3 的证明相似，可知

$$\left(\sum_{j\in S_1}G_{cj}+G_{ci}\right)^a-\left(\sum_{j\in S_1}G_{cj}\right)^a\geqslant\left[\left(\sum_{j\in S_2}G_{cj}+G_{ci}\right)^a-\left(\sum_{j\in S_2}G_{cj}\right)^a\right]$$

从而 $\phi(S_1\cup\{i\})-\phi(S_1)\geqslant\phi(S_2\cup\{i\})-\phi(S_2)$。

根据凹博弈成立的充分性条件，可知合作博弈(N,ϕ)是凸博弈。

为了证明定理 3.4，先介绍如下的引理 3.5。

引理 3.5：（Weierstrass 定理）设 S 是非空的紧集，g 是定义在 S 上的函数，即 g：$S\to R$，则存在最优的 x^*，使得 $g(x)$ 达到最大值。

7. 定理 3.4 的证明

证明：对于任意给定的运作策略$(b_{S_0},l_{S_0},\boldsymbol{q}^{S_0},\boldsymbol{x}^{S_0})$，合作广告与库存共享联盟 S_0 在第二阶段的利润可表示为

$$P^{S_0}\left(A^{S_0},b_{S_0},l_{S_0},\boldsymbol{q}^{S_0},\boldsymbol{x}^{S_0}\right)=-\sum_{i\in S}\sum_{j\in S}A_{ij}^{S_0}t_{ij}+\sum_{j\in S}p_j$$
$$\min\left(\sum_{i\in S}A_{ij}^{S_0},d\left(b_{S_0},l_{S_0}\right)x_j^{S_0}\right)$$

第一项表示订货向量 $\boldsymbol{q}^{S_0}$ 根据转运策略 A^{S_0} 转运之后的总成本，第二项表示在需求实现之后零售商的总收益。$P^{S_0}\left(A^{S_0},b_{S_0},l_{S_0},\boldsymbol{q}^{S_0},\boldsymbol{x}^{S_0}\right)$是 A^{S_0} 上的连续函数，并

且其定义域$M^{S_0}\left(\boldsymbol{q}^{S_0}\right)$是一个紧集[①]。根据 Weierstrass 定理，存在最优的转运策略A^{S_0*}使得合作广告与库存共享联盟S_0的利润最大化。

为了证明定理 3.5，先给出如下的引理 3.6。

引理 3.6：对于任意的$S\subseteq N$，在给定环境随机影响的实现值$\boldsymbol{x}^{S_0}$的情形下，对于混合合作联盟 S_0 的任意两组运作策略$\left(b_{S_0},l_{S_0},\boldsymbol{q}^{S_0}\right)$和$\left(\hat{b}_{S_0},\hat{l}_{S_0},\hat{\boldsymbol{q}}^{S_0}\right)$，满足$b_{S_0}\geqslant\hat{b}_{S_0},l_{S_0}\geqslant\hat{l}_{S_0}$，且对每一个零售商$i\in N$，$q_i^{S_0}\geqslant q_i^{S_0,\min}$。如果设$A^{S_0*}\in M^{S_0}\left(\boldsymbol{q}^{S_0}\right)$和$B^{S_0*}\in M^{S_0}\left(\hat{\boldsymbol{q}}^{S_0}\right)$分别为$\left(b_{S_0},l_{S_0},\boldsymbol{q}^{S_0}\right)$和$\left(\hat{b}_{S_0},\hat{l}_{S_0},\hat{\boldsymbol{q}}^{S_0}\right)$的最优转运策略，则有

$$
\begin{aligned}
&\left|P^{S_0}\left(A^{S_0*},b_{S_0},l_{S_0},\boldsymbol{q}^{S_0},\boldsymbol{x}^{S_0}\right)-P^{S_0}\left(B^{S_0*},\hat{b}_{S_0},\hat{l}_{S_0},\hat{\boldsymbol{q}}^{S_0},\boldsymbol{x}^{S_0}\right)\right|\\
&\leqslant\left(p_S+t_S\right)\sum_{i\in S}\left|q_i^{S_0}-\hat{\boldsymbol{q}}^{S_0}\right|+p_S\left|d\left(b_{S_0},l_{S_0}\right)-d\left(\hat{b}_{S_0},\hat{l}_{S_0}\right)\right|\sum_{i\in S}x_i^{S_0}
\end{aligned}
$$

其中$p_S=\max_{i\in S}p_i,t_S=\max_{i\in S,j\in S}t_{ij}$。

证明：首先，取关于运作策略$\left(\hat{b}_{S_0},\hat{l}_{S_0},\hat{\boldsymbol{q}}^{S_0}\right)$的任一转运策略$B^{So}\in M^{So}$（$\hat{\boldsymbol{q}}^{S_0}$），使得对于任意的$i\in N$和$j\in N$，有$A_{ij}^{S_0*}\geqslant B_{ij}^{S_0}$。

根据式（3-23）可知

$$
\begin{aligned}
&P^{S_0}\left(A^{S_0,*},b_{S_0},l_{S_0},\boldsymbol{q}^{S_0},\boldsymbol{x}^{S_0}\right)\\
&=P^{S_0}\left(B^{S_0},\hat{b}_{S_0},\hat{l}_{S_0},\hat{\boldsymbol{q}}^{S_0},\boldsymbol{x}^{S_0}\right)-\sum_{i\in S}\sum_{j\in S}\left(A_{ij}^{S_0,*}-B_{ij}^{S_0}\right)t_{ij}\\
&\quad+\sum_{j\in S}p_j\left(\min\left(\sum_{i\in S}A_{ij}^{S_0,*},d\left(b_{S_0},l_{S_0}\right)x_j^{S_0}\right)-\min\left(\sum_{i\in S}B_{ij}^{S_0},d\left(\hat{b}_{S_0},\hat{l}_{S_0}\right)x_j^{S_0}\right)\right)
\end{aligned}
$$

上式可重新表示为如下形式

$$
\begin{aligned}
&P^{S_0}\left(A^{S_0,*},b_{S_0},l_{S_0},\boldsymbol{q}^{S_0},\boldsymbol{x}^{S_0}\right)\\
&=P^{S_0}\left(B^{S_0},\hat{b}_{S_0},\hat{l}_{S_0},\hat{\boldsymbol{q}}^{S_0},\boldsymbol{x}^{S_0}\right)-\sum_{i\in S}\sum_{j\in S}\left(A_{ij}^{S_0,*}-B_{ij}^{S_0}\right)t_{ij}\\
&\quad+\sum_{j\in S}p_j\left(\min\left(\sum_{i\in S}A_{ij}^{S_0,*},d\left(b_{S_0},l_{S_0}\right)x_j^{S_0}\right)-\min\left(\sum_{i\in S}B_{ij}^{S_0},d\left(b_{S_0},l_{S_0}\right)x_j^{S_0}\right)\right)
\end{aligned}
$$

---

① 如果定义集合$M^{S_0}\left(\boldsymbol{q}^{S_0}\right)$上的范数为$\max_i\sum_{j=1}^{n}\left|A_{ij}^{S_0}\right|$，则集合$M^{S_0}\left(\boldsymbol{q}^{S_0}\right)$是一个有限维的 Banach 空间。当且仅当集合是有界闭集时，该有限维 Banach 空间是紧的。给定订货向量$\boldsymbol{q}^{S_0}$，则集合$M^{S_0}\left(\boldsymbol{q}^{S_0}\right)$是一个有界闭集，从而它是紧集。

$$+\sum_{j\in S}p_j\min\left(\sum_{i\in S}B_{ij}^{S_0},d\left(b_{S_0},l_{S_0}\right)x_j^{S_0}\right)-\min\left(\sum_{i\in S}B_{ij}^{S_0},d\left(\hat{b}_{S_0},\hat{l}_{S_0}\right)x_j^{S_0}\right)$$

设 $p_S=\max_{i\in S}p_i$，由于 $A_{ij}^{S_0*}\geqslant B_{ij}^{S_0}$ 并且对于任意的实数 x、y、z，有

$$\min\{x,y\}-\min\{z,y\}\leqslant|x-z|$$

从而可知

$$\begin{aligned}&P^{S_0}\left(A^{S_0,*},b_{S_0},l_{S_0},\boldsymbol{q}^{S_0},\boldsymbol{x}^{S_0}\right)\\&\leqslant P^{S_0}\left(B^{S_0},\hat{b}_{S_0},\hat{l}_{S_0},\hat{\boldsymbol{q}}^{S_0},\boldsymbol{x}^{S_0}\right)+p_S\sum_{i\in S}\left(q_i^{S_0}-\hat{q}_i^{S_0}\right)\\&\quad+p_S\left(d\left(b_{S_0},l_{S_0}\right)-d\left(\hat{b}_{S_0},\hat{l}_{S_0}\right)\right)\sum_{i\in S}x_i^{S_0}\\&\leqslant P^{S_0}\left(B^{S_0,*},\hat{b}_{S_0},\hat{l}_{S_0},\hat{\boldsymbol{q}}^{S_0},\boldsymbol{x}^{S_0}\right)+p_S\sum_{i\in S}\left(q_i^{S_0}-\hat{q}_i^{S_0}\right)\\&\quad+p_S\left(d\left(b_{S_0},l_{S_0}\right)-d\left(b_{S_0,\min},l_{S_0,\min}\right)\right)\sum_{i\in S}x_i^{S_0}\end{aligned}\tag{A6}$$

其次，取关于运作策略 $\left(b_{S_0},l_{S_0},\boldsymbol{q}^{S_0}\right)$ 的任一转运策略 $A^{S_0}\in M^{S_0}(\boldsymbol{q}^{S_0})$，使得对于任意的 $i\in N$ 和 $j\in N$，满足 $A_{ij}^{S_0}\geqslant B_{ij}^{S_0*}$。设 $t_S=\max_{i\in S,j\in S}t_{ij}$，与上面的讨论相似，可知

$$\begin{aligned}&P^{S_0}\left(B^{S_0,*},\hat{b}_{S_0},\hat{l}_{S_0},\hat{\boldsymbol{q}}^{S_0},\boldsymbol{x}^{S_0}\right)\\&=P^{S_0}\left(A^{S_0},b_{S_0},l_{S_0},\boldsymbol{q}^{S_0},\boldsymbol{x}^{S_0}\right)\\&\quad+\sum_{i\in S}\sum_{j\in S}\left(A_{ij}^{S_0}-B_{ij}^{S_0,*}\right)t_{ij}-\sum_{j\in S}p_j\left(\min\left(\sum_{i\in S}A_{ij}^{S_0},d\left(b_{S_0},l_{S_0}\right)x_j^{S_0}\right)\right.\\&\quad\left.-\min\left(\sum_{i\in S}B_{ij}^{S_0,*},d\left(\hat{b}_{S_0},\hat{l}_{S_0}\right)x_j^{S_0}\right)\right)\\&\leqslant P^{S_0}\left(A^{S_0},b_{S_0},l_{S_0},\boldsymbol{q}^{S_0},\boldsymbol{x}^{S_0}\right)\\&\quad+t_S\sum_{i\in S}\left(q_i^{S_0}-\hat{q}_i^{S_0}\right)-\sum_{j\in S}p_j\left(\min\left(\sum\nolimits_{i\in S}A_{ij}^{S_0},d\left(b_{S_0},l_{S_0}\right)x_j^{S_0}\right)\right.\\&\quad\left.-\min\left(\sum_{i\in S}B_{ij}^{S_0,*},d\left(b_{S_0},l_{S_0}\right)x_j^{S_0}\right)\right)-\sum_{j\in S}p_j\left(\min\left(\sum\nolimits_{i\in S}B_{ij}^{S_0,*},d\left(b_{S_0},l_{S_0}\right)x_j^{S_0}\right)\right.\\&\quad\left.-\min\left(\sum_{i\in S}B_{ij}^{S_0,*},d\left(\hat{b}_{S_0},\hat{l}_{S_0}\right)x_j^{S_0}\right)\right)\\&\leqslant P^{S_0}\left(A^{S_0},b_{S_0},l_{S_0},\boldsymbol{q}^{S_0},\boldsymbol{x}^{S_0}\right)+t_S\sum_{i\in S}\left(q_i^{S_0}-\hat{q}_i^{S_0}\right)\end{aligned}\tag{A7}$$

最后一个不等式成立是由于 $\min\left(\sum_{i\in S}A_{ij}^{S_0},d\left(b_{S_0},l_{S_0}\right)x_j^{S_0}\right)\geqslant\min\left(\sum_{i\in S}B_{ij}^{S_0,*},d\left(b_{S_0},l_{S_0}\right)x_j^{S_0}\right)$ 和 $d\left(b_{S_0},l_{S_0}\right)\geqslant d\left(\hat{b}_{S_0},\hat{l}_{S_0}\right)$

综合式（A6）和式（A7），可知

$$\begin{aligned}&\left|P^{S_0}\left(A^{S_0,*},b_{S_0},l_{S_0},\boldsymbol{q}^{S_0},\boldsymbol{x}^{S_0}\right)-P^{S_0}\left(B^{S_0,*},\hat{b}_{S_0},\hat{l}_{S_0},\hat{\boldsymbol{q}}^{S_0},\boldsymbol{x}^{S_0}\right)\right|\\&\leqslant\left(p_S+t_S\right)\sum_{i\in S}\left(q_i^{S_0}-\hat{q}_i^{S_0}\right)+p_S\left(d\left(b_{S_0},l_{S_0}\right)-d\left(\hat{b}_{S_0},\hat{l}_{S_0}\right)\right)\sum_{i\in S}x_i^{S_0}\end{aligned}\tag{A8}$$

证明完毕。

8. 定理 3.5 的证明

证明：定理 3.5 的证明包含如下两个步骤。

第一，证明 $\Pi^{S_0}\left(b_{S_0},l_{S_0},\boldsymbol{q}^{S_0}\right)$ 是关于 b_{S_0}，l_{S_0}，$\boldsymbol{q}^{S_0}$ 的连续函数。

取合作广告与库存共享联盟 S_0 的任意两组运作策略 $\left(b_{S_0},l_{S_0},\boldsymbol{q}^{S_0}\right)$ 和 $\left(b'_{S_0},l'_{S_0},\boldsymbol{q}'^{S_0}\right)$，设 $\left(b_{S_0,\min},l_{S_0,\min}\right)=\arg\min\left\{\left(d\left(b_{S_0},l_{S_0}\right),d\left(b'_{S_0},l'_{S_0}\right)\right)\right\}$，$q_i^{S_0,\min}=\min\left\{q_i^{S_0},q_i'^{S_0}\right\}$，则在给定环境的随机影响的实现值 $\boldsymbol{x}^{S_0}$ 下可知

$$\begin{aligned}&\left|p^{S_0}\left(b_{S_0},l_{S_0},\boldsymbol{q}^{S_0},\boldsymbol{x}^{S_0}\right)-p^{S_0}\left(b'_{S_0},l'_{S_0},\boldsymbol{q}'^{S_0},\boldsymbol{x}^{S_0}\right)\right|\\&=\left|\begin{array}{l}p^{S_0}\left(b_{S_0},l_{S_0},\boldsymbol{q}^{S_0},\boldsymbol{x}^{S_0}\right)-p^{S_0}\left(b_{S_0,\min},l_{S_0,\min},\boldsymbol{q}^{S_0,\min},\boldsymbol{x}^{S_0}\right)\\+p^{S_0}\left(b_{S_0,\min},l_{S_0,\min},\boldsymbol{q}^{S_0,\min},\boldsymbol{x}^{S_0}\right)-p^{S_0}\left(b'_{S_0},l'_{S_0},\boldsymbol{q}'^{S_0},\boldsymbol{x}^{S_0}\right)\end{array}\right|\\&\leqslant\left(p_S+t_S\right)\sum_{i\in S}\left|q_i^{S_0}-q_i^{S_0,\min}\right|+p_S\left|d\left(b_{S_0},l_{S_0}\right)-d\left(b_{S_0,\min},l_{S_0,\min}\right)\right|\sum_{i\in S}x_i^{S_0}\\&\quad+\left(p_S+t_S\right)\sum_{i\in S}\left|q_i'^{S_0}-q_i^{S_0,\min}\right|+p_S\left|d\left(b'_{S_0},l'_{S_0}\right)-d\left(b_{S_0,\min},l_{S_0,\min}\right)\right|\sum_{i\in S}x_i^{S_0}\\&=\left(p_S+t_S\right)\sum_{i\in S}\left|q_i^{S_0}-q_i'^{S_0}\right|+p_S\left|d\left(b_{S_0},l_{S_0}\right)-d\left(b'_{S_0},l'_{S_0}\right)\right|\sum_{i\in S}x_i^{S_0}\end{aligned}\tag{A9}$$

最后一个等式的成立依据的是 $q_i^{S_0,\min}$ 和 $\left(b_{S_0,\min},l_{S_0,\min}\right)$ 的定义。

对于任意给定的正数 ε，设 $\varepsilon_1=\varepsilon/\left(2p_S\sum_{i\in S}E\left[X_i^{S_0}\right]\right)$。由于 $d\left(b_{S_0},l_{S_0}\right)$ 是关于 $\left(b_{S_0},l_{S_0}\right)$ 的连续函数，故存在 $\delta_1>0$，对于任意两点 P_1（b_{S_0}，l_{S_0}）和 P_2（b'_{S_0}，l'_{S_0}），满足 $\left|P_1-P_2\right|\leqslant\delta_1$。于是有 $\left|d(P_1)-d(P_2)\right|=\left|d\left(b_{S_0},l_{S_0}\right)-d\left(b'_{S_0},l'_{S_0}\right)\right|\leqslant\varepsilon_1$ 成立，其中，$|\bullet|$ 表示 Euclidean 范数。

定义$\delta_2=\varepsilon/\{2[(p_S+t_S+c)|S|+2]\}$，并取$\delta=\min\{\delta_1,\delta_2\}>0$。对于$\Pi^{S_0}$（$b_{S_0}$，$l_{S_0},\boldsymbol{q}^{S_0}$）定义域中任意两点$\widetilde{P}_1\left(b_{S_0},l_{S_0},\boldsymbol{q}^{S_0}\right)$和$\widetilde{P}_2\left(b'_{S_0},l'_{S_0},\boldsymbol{q}'^{S_0}\right)$，如果满足$\left|\tilde{P}_1-\tilde{P}_2\right|<\delta$，则有$\left|\boldsymbol{q}^{S_0}-\boldsymbol{q}'^{S_0}\right|<\delta$，$\left|b_{S_0}-b'_{S_0}\right|\leqslant\delta$，$\left|l_{S_0}-l'_{S_0}\right|\leqslant\delta$，$\left|P_1-P_2\right|\leqslant\delta_1$。因此，根据$\Pi^{S_0}\left(b_{S_0},l_{S_0},\boldsymbol{q}^{S_0}\right)$的定义和式（A8）可知

$$
\begin{aligned}
&\left|\Pi^{S_0}\left(b_{S_0},l_{S_0},\boldsymbol{q}^{S_0}\right)-\Pi^{S_0}\left(b'_{S_0},l'_{S_0},\boldsymbol{q}'^{S_0}\right)\right|\\
&\leqslant(p_S+t_S+c)\sum_{i\in S}\left|q_i^{S_0}-q_i'^{S_0}\right|+p_S\left|d\left(b_{S_0},l_{S_0}\right)-d\left(b'_{S_0},l'_{S_0}\right)\right|\\
&\quad\sum_{i\in S}E\left[X_i^{S_0}\right]+\left|b_{S_0}-b'_{S_0}\right|+\left|l_{S_0}-l'_{S_0}\right|\\
&\leqslant(p_S+t_S+c)|S|\left|\boldsymbol{q}^{S_0}-\boldsymbol{q}'^{S_0}\right|+\left|b_{S_0}-b'_{S_0}\right|+\left|l_{S_0}-l'_{S_0}\right|\\
&\quad+p_S\left|d\left(b_{S_0},l_{S_0}\right)-d\left(b'_{S_0},l'_{S_0}\right)\right|\sum_{i\in S}E\left[X_i^{S_0}\right]\\
&\leqslant\left((p_S+t_S+c)|S|+2\right)\delta+\varepsilon/2\\
&\leqslant\varepsilon
\end{aligned}
$$

由上式可知，$\Pi^{S_0}\left(b_{S_0},l_{S_0},\boldsymbol{q}^{S_0}\right)$是关于$b_{S_0}$，$l_{S_0}$，$\boldsymbol{q}^{S_0}$的连续函数。

第二，证明在$\Pi^{S_0}\left(b_{S_0},l_{S_0},\boldsymbol{q}^{S_0}\right)$的定义域中存在一个紧集，而在紧集外$\Pi^{S_0}\left(b_{S_0},l_{S_0},\boldsymbol{q}^{S_0}\right)$不能取得其最大值。

由于$\lim\limits_{b_{S_0}\to+\infty}\Pi^{S_0}\left(b_{S_0},l_{S_0},\boldsymbol{q}^{S_0}\right)=-\infty$，$\lim\limits_{l_{S_0}\to+\infty}\Pi^{S_0}\left(b_{S_0},l_{S_0},\boldsymbol{q}^{S_0}\right)=-\infty$，所以，可以找到两个充分大的正数$b_{\max}$和$l_{\max}$分别作为$b_{S_0}$和$l_{S_0}$的上界，使得合作广告与库存共享联盟$S_0$最优的全国性品牌广告费用和地方性促销广告费用不超过每个零售商个体的上界。

设$q_{\max}^{S_0}=\dfrac{p_S}{c}d\left(b_{\max},l_{\max}\right)\sum\limits_{i\in S}E\left[X_i^{S_0}\right]$，因此，对于任意的$\boldsymbol{q}^{S_0}\in Q^{S_0}$，存在某个$j\in S$，使得$q_j^{S_0}>q_{\max}^{S_0}$成立。可知

$$
\Pi^{S_0}\left(b_{S_0},l_{S_0},\boldsymbol{q}^{S_0}\right)\leqslant-q_j^Sc+p_Sd\left(b_{\max},l_{\max}\right)\sum_{i\in S}E\left[X_i^{S_0}\right]\leqslant0 \qquad (\text{A10})
$$

上面的分析表明$\Pi^{S_0}\left(b_{S_0},l_{S_0},\boldsymbol{q}^{S_0}\right)$的最大值不可能在紧集$\{\left(b_{S_0},l_{S_0},\boldsymbol{q}^{S_0}\right)|0\leqslant b_{S_0}\leqslant b_{\max},0\leqslant l_{S_0}\leqslant l_{\max}$，对于任意的$i\in N,0\leqslant q_i^{S_0}\leqslant q_{\max}^{S_0}\}$之外。因此，$\operatorname{Max}\Pi^{S_0}\left(b_{S_0},l_{S_0},\boldsymbol{q}^{S_0}\right)$在此紧集上取得最大值。

根据以上两个步骤，可知存在最优的订货向量$\boldsymbol{q}^{S_0**}$、全国性品牌广告费用$b_{S_0}^{**}$

和地方性品牌广告费用 $l_{S_0}^{**}$ 使得合作广告与库存共享联盟 S_0 的期望利润最大。

在证明定理 3.6 之前，先给出如下的引理 3.7。

引理 3.7：对于任意的 $S\subseteq N$，设($b_{S_0}^{**}, l_{S_0}^{**}, \boldsymbol{q}^{S_0**}$)是使得合作广告与库存共享联盟 S_0 期望利润最大化的最优策略，设 λ：$2^N\backslash\{\varnothing\}\to[0,1]$ 为一平衡映射，则有下列不等式成立

$$p^{N_0}\left(\sum_{S\subseteq N:S\neq\varnothing}\lambda(S)b_{S_0}^{**}, \sum_{S\subseteq N:S\neq\varnothing}\lambda(S)l_{S_0}^{**}, \sum_{S\subseteq N:S\neq\varnothing}\lambda(S)\boldsymbol{q}^{S_0**}, \sum_{S\subseteq N:S\neq\varnothing}\lambda(S)\boldsymbol{x}^{S_0}\right)$$
$$\geqslant \sum_{S\subseteq N:S\neq\varnothing}\lambda(S)p^{S_0}\left(b_{S_0}^{**}, l_{S_0}^{**}, \boldsymbol{q}^{S_0**}, \boldsymbol{x}^{S_0}\right)$$

其中，$\boldsymbol{x}^{S_0}$ 为联盟 S 环境随机影响的实现值。

证明：给定环境随机影响的实现值 $\boldsymbol{x}^{S_0}$，设合作广告与库存共享联盟 S_0 在($b_{S_0}^{**}$，$l_{S_0}^{**}, \boldsymbol{q}^{S_0**}$)下的最优转运策略为 A^{S_0*}，而 $\overline{A}^{S_0*}$ 表示 A^{S_0*} 中的实际销售量，则 $\lambda(S)\overline{A}^{S_0*}$ 表示合作广告与库存共享联盟 S_0 在订货向量 $\boldsymbol{q}^{S_0**}$、全国性品牌广告费用 $b_{S_0}^{**}$、地方性促销广告费用 $l_{S_0}^{**}$ 和环境的随机影响的实现值 $\lambda(S)\boldsymbol{x}^{S_0}$ 下的最优转运策略的实际销售量。从而，$B^{N_0}=\sum_{S\subseteq N:S\neq\varnothing}\lambda(S)\overline{A}^{S_0*}$ 表示合作广告与库存共享大联盟在策略($\sum_{S\subseteq N:S\neq\varnothing}\lambda(S)b_{S_0}^{**}$，$\sum_{S\subseteq N:S\neq\varnothing}\lambda(S)l_{S_0}^{**}$，$\sum_{S\subseteq N:S\neq\varnothing}\lambda(S)\boldsymbol{q}^{S_0**}$)下的可能销售量。用 C^{N_0} 表示大联盟在给定广告支出和订货量情形下转运策略的销售量，则与 Slikker 等[98]的方法相似，可知

$$\begin{aligned}
&p^{N_0}\left(\sum_{S\subseteq N:S\neq\varnothing}\lambda(S)b_{S_0}^{**}, \sum_{S\subseteq N:S\neq\varnothing}\lambda(S)l_{S_0}^{**}, \sum_{S\subseteq N:S\neq\varnothing}\lambda(S)\boldsymbol{q}^{S_0**}, \sum_{S\subseteq N:S\neq\varnothing}\lambda(S)\boldsymbol{x}^{S_0}\right)\\
&=\sum_{i\in N}\sum_{j\in N}C_{ij}^{N_0}\left(p_j-t_{ij}\right)\\
&\geqslant\sum_{i\in N}\sum_{j\in N}B_{ij}^{N_0}\left(p_j-t_{ij}\right)\\
&=\sum_{i\in N}\sum_{j\in N}\sum_{S\subseteq N:S\neq\varnothing}\lambda(S)\overline{A}_{ij}^{S_0*}\left(p_j-t_{ij}\right)\\
&=\sum_{S\subseteq N:S\neq\varnothing}\sum_{i\in N}\sum_{j\in N}\left(p_j-t_{ij}\right)\lambda(S)\overline{A}_{ij}^{S_0*}\\
&=\sum_{S\subseteq N:S\neq\varnothing}\lambda(S)p^{S_0}\left(b_{S_0}^{**}, l_{S_0}^{**}, \boldsymbol{q}^{S_0**}, \boldsymbol{x}^{S_0}\right)
\end{aligned}$$

证明完毕。

9. 定理 3.6 的证明

证明：设 λ：$2^N\backslash\{\varnothing\}\to[0,1]$是一个平衡映射，对于任意的 $S\subseteq N$，合作广告与库存共享联盟 S_0 的最优策略为 $\left(\boldsymbol{q}^{S_0**},b_{S_0}^{**},l_{S_0}^{**}\right)_{S\subseteq N:S\neq\varnothing}$。特别地，$\left(\boldsymbol{q}^{N_0**},b_{N_0}^{**},l_{N_0}^{**}\right)$ 表示合作广告与库存共享大联盟 N_0 的最优策略。

由于 $\rho(S)=v_3(S_0)$，对于任意的 $S\subseteq N$，$v_3(S_0)=E_{\boldsymbol{X}^{S_0}}\left[\boldsymbol{\pi}^{S_0}\left(b_{S_0},l_{S_0},\boldsymbol{q}^{S_0},\bullet\right)\right]$，$\rho(N)\geqslant\sum\limits_{S\subseteq N:S\neq\varnothing}\lambda(S)\rho(S)$ 等价于 $v_3(N_0)\geqslant\sum\limits_{S\subseteq N:S\neq\varnothing}\lambda(S)v_3(S_0)$，所以以下仅需证明，$\boldsymbol{\pi}^{N_0}\left(b_{N_0}^{**},l_{N_0}^{**},\boldsymbol{q}^{N_0**},\boldsymbol{x}^{N_0}\right)\geqslant\sum\limits_{S\subseteq N:S\neq\varnothing}\lambda(S)\boldsymbol{\pi}^{S_0}\left(b_{S_0}^{**},l_{S_0}^{**},\boldsymbol{q}^{S_0**},\boldsymbol{x}^{S_0}\right)$。

根据 $\boldsymbol{\pi}^{N_0}\left(b_{N_0}^{**},l_{N_0}^{**},\boldsymbol{q}^{N_0**},\boldsymbol{x}^{N_0}\right)$ 的定义，可知

$$
\begin{aligned}
&\boldsymbol{\pi}^{N_0}\left(b_{N_0}^{**},l_{N_0}^{**},\boldsymbol{q}^{N_0**},\boldsymbol{x}^{N_0}\right)\\
&=p^{N_0}\left(b_{N_0}^{**},l_{N_0}^{**},\boldsymbol{q}^{N_0**},\boldsymbol{x}^{N_0}\right)-b_{N_0}^{**}-l_{N_0}^{**}-c\sum_{i\in N}q_i^{N_0**}\\
&\geqslant p^{N_0}\left(\sum_{S\subseteq N:S\neq\varnothing}\lambda(S)b_{S_0}^{**},\sum_{S\subseteq N:S\neq\varnothing}\lambda(S)l_{S_0}^{**},\sum_{S\subseteq N:S\neq\varnothing}\lambda(S)\boldsymbol{q}^{S_0**},\boldsymbol{x}^{N_0}\right)\\
&\quad-\sum_{S\subseteq N:S\neq\varnothing}\lambda(S)b_{S_0}^{**}-\sum_{S\subseteq N:S\neq\varnothing}\lambda(S)l_{S_0}^{**}-c\sum_{i\in N}\sum_{S\subseteq N:S\neq\varnothing}\lambda(S)q_i^{S_0**}\\
&=p^{N_0}\left(\sum_{S\subseteq N:S\neq\varnothing}\lambda(S)b_{S_0}^{**},\sum_{S\subseteq N:S\neq\varnothing}\lambda(S)l_{S_0}^{**},\sum_{S\subseteq N:S\neq\varnothing}\lambda(S)\boldsymbol{q}^{S_0**},\sum_{S\subseteq N:S\neq\varnothing}\lambda(S)\boldsymbol{x}^{S_0}\right)\\
&\quad-\sum_{S\subseteq N:S\neq\varnothing}\lambda(S)b_{S_0}^{**}-\sum_{S\subseteq N:S\neq\varnothing}\lambda(S)l_{S_0}^{**}-c\sum_{i\in N}\sum_{S\subseteq N:S\neq\varnothing}\lambda(S)q_i^{S_0**}\\
&\geqslant\sum_{S\subseteq N:S\neq\varnothing}\lambda(S)p^{S_0}\left(b_{S_0}^{**},l_{S_0}^{**},\boldsymbol{q}^{S_0**},\boldsymbol{x}^{S_0}\right)\\
&\quad-\sum_{S\subseteq N:S\neq\varnothing}\lambda(S)b_{S_0}^{**}-\sum_{S\subseteq N:S\neq\varnothing}\lambda(S)l_{S_0}^{**}-c\sum_{i\in N}\sum_{S\subseteq N:S\neq\varnothing}\lambda(S)q_i^{S_0**}\\
&=\sum_{S\subseteq N:S\neq\varnothing}\lambda(S)\boldsymbol{\pi}^{S_0}\left(b_{S_0}^{**},l_{S_0}^{**},\boldsymbol{q}^{S_0**},\boldsymbol{x}^{S_0}\right)
\end{aligned}
$$

第一个不等式成立是由于当随机环境影响的实现值为 $\boldsymbol{x}^{N_0}$ 时，$\left(b_{N_0}^{**},l_{N_0}^{**},\boldsymbol{q}^{N_0**}\right)$ 是合作广告与库存共享大联盟 N_0 的最优策略；第一个等式成立是因为 $\sum\limits_{S\subseteq N:S\neq\varnothing}\lambda(S)\boldsymbol{x}^{S_0}=\boldsymbol{x}^{N_0}$；第二个不等式成立是因为引理 3.7。

因此，$\rho(N)=v_3(N_0)\geqslant\sum\limits_{S\subseteq N:S\neq\varnothing}\lambda(S)v_3(S_0)=\sum\limits_{S\subseteq N:S\neq\varnothing}\lambda(S)\rho(S)$，即合作博弈 (N,ρ)是平衡的。

附录B　Π^S（l_S**，q^{S**}）的推导

由于$\Pi^S(l_S^{**},\boldsymbol{q}^{S**})$表示零售商与制造商不进行纵向广告合作时，零售商合作广告与库存共享联盟所能获得的最大期望利润，所以事件发生的顺序如下：

制造商先决定其全国性品牌广告费用b_S,随后零售商联盟S在需求实现之前，决定地方合作促销广告支出l_S和零售商联盟的订货向量$\boldsymbol{q}^S$使得零售商联盟S的期望利润最大。而当需求实现之后，零售商联盟S将重新分配各处零售商的订货量，增加零售商联盟的销售收益。因此，$\Pi^S(l_S^{**},\boldsymbol{q}^{S**})$可以采用标准的逆向归纳法得到。

给定全国性品牌广告费用b_S、零售商联盟S的地方性促销广告费用l_S和订货向量$\boldsymbol{q}^S$，环境随机影响的实现值为$\boldsymbol{x}^S$，则零售商联盟S的最优转运策略为

$$
\begin{aligned}
&A^{S*}\left(b_S,l_S,\boldsymbol{q}^S,\boldsymbol{x}^S\right)\\
&=\operatorname{Arg}\underset{A^S\in M^S(\boldsymbol{q}^S)}{\operatorname{Max}}P^S\left(A^S,b_S,l_S,\boldsymbol{q}^S,\boldsymbol{x}^S\right)\\
&=-\sum_{i\in S}\sum_{j\in S}A_{ij}^S t_{ij}+\sum_{j\in S}p_j\min\left(\sum_{i\in S}A_{ij}^S,d\left(b_S,l_S\right)x_j^S\right)
\end{aligned}
\tag{B1}
$$

与定理3.4的证明相似，易知对于任意的$S\subseteq N$和给定的运作策略$(b_S,l_S,\boldsymbol{q}^S,\boldsymbol{x}^S)$，存在一个转运策略$A^{S*}\left(b_S,l_S,\boldsymbol{q}^S,\boldsymbol{x}^S\right)\in M^S\left(\boldsymbol{q}^S\right)$使得零售商联盟$S$的利润最大。

因此，对于任意给定的运作策略$(b_S,l_S,\boldsymbol{q}^S,\boldsymbol{x}^S)$，零售商联盟 S 的最大利润可以表示为

$$
\boldsymbol{\pi}^S\left(b_S,l_S,\boldsymbol{q}^S,\boldsymbol{x}^S\right)=P^S\left(A^{S*},b_S,l_S,\boldsymbol{q}^S,\boldsymbol{x}^S\right)-l_S-w\sum_{i\in S}q_i^S
$$

如果地方性促销广告费用为l_S，订货向量为$\boldsymbol{q}^S$，环境的随机影响为$\boldsymbol{X}^S$，则零售商联盟S期望利润可表示为

$$
\Pi^S\left(l_S,\boldsymbol{q}^S\right)=E_{\mathbf{X}^S}\left[\pi^S\left(b_S,l_S,\boldsymbol{q}^S,\bullet\right)\right]
\tag{B2}
$$

在知道制造商的全国性品牌广告费用为b_S的情形下，零售商联盟S将决策其地方性促销广告费用l_S和订货向量$\boldsymbol{q}^S$使得$\Pi^S\left(l_S,\boldsymbol{q}^S\right)$最大化。与定理3.5的证明相似，可以证明对于任意的$S\subseteq N$和给定的全国性品牌广告费用b_S，存在最优的订货向量$\boldsymbol{q}^{S*}(b_S)$和地方性促销广告费用$l_S^*(b_S)$，使得零售商联盟S的期望利润最大。

在观测到零售商联盟对制造商全国性品牌广告费用b_S的反应之后，制造商将会决策其全国性品牌广告费用b_S使得其期望利润最大

$$
E\left[\Pi_0\left(b_S\right)\right]=(w-c)\sum_{i\in S}q_i^{S*}\left(b_S\right)-b_S
$$

由于$q_i^{S*}\left(b_S\right)$是关于 b_S 的连续函数，并且$\lim\limits_{b_S\to+\infty}\Pi^S(l_S,\boldsymbol{q}^S)=-\infty$，所以由

Weierstrass 定理可知，存在最优的全国性品牌广告费用b_S^{**}使得制造商的期望利润$E[\Pi_0(b_S)]$最大。

因此，将$\boldsymbol{q}^{S*}(b_S)$和$l_S^*(b_S)$中的b_S以b_S^{**}代替，可得零售商联盟S的最优策略$\boldsymbol{q}^{S**}$和l_S^{**}，将b_S^{**}、l_S^{**}和$\boldsymbol{q}^{S**}$代入式（B2），可得$\Pi^S(l_S^{**},\mathrm{q}^{S**})$。

第 4 章　联合定价联盟的定价策略及稳定性研究

4.1　引　　言

在第 2 章和第 3 章中，我们重点讨论了当零售商间不存在竞争关系时，在零售商进行库存共享及合作广告两种情形下，相应合作联盟的运作策略及分配方案和稳定性。虽然参与合作可以使企业的收益增加，但是由于竞争是企业的天性，实际中更多的是零售商间的合作竞争关系。例如，价格是零售商间进行竞争的常用手段，为了消除价格竞争带来的影响，企业有可能形成垄断的定价联盟，但是这种定价联盟往往会违反相关的法律法规。例如，1997~2004 年，联合利华、宝洁、高露洁和汉高作为法国市场规模最大的洗涤剂制造商，就向零售商提供的产品定价范围达成协议，以限制竞争及谋求操控产品的价格。2006 年，联合利华因率先举报这一定价协议而免受处罚，而宝洁、高露洁和汉高公司被处以总额 3.61 亿欧元的罚款。上海黄金饰品行业协会曾多次组织具有竞争关系的会员单位商议制定《价格自律细则》，约定了黄金、铂金饰品零售价格的测算方式，使得老凤祥银楼、老庙、亚一、城隍珠宝、天宝龙凤五家金店黄金、铂金饰品零售牌价全部落在测算公式规定的浮动范围内，并且调价时间、调价幅度及牌价高度一致，违反了我国的《中华人民共和国反垄断法》，2013 年 8 月被国家发展和改革委员会处以上一年度相关销售额 1%的罚款，共计人民币 1 009.37 万元[①]。因此，巨头之间通过书面协议等方式进行赤裸裸的价格操纵已经很少见。然而，在很多竞争比较激烈的行业，无论是企业的原材料成本，还是渠道利润、零售价格都是公开的，竞争对手的盈亏平衡点在哪里大家心里都有数，所以在市场上容易形成价格

① http://finance.people.com.cn/n/2013/0814/c1004-22554062.html。

协同的“默契”，即所谓的“定价联盟”的隐性存在。

此外，1922 年美国 *Capper-Volstead Act* 的第一条和我国新颁布的《反垄断法》第五十六条都对定价联盟的例外情形进行了说明：农产品制造商与加工商之间可能会形成定价卡特尔组织，如 Ocean Spray、Sunkist 和 Land O’Lakes 等农业合作社。在著名的哈佛案例“The National Cranberry Cooperative”中，90%的小红莓产品的定价都由制造商和加工商联盟所决定。1996 年，湖北格力空调销售公司通过整合区域内所有经销商和零售商，实现统一定价，其第二年销售量增幅高达 40%。

但从实际的案例中，我们可以了解到不论是隐性的定价联盟，还是受法律保护的农村合作社，定价联盟都并非长期稳定的，联盟中的成员经常会发生变动。有些学者，从实证研究的角度对这一现象进行了分析，但是，对于定价联盟的稳定结构从合作博弈论角度的理论探讨还不多见。其中 Nagarajan 和 Sošić[139]针对销售具有替代性产品的零售商，采用最大一致集等讨论了远视零联盟结构的稳定性。Nagarajan 和 Sošić[147]在三种不同的上下游博弈框架下讨论了供应商联盟的稳定性。Tian 等[152]针对产品回收问题利用远视稳定性考虑了制造商间合作联盟稳定性问题。Li[137]针对分销链中零售商风险厌恶情形下的联盟合作探讨了联盟合作的的短视稳定性。虽然以上文献应用远视概念讨论了联盟稳定性，但都仅针对单层零售商联盟或者单层组装商联盟进行讨论，尚无文献讨论零售商联盟与上游制造商之间的纵向博弈对零售商合作联盟结构的影响，也没有文献考虑到两层供应链中既含有供应商又含有零售商联盟的联合定价策略及相应稳定性。

本章将首先针对由一个制造商与三个相互竞争的零售商组成的两层供应链系统，在制造商-Stackelberg 博弈、Nash 均衡博弈和零售商联盟-Stackelberg 博弈三种不同的市场结构下，分别研究短视零售商联盟和远视零售商联盟的稳定结构，重点考察不同的市场结构对基于价格竞争的零售商定价联盟的影响；其次针对由一个制造商与两个相互竞争的零售商组成的两层分销供应链系统，在制造商-Stackelberg 博弈框架下，研究短视联盟的稳定结构和远视联盟的稳定结构，旨在为分销供应链系统中的供应商和零售商提供合理的结盟建议。

4.2 竞争零售商联合定价联盟及稳定性研究

4.2.1 模型描述和符号

本章考虑一个两层的供应链系统，其中一个上游制造商向下游三个相互竞争的零售商提供无差异化的产品。零售商不仅可以各自独立定价，还可以通过形成联盟事先统一定价；而制造商则对提供给下游零售商的批发价格进行决策。

在分散决策的供应链系统中，零售商与制造商的决策分为两个层次。首先，零售商决定联盟的结构；其次，各零售商联盟事先统一产品的零售价格并以联盟的形式向制造商订货，而制造商则根据各零售商联盟的总订货量决定单位产品的批发价。因此，在第二个层次的决策博弈中，需要考虑两个方面的博弈，一方面是零售商联盟与制造商之间的纵向博弈，另一方面是各零售商联盟之间的横向博弈。

将制造商记为 0，三个相互竞争零售商的集合记为 $N=\{1,2,3\}$。零售商 i（$i\in N$）的需求 q_i 与自身单位产品的定价 p_i 成反比，与竞争对手单位产品的定价 p_k（$k\in N$ 且 $k\neq i$）成正比，可设零售商 i 的需求函数为

$$q_i = A - p_i + \theta\left(\frac{1}{3}\sum_{j=1}^{3} p_j - p_i\right), \theta \geqslant 0 \tag{4-1}$$

其中，A 为当所有的零售商都免费供货时，零售商 i 所面对的需求，因此，A 表示顾客对零售商 i 的忠诚度；θ表示零售商之间的竞争强度。上述需求函数在经济学和市场营销学的文献中的应用较为普遍（参见文献[210]~[212]）。

三个零售商之间可自由形成联盟 $Z\subseteq N$。一种零售商联盟结构指对零售商集合 N 的一种分割，即 $L=\{Z_1,Z_2,\cdots,Z_k\}$，其中 $k\leqslant 3$，$\cup_{i=1}^{k} Z_i = N$，$Z_i \cap Z_j = \varnothing, i\neq j$，特别地，全体零售商的结盟称为大联盟$\{N\}$。在给定的任意一种零售商联盟结构 L 中，每个零售商联盟的零售价格是统一的，因此联盟 Z_k 中零售商 i 所面临的需求是

$$q_i = A - (1+\theta) p_i + \frac{\theta}{3}|Z_k| p_i + \frac{\theta}{3}\sum_{j\notin Z_k} p_j, \theta \geqslant 0 \tag{4-2}$$

其中，$|Z_k|$ 表示联盟 Z_k 中的零售商数量。此外制造商提供给每个零售商的批发价格记为 w，制造商生产单位产品的成本为 c。

4.2.2　制造商与零售商联盟的纵向博弈

本节考虑实际中存在的三种不同类型的博弈：①制造商领导的 Stackelberg 博弈（记为 MS），在此博弈中，制造商先决定批发价格，然后所有零售商联盟同时决定单位产品的零售价格；②制造商与零售商联盟的纵向 Nash 博弈（记为 VN），在此博弈中，制造商和零售商联盟同时决定单位产品的批发价格和零售价格；③零售商联盟领导的 Stackelberg 博弈（记为 RS），在此博弈中，零售商联盟先决定单位产品的零售价格，然后由制造商决定单位产品的批发价格[213]。

1. 制造商领导的 Stackelberg 博弈

制造商作为市场中的领导者，先决定单位产品的批发价格，然后由各零售商

联盟决定单位产品的零售价格。假设该博弈中各参与者间的信息是完全对称的。以下根据三个零售商可能出现的各种结盟情况，采用逆向归纳法分别讨论制造商作为 Stackelberg 领导者时制造商和零售商联盟的定价决策及相应的利润。

1）三个零售商结盟

当三个零售商形成大联盟 L_3^{MS} 时，零售商联盟会确定统一的单位产品零售价格，即 $p_1=p_2=p_3$。由于联盟中零售商的地位是对称的，所以不妨假设三个零售商会均分联盟的利润。随后零售商联盟向制造商订货并进行销售，联盟中零售商 i 的需求函数为 $q_i = A - p_i$。

零售商 i 的利润函数为

$$\Pi_i^{L_3^{\mathrm{MS}}}(p_i, w) = (p_i - w)(A - p_i)\ (i=1,2,3) \tag{4-3}$$

对式（4-3）关于零售价格 p_i 求导，由一阶条件可知

$$p_i = (A + w)/2\ (i=1,2,3) \tag{4-4}$$

制造商的利润函数为

$$\Pi_0^{L_3^{\mathrm{MS}}}(p_i, w) = 3(w - c)(A - p_i) \tag{4-5}$$

将式（4-4）代入式（4-5）并关于批发价格 w 求导，则由一阶条件可知 $w^{L_3^{\mathrm{MS}}} = \dfrac{A+c}{2}$。从而联盟中零售商 i 所确定单位产品的零售价格为 $p_i^{L_3^{\mathrm{MS}}} = \dfrac{3A+c}{4}\ (i=1,2,3)$。

将 $w^{L_3^{\mathrm{MS}}}$ 和 $p_i^{L_3^{\mathrm{MS}}}$ 代入式（4-3）和式（4-5）可得制造商领导的 Stackelberg 博弈中零售商 i 的最大利润为

$$\Pi_i^{L_3^{\mathrm{MS}}} = \frac{(A-c)^2}{16}\ (i=1,2,3) \tag{4-6}$$

制造商的最大利润为

$$\Pi_0^{L_3^{\mathrm{MS}}} = \frac{3}{8}(A-c)^2 \tag{4-7}$$

2）两个零售商结盟

本小节考虑任意两个零售商形成定价联盟 L_2^{MS} 的情况，不妨设零售商 1 和 2 结盟，而零售商 3 则独立进行定价决策，即 $p_1=p_2\neq p_3$。根据式（4-2），可知联盟中零售商 1 或 2 的需求函数为

$$q_1 = A - (1+\theta)p_1 + \frac{\theta}{3}2p_1 + \frac{\theta}{3}p_3 \tag{4-8}$$

独立决策零售商 3 的需求函数为

$$q_3 = A - (1+\theta)p_3 + \frac{\theta}{3}2p_1 + \frac{\theta}{3}p_3 \tag{4-9}$$

因此，零售商 1 或 2 的利润函数为

$$\Pi_1^{L_2^{\text{MS}}}(p_1,p_3,w)=(p_1-w)\left(A-(1+\theta)p_1+\frac{\theta}{3}2p_1+\frac{\theta}{3}p_3\right) \tag{4-10}$$

零售商 3 的利润函数为

$$\Pi_3^{L_2^{\text{MS}}}(p_1,p_3,w)=(p_3-w)\left(A-(1+\theta)p_3+\frac{\theta}{3}2p_1+\frac{\theta}{3}p_3\right) \tag{4-11}$$

对式（4-10）和式（4-11）分别关于 p_1 和 p_3 求导，并联立求解可得

$$(6+5\theta)A+(3+2\theta)(2+\theta)w=2\left(\theta^2+6\theta+6\right)p_1 \tag{4-12}$$

$$(3+2\theta)A+(3+\theta)(1+\theta)w=\left(\theta^2+6\theta+6\right)p_3 \tag{4-13}$$

制造商的利润函数为

$$\Pi_0^{L_2^{\text{MS}}}(p_1,p_3,w)=(w-c)(3A-2p_1-p_3) \tag{4-14}$$

将式(4-12)和式(4-13)代入式(4-14)并关于 w 求导,可得一阶条件为 $w^{L_2^{\text{MS}}}=\dfrac{A+c}{2}$。

将 $w^{L_2^{\text{MS}}}$ 分别代入式（4-12）和式（4-13），可知零售商联盟的零售价格 p_1 和零售商 3 的零售价格 p_3 分别为

$$p_1^{L_2^{\text{MS}}}=\frac{\left(2\theta^2+17\theta+18\right)A+(2\theta+3)(\theta+2)c}{4\left(\theta^2+6\theta+6\right)} \tag{4-15}$$

$$p_3^{L_2^{\text{MS}}}=\frac{\left(\theta^2+8\theta+9\right)A+(3+\theta)(1+\theta)c}{2\left(\theta^2+6\theta+6\right)} \tag{4-16}$$

将 $w^{L_2^{\text{MS}}}$、$p_1^{L_2^{\text{MS}}}$ 和 $p_3^{L_2^{\text{MS}}}$ 代入式（4-10）、式（4-11）和式（4-14），可知在制造商领导的 Stackelberg 博弈中零售商 1 或 2 最大的利润为

$$\Pi_1^{L_2^{\text{MS}}}=\frac{(5\theta+6)^2(\theta+3)(A-c)^2}{48\left(\theta^2+6\theta+6\right)^2}=\Pi_2^{L_2^{\text{MS}}} \tag{4-17}$$

零售商 3 的最大利润为

$$\Pi_3^{L_2^{\text{MS}}}=\frac{(2\theta+3)^3(A-c)^2}{6\left(\theta^2+6\theta+6\right)^2} \tag{4-18}$$

制造商的最大利润为

$$\Pi_0^{L_2^{\text{MS}}}=\frac{(A-c)^2}{4}\frac{\left(3\theta^2+11\theta+9\right)}{\theta^2+6\theta+6} \tag{4-19}$$

3）三个零售商互不结盟

三个零售商互不结盟（联盟结构为 L_1^{MS}）时，零售商 $i\in N$ 的需求函数为

$$q_i = A-(1+\theta)p_i+\frac{\theta}{3}(p_1+p_2+p_3)\ (i=1,2,3) \tag{4-20}$$

则零售商 i 的利润函数为

$$\Pi_i^{L_1^{\mathrm{MS}}}(p_1,p_2,p_3,w)=(p_i-w)\left(A-(1+\theta)p_i+\frac{\theta}{3}(p_1+p_2+p_3)\right)(i=1,2,3) \tag{4-21}$$

对式（4-21）关于 p_i 求导，可知有如下关系

$$p_i=\frac{3A+w(3+2\theta)}{6+2\theta}\ (i=1,2,3) \tag{4-22}$$

制造商的利润函数为

$$\Pi_0^{L_1^{\mathrm{MS}}}(p_i,w)=(w-c)(3A-3p_i) \tag{4-23}$$

将式（4-22）代入式（4-23）后可知，当 $w^{L_1^{\mathrm{MS}}}=\frac{A+c}{2}$ 时，制造商的利润最大。此时三个零售商达到均衡的零售价格为

$$p_1^{L_1^{\mathrm{MS}}}=\frac{A(9+2\theta)+c(3+2\theta)}{2(6+2\theta)}=p_2^{L_1^{\mathrm{MS}}}=p_3^{L_1^{\mathrm{MS}}} \tag{4-24}$$

将 $p_i^{L_1^{\mathrm{MS}}}$ 和 $w^{L_1^{\mathrm{MS}}}$ 代入式（4-21）和式（4-23），可知制造商领导的 Stackelberg 博弈中零售商 i 的最大利润为

$$\Pi_i^{L_1^{\mathrm{MS}}}=\frac{3(3+2\theta)(A-c)^2}{4(6+2\theta)^2}\ (i=1,2,3) \tag{4-25}$$

制造商的最大利润为

$$\Pi_0^{L_1^{\mathrm{MS}}}=\frac{3(3+2\theta)}{6+2\theta}\left(\frac{A-c}{2}\right)^2 \tag{4-26}$$

从以上分析可以看出，当制造商在市场中处于主要地位时，不论零售商是否结盟、如何结盟及形成多少个联盟，制造商提供的批发价格总是不变的；但是在不同零售商结盟情形下的销售价格不同。在三个零售商形成大联盟结构中，联盟成员的销售价格最高；在两个零售商结盟的结构中，结盟零售商的销售价格高于联盟外零售商的销售价格；当三个零售商“各自为政”时零售价格是最低的，此时对市场中的消费者是最有利的。

2. 制造商与零售商联盟的 Nash 均衡博弈

在制造商和零售商联盟的 Nash 博弈中，制造商和零售商同时决策产品的零售价格和批发价格。为方便求解，可假设零售商 i 的单位边际利润为 m_i，则单位产品的零售价格为 $p_i=w+m_i$。

1）三个零售商结盟

当三个零售商结盟（联盟结构为 L_3^{VN}）时，与制造商领导的 Stackelberg 博弈

类似，联盟中零售商 i 的利润函数的一阶条件也是式（4-4），即

$$p_i=(A+w)/2\ (i=1,2,3) \tag{4-27}$$

制造商的利润函数为

$$\Pi_0^{L_3^{\mathrm{VN}}}(p_1,p_2,p_3,w)=3(w-c)(A-w-m_i) \tag{4-28}$$

对式（4-28）关于 w 求导，可得一阶条件为

$$A-p_i+c=w \tag{4-29}$$

联立式（4-4）和式（4-29）可知

$$p_i^{L_3^{\mathrm{VN}}}=(2A+c)/3\ （i=1，2，3），\ w^{L_3^{\mathrm{VN}}}=(A+2c)/3 \tag{4-30}$$

将 $p_i^{L_3^{\mathrm{VN}}}$ 和 $w^{L_3^{\mathrm{VN}}}$ 代入式（4-3）和式（4-5），则制造商与零售商联盟的 Nash 均衡博弈中零售商 i 的最大利润为

$$\Pi_i^{L_3^{\mathrm{VN}}}=(A-c)^2/9\ (i=1,2,3) \tag{4-31}$$

制造商的最大利润为

$$\Pi_0^{L_3^{\mathrm{VN}}}=(A-c)^2/3 \tag{4-32}$$

2）两个零售商结盟

当两个零售商结盟（联盟结构为 L_2^{VN}）时，零售商 1、3 的利润函数分别满足如下一阶条件：

$$(3A+\theta p_3)+(3+\theta)w=(6+2\theta)p_1 \tag{4-33}$$

$$(3A+2\theta p_1)+(3+2\theta)w=(6+4\theta)p_3 \tag{4-34}$$

制造商的利润函数为

$$\Pi_0^{L_2^{\mathrm{VN}}}(p_1,p_3,w)=(w-c)(3A-2p_1-p_3) \tag{4-35}$$

将 $p_i=w+m_i(i=1,3)$代入式（4-35）并求关于 w 的导数，可得一阶条件为

$$w=A+c-\frac{2p_1+p_3}{3} \tag{4-36}$$

联立求解可得

$$p_1^{L_2^{\mathrm{VN}}}=\frac{(6\theta^2+37\theta+36)A+3c(2\theta^2+7\theta+6)}{2(6\theta^2+29\theta+27)} \tag{4-37}$$

$$p_3^{L_2^{\mathrm{VN}}}=\frac{(3\theta^2+17\theta+18)A+3c(\theta^2+4\theta+3)}{6\theta^2+29\theta+27} \tag{4-38}$$

$$w^{L_2^{\mathrm{VN}}}=\frac{(3\theta^2+11\theta+9)A+3c(\theta^2+6\theta+6)}{6\theta^2+29\theta+27} \tag{4-39}$$

将 $p_1^{L_2^{\mathrm{VN}}}$ 、$p_3^{L_2^{\mathrm{VN}}}$ 和 $w^{L_2^{\mathrm{VN}}}$ 代入式（4-10）、式（4-11）和式（4-14），则制造商与零售商联盟的 Nash 均衡博弈中零售商 1 或 2 的最大利润为

$$\Pi_1^{L_2^{VN}}=\frac{3(5\theta+6)^2(\theta+3)}{4(6\theta^2+29\theta+27)^2}(A-c)^2=\Pi_2^{L_2^{VN}} \tag{4-40}$$

零售商 3 的最大利润为

$$\Pi_3^{L_2^{VN}}=\frac{3(2\theta+3)^3}{(6\theta^2+29\theta+27)^2}(A-c)^2 \tag{4-41}$$

制造商的最大利润为

$$\Pi_0^{L_2^{VN}}=\frac{3(3\theta^2+11\theta+9)^2(A-c)^2}{(6\theta^2+29\theta+27)^2} \tag{4-42}$$

3）三个零售商互不结盟

当三个零售商互不结盟（联盟结构为 L_1^{VN} ）时，零售商 i 所确定单位产品的零售价格满足式（4-22），即 $p_1=\dfrac{3A+w(3+2\theta)}{6+2\theta}=p_2=p_3$。制造商的利润函数是

$$\Pi_0^{L_1^{VN}}(p_1,p_2,p_3,w)=(w-c)\big(3A-(p_1+p_2+p_3)\big) \tag{4-43}$$

求关于 w 的导数，可得一阶条件为

$$3A-(p_1+p_2+p_3)-3(w-c)=0 \tag{4-44}$$

联立式（4-14）和式（4-44）可知

$$w^{L_1^{VN}}=\frac{(3+2\theta)A+(6+2\theta)c}{9+4\theta},\ p_i^{L_1^{VN}}=\frac{2(3+\theta)A+(3+2\theta)c}{9+4\theta}(i=1,2,3) \tag{4-45}$$

将 $p_i^{L_1^{VN}}$ 和 $w^{L_1^{VN}}$ 代入式（4-21）和式（4-23），可知零售商 i 的最大利润为

$$\Pi_i^{L_1^{VN}}=\frac{3(3+2\theta)(A-c)^2}{(9+4\theta)^2}(i=1,2,3) \tag{4-46}$$

制造商的最大利润为

$$\Pi_0^{L_1^{VN}}=\frac{3(3+2\theta)^2(A-c)^2}{(9+4\theta)^2} \tag{4-47}$$

当零售商和制造商的决策地位相同时，零售商的联盟结构对制造商批发价格的确定有很大影响。当零售商形成大联盟时，制造商提供的批发价格最低，其次是两个零售商结盟的情形；当零售商“各自为政”时，制造商提供的批发价格最高。零售商联盟结构对零售商联盟的零售价格的影响则与制造商 Stackelberg 博弈类似。

3. 零售商联盟领导的 Stackelberg 博弈

此时，零售商联盟作为市场中的领导者，先各自决定单位产品的边际利润 m_i，

然后由制造商决定单位产品的批发价格。以下根据零售商形成的不同联盟结构，分别分析制造商与零售商的利润。

1）三个零售商结盟

当三个零售商结盟（联盟结构为 L_3^{RS}）时，制造商的利润函数满足的一阶条件为式（4-29），$A-p_i+c=w$。而联盟中零售商 i 的利润函数为

$$\Pi_i^{L_3^{\mathrm{RS}}}(p_i,w)=\left(2p_i-A-c\right)\left(A-p_i\right)(i=1,2,3) \tag{4-48}$$

则联盟中零售商 i 的零售价格为 $p_i^{L_3^{\mathrm{RS}}}=\left(3A+c\right)/4$，从而批发价格为 $w^{L_3^{\mathrm{RS}}}=\left(A+3c\right)/4$。

将 $p_i^{L_3^{\mathrm{RS}}}$ 和 $w^{L_3^{\mathrm{RS}}}$ 代入式（4-3）和式（4-5），可知在零售商联盟领导的 Stackelberg 博弈中零售商 i 的最大利润为

$$\Pi_i^{L_3^{\mathrm{RS}}}=\left(A-c\right)^2/8\,(i=1,2,3) \tag{4-49}$$

制造商的最大利润为

$$\Pi_0^{L_3^{\mathrm{RS}}}=3\left(A-c\right)^2/16 \tag{4-50}$$

2）任意两个零售商结盟

当任意两个零售商结盟（联盟结构为 L_2^{RS}）时，制造商的利润函数为

$$\Pi_0^{L_2^{\mathrm{RS}}}(p_1,p_3,w)=\left(w-c\right)\left(3A-2p_1-p_3\right) \tag{4-51}$$

由一阶条件可知 $w=A+c-\dfrac{2p_1+p_3}{3}$。将 w 代入式（4-10）和式（4-11）并关于 p_1 和 p_3 分别求导数，联立求解可得

$$p_1^{L_2^{\mathrm{RS}}}=\frac{\left(8\theta^2+58\theta+57\right)A+\left(8\theta^2+26\theta+21\right)c}{2\left(8\theta^2+42\theta+39\right)} \tag{4-52}$$

$$p_3^{L_2^{\mathrm{RS}}}=\frac{\left(4\theta^2+26\theta+27\right)A+\left(4\theta^2+16\theta+12\right)c}{8\theta^2+42\theta+39} \tag{4-53}$$

$$w^{L_2^{\mathrm{RS}}}=\frac{\left(4\theta^2+14\theta+11\right)A+\left(4\theta^2+28\theta+28\right)c}{8\theta^2+42\theta+39} \tag{4-54}$$

将 $p_1^{L_2^{\mathrm{RS}}}$、$p_3^{L_2^{\mathrm{RS}}}$ 和 $w^{L_2^{\mathrm{RS}}}$ 代入式（4-10）、式（4-11）和式（4-14），可知零售商 1 或 2 的最大利润为

$$\Pi_1^{L_2^{\mathrm{RS}}}=\frac{\left(6\theta^2+25\theta+21\right)\left(30\theta+35\right)\left(A-c\right)^2}{4\left(8\theta^2+42\theta+39\right)^2}=\Pi_2^{L_2^{\mathrm{RS}}} \tag{4-55}$$

零售商 3 的最大利润为

$$\Pi_3^{L_2^{RS}}=\frac{\left(6\theta^2+17\theta+12\right)\left(12\theta+16\right)\left(A-c\right)^2}{\left(8\theta^2+42\theta+39\right)^2} \tag{4-56}$$

制造商的最大利润为

$$\Pi_0^{L_2^{RS}}=\frac{\left(4\theta^2+14\theta+11\right)\left(12\theta^2+42\theta+37\right)}{\left(8\theta^2+42\theta+39\right)^2}\left(A-c\right)^2 \tag{4-57}$$

3）三个零售商互不结盟

当三个零售商互不结盟（联盟结构为 L_1^{RS} ）时，制造商的利润函数为

$$\Pi_0^{L_1^{RS}}(p_1,p_2,p_3,w)=(w-c)\left(3A-\left(p_1+p_2+p_3\right)\right) \tag{4-58}$$

关于 w 求导，可知一阶条件为 $w=A+c-\frac{\left(p_1+p_2+p_3\right)}{3}$。将 w 代入式（4-21）并关于 p_i 求导，可得其一阶条件为

$$p_i^{L_1^{RS}}=\frac{(7+2\theta)A+(3+2\theta)c}{10+4\theta}\,(i=1,2,3) \tag{4-59}$$

从而制造商的批发价格为

$$w^{L_1^{RS}}=\frac{(3+2\theta)A+(7+2\theta)c}{10+4\theta} \tag{4-60}$$

将 $p_i^{L_1^{RS}}$ 和 $w^{L_1^{RS}}$ 代入式（4-21）和式（4-23），可知零售商 i 的最大利润为

$$\Pi_i^{L_1^{RS}}=\frac{3+2\theta}{(5+2\theta)^2}(A-c)^2\,(i=1,2,3) \tag{4-61}$$

制造商的最大利润为

$$\Pi_0^{L_1^{RS}}=\frac{3(3+2\theta)^2}{(10+4\theta)^2}(A-c)^2 \tag{4-62}$$

当零售商在市场中处于主要地位时，制造商的批发价格也会随着下游零售商联盟数量的增加而降低，零售商的零售价格则会随着零售商联盟数量的增加而降低。此外，在上下游 Nash 博弈中制造商（零售商）提供的批发价格（零售价格）高于（低于）在零售商联盟 Stackelberg 博弈中的相应价格。

4.2.3 不同市场结构下的利润比较分析

在不同的市场结构下，对零售商和制造商在同一种联盟结构中的利润进行比较，可得到如下性质。

性质 4.2.1：

（1）三个零售商结盟或互不结盟时，零售商 i 的利润有如下关系：$\Pi_i^{L_3^{RS}}\geqslant$

$\Pi_i^{L_3^{\mathrm{VN}}} \geqslant \Pi_i^{L_3^{\mathrm{MS}}}$（$\Pi_i^{L_1^{\mathrm{RS}}} \geqslant \Pi_i^{L_1^{\mathrm{VN}}} \geqslant \Pi_i^{L_1^{\mathrm{MS}}}$）。制造商的利润关系：$\Pi_0^{L_3^{\mathrm{MS}}} \geqslant \Pi_0^{L_3^{\mathrm{VN}}} \geqslant \Pi_0^{L_3^{\mathrm{RS}}}$（$\Pi_0^{L_1^{\mathrm{MS}}} \geqslant \Pi_0^{L_1^{\mathrm{VN}}} \geqslant \Pi_0^{L_1^{\mathrm{RS}}}$）。

（2）两个零售商结盟时，零售商 1 或 2 的利润关系如下：$\Pi_i^{L_2^{\mathrm{RS}}} \geqslant \Pi_i^{L_2^{\mathrm{VN}}} \geqslant \Pi_i^{L_2^{\mathrm{MS}}}$ (i=1,2)。制造商的利润与之相反：$\Pi_0^{L_2^{\mathrm{RS}}} \geqslant \Pi_0^{L_2^{\mathrm{VN}}} \geqslant \Pi_0^{L_2^{\mathrm{MS}}}$。但是零售商 3 的利润关系则与竞争强度$\theta$有关，当 $0<\theta\geqslant 1\,079/881$ 时，$\Pi_3^{L_2^{\mathrm{RS}}} \geqslant \Pi_3^{L_2^{\mathrm{VN}}} \geqslant \Pi_3^{L_2^{\mathrm{MS}}}$，当$\theta>1\,079/881$ 时，$\Pi_3^{L_2^{\mathrm{MS}}} \geqslant \Pi_3^{L_2^{\mathrm{VN}}} \geqslant \Pi_3^{L_2^{\mathrm{RS}}}$。

性质 4.2.1 表明无论下游的零售商联盟结构如何，制造商始终在其处于领导地位的市场结构中获得最高利润，在上下游双方地位平等的市场结构中利润次之，而在零售商联盟处于领导地位的市场结构中获得的利润最低。对于零售商则不同，当三个零售商形成大联盟或者三个零售商互不结盟时，所有零售商的利润关系与制造商相反。仅两个零售商结盟时，联盟中零售商的利润关系也是在其处于主导地位的市场结构中最高，在制造商占据主导地位的市场结构中最低；但是，联盟外零售商的利润关系则与零售商间的竞争强度θ有关。当竞争强度较低时，联盟外零售商在零售商处于主导地位的市场结构中获得的利润最高；当竞争强度较高时，联盟外零售商在制造商处于主导地位的市场结构中获得的利润最高。

4.2.4　不同定价联盟结构下零售商的利润比较

为了分析不同联盟结构对零售商利润的影响，可将以上讨论的各种零售商利润综合在表 4-1 中。

表 4-1　零售商在不同定价联盟结构中的最大利润

		MS	VN	RS
$L_1^{(\cdot)}$	1，2，3	$(A-c)^2/16$	$(A-c)^2/9$	$(A-c)^2/8$
$L_2^{(\cdot)}$	1，2	$\dfrac{(5\theta+6)^2(\theta+3)(A-c)^2}{48(\theta^2+6\theta+6)^2}$	$\dfrac{3(5\theta+6)^2(\theta+3)}{4(6\theta^2+29\theta+27)^2}(A-c)^2$	$\dfrac{(6\theta^2+25\theta+21)(30\theta+35)(A-c)^2}{4(8\theta^2+42\theta+39)^2}$
	3	$\dfrac{(2\theta+3)^3(A-c)^2}{6(\theta^2+6\theta+6)^2}$	$\dfrac{3(2\theta+3)^3}{(6\theta^2+29\theta+27)^2}(A-c)^2$	$\dfrac{(6\theta^2+17\theta+12)(12\theta+16)(A-c)^2}{(8\theta^2+42\theta+39)^2}$
$L_3^{(\cdot)}$	1，2，3	$\dfrac{3(2\theta+3)(A-c)^2}{4(2\theta+6)^2}$	$\dfrac{3(2\theta+3)(A-c)^2}{(4\theta+9)^2}$	$\dfrac{2\theta+3}{(2\theta+5)^2}(A-c)^2$

对表 4-1 中各种情况下的零售商利润进行一系列比较，可得出如下性质。

性质 4.2.2：

（1）在三种不同的联盟结构中，联盟中零售商的利润关系如下：

$$\Pi_1^{L_3^{\mathrm{MS}}}\left(\Pi_2^{L_3^{\mathrm{MS}}}\right)>\Pi_1^{L_2^{\mathrm{MS}}}\left(\Pi_2^{L_2^{\mathrm{MS}}}\right)>\Pi_1^{L_1^{\mathrm{MS}}}\left(\Pi_2^{L_1^{\mathrm{MS}}}\right)$$

$$\Pi_1^{L_3^{\mathrm{VN}}}\left(\Pi_2^{L_3^{\mathrm{VN}}}\right)>\Pi_1^{L_2^{\mathrm{VN}}}\left(\Pi_2^{L_2^{\mathrm{VN}}}\right)>\Pi_1^{L_1^{\mathrm{VN}}}\left(\Pi_2^{L_1^{\mathrm{VN}}}\right)$$

$$\Pi_1^{L_3^{\mathrm{RS}}}\left(\Pi_2^{L_3^{\mathrm{RS}}}\right)>\Pi_1^{L_2^{\mathrm{RS}}}\left(\Pi_2^{L_2^{\mathrm{RS}}}\right)>\Pi_1^{L_1^{\mathrm{RS}}}\left(\Pi_2^{L_1^{\mathrm{RS}}}\right)$$

（2）在仅有两个零售商结盟的联盟结构中，联盟外零售商与联盟中零售商间的利润关系为$\Pi_3^{L_2^{\mathrm{MS}}}>\Pi_1^{L_2^{\mathrm{MS}}}\left(\Pi_2^{L_2^{\mathrm{MS}}}\right),\Pi_3^{L_2^{\mathrm{VN}}}>\Pi_1^{L_2^{\mathrm{VN}}}\left(\Pi_2^{L_2^{\mathrm{VN}}}\right),\Pi_3^{L_2^{\mathrm{RS}}}>\Pi_1^{L_2^{\mathrm{RS}}}\left(\Pi_2^{L_2^{\mathrm{RS}}}\right)$。

性质 4.2.2 表明：①零售商 1 或 2 在大联盟中的利润最高，在仅有他们二者结盟所形成联盟结构中获利次之，而在“各自为政”的联盟结构中利润最低；②联盟外零售商的利润比联盟中零售商的利润要高，这意味着脱离大联盟会给叛逃者带来好处。

性质 4.2.3：在制造商领导的 Stackelberg 博弈中，若$0\leqslant\theta<13.3485$，则$\Pi_3^{L_2^{\mathrm{MS}}}>\Pi_3^{L_3^{\mathrm{MS}}}>\Pi_3^{L_1^{\mathrm{MS}}}$；若$\theta\geqslant13.3485$，则$\Pi_3^{L_3^{\mathrm{MS}}}>\Pi_3^{L_2^{\mathrm{MS}}}>\Pi_3^{L_1^{\mathrm{MS}}}$。

性质 4.2.4：在零售商领导的 Stackelberg 博弈中，若$0\leqslant\theta<0.75$，则$\Pi_3^{L_2^{\mathrm{RS}}}>\Pi_3^{L_3^{\mathrm{RS}}}>\Pi_3^{L_1^{\mathrm{RS}}}$；若$\theta\geqslant0.75$，则$\Pi_3^{L_3^{\mathrm{RS}}}>\Pi_3^{L_2^{\mathrm{RS}}}>\Pi_3^{L_1^{\mathrm{RS}}}$。

性质 4.2.3 和性质 4.2.4 表明：在制造商处于领导地位的市场结构中，当替代度较低时，相对于三个零售商形成大联盟的联盟结构，零售商 3 在仅零售商 1 和 2 结盟的联盟结构中获利更多，当替代度较高时，则与之相反；而在“各自为政”的联盟结构中，零售商 3 的利润总是最低；在零售商处于领导地位的市场中也有类似的性质，只是对联盟结构偏好替代度的阈值较小。

性质 4.2.5：在制造商与零售商地位相同的市场中，$\Pi_3^{L_3^{\mathrm{VN}}}>\Pi_3^{L_2^{\mathrm{VN}}}>\Pi_3^{L_1^{\mathrm{VN}}}$。

性质 4.2.5 表明：在制造商和零售商地位相同的市场结构中，零售商 3 对联盟结构的偏好与零售商之间的替代度无关，零售商 3 在大联盟中的利润最高，其次为零售商 1 和 2 结盟的联盟结构，而在“各自为政”的联盟结构中利润最低。

性质 4.2.6：$\Pi_0^{L_1^{\mathrm{MS}}}>\Pi_0^{L_2^{\mathrm{MS}}}>\Pi_0^{L_3^{\mathrm{MS}}},\Pi_0^{L_1^{\mathrm{VN}}}>\Pi_0^{L_2^{\mathrm{VN}}}>\Pi_0^{L_3^{\mathrm{VN}}},\Pi_0^{L_1^{\mathrm{RS}}}>\Pi_0^{L_2^{\mathrm{RS}}}>\Pi_0^{L_3^{\mathrm{RS}}}$。

性质 4.2.6 表明：对于已讨论的每一种上下游博弈，当零售商“各自为政”时，制造商的利润最高，在仅有两个零售商结盟的联盟结构中的利润次之，而在所有零售商形成大联盟的联盟结构中，制造商的利润最低。

4.2.5　零售商定价联盟的稳定结构

1. 短视零售商定价联盟的 Nash 稳定性

在任意给定的联盟结构下，零售商i有两种可能的“叛逃”策略，“叛逃”到某个联盟中使得该联盟的利润严格增加，或者从原联盟中“叛逃”出来独立决策。

定义 4.2.1[146]（零售商 Nash 稳定联盟结构）：在 Nash 稳定的联盟结构中，任

意的零售商 $i \in N$ 不存在可获利的“叛逃”策略。

定理 4.2.1：在制造商处于领导地位的市场中，当 $0 \leqslant \theta < 13.3485$ 时，$L = L_2^{\mathrm{MS}}$ 是 Nash 稳定的；当 $\theta \geqslant 13.3485$ 时，$L = \{N\}$ 是 Nash 稳定的。

证明：当 $0 \leqslant \theta < 13.3485$ 时，由性质 4.2.3 可知，联盟结构为 L_3^{MS} 时，联盟中的零售商 3 有可行并且可获利的“背叛”动机，因此 L_3^{MS} 并不是 Nash 稳定的；当联盟结构为 L_1^{MS} 时，任意两个零售商都有结盟的动机，因此联盟结构 L_1^{MS} 也不是 Nash 稳定的；当联盟结构为 L_2^{MS} 时，不论是零售商 1 或 2，还是零售商 3 的“叛逃”对于零售商都是不可获利的，因此联盟结构 L_2^{MS} 是 Nash 稳定的。同理可知，当 $\theta > 13.3485$ 时 $L = \{N\}$ 是 Nash 稳定的。

与定理 4.2.1 的证明类似，有如下两个结论。

定理 4.2.2：在零售商与制造商地位相同的市场中，L_3^{VN} 是 Nash 稳定的。

定理 4.2.3：在零售商处于领导地位的市场中，当 $0 \leqslant \theta < 0.75$ 时，L_2^{RS} 是 Nash 稳定的；当 $\theta \geqslant 0.75$ 时，L_3^{RS} 是 Nash 稳定的。

2. 远视零售商定价联盟的稳定结构

根据性质 4.2.2~性质 4.2.5 可知，在不同的市场结构下，零售商对联盟结构的偏好顺序如下所示。

性质 4.2.7：在制造商处于领导地位时，三个零售商对联盟结构的偏好顺序为

（1）当 $\theta \in [0, 13.3485)$ 时，

$$\{1,2,3\} \prec_1 \{(12),3\} \sim_1 \{(13),2\} \prec_1 \{(123)\} \prec_1 \{(23),1\}$$

$$\{1,2,3\} \prec_2 \{(12),3\} \sim_2 \{(23),1\} \prec_2 \{(123)\} \prec_2 \{(13),2\}$$

$$\{1,2,3\} \prec_3 \{(23),1\} \sim_3 \{(13),2\} \prec_3 \{(123)\} \prec_3 \{(12),3\}$$

（2）当 $\theta \geqslant 13.3485$ 时，

$$\{1,2,3\} \prec_1 \{(12),3\} \sim_1 \{(13),2\} \prec_1 \{(23),1\} \prec_1 \{(123)\}$$

$$\{1,2,3\} \prec_2 \{(12),3\} \sim_2 \{(23),1\} \prec_2 \{(13),2\} \prec_2 \{(123)\}$$

$$\{1,2,3\} \prec_3 \{(23),1\} \sim_3 \{(13),2\} \prec_3 \{(12),3\} \prec_3 \{(123)\}$$

性质 4.2.8：在制造商和零售商地位相同时，三个零售商对联盟结构的偏好顺序为

$$\{1,2,3\} \prec_1 \{(12),3\} \sim_1 \{(13),2\} \prec_1 \{(23),1\} \prec_1 \{(123)\}$$

$$\{1,2,3\} \prec_2 \{(12),3\} \sim_2 \{(23),1\} \prec_2 \{(13),2\} \prec_2 \{(123)\}$$

$$\{1,2,3\} \prec_3 \{(23),1\} \sim_3 \{(13),2\} \prec_3 \{(12),3\} \prec_3 \{(123)\}$$

性质 4.2.9：在零售商处于领导地位时，三个零售商对联盟结构的偏好顺序为

（1）当$\theta \in [0,0.75)$时，

$\{1,2,3\} \prec_1 \{(12),3\} \sim_1 \{(13),2\} \prec_1 \{(123)\} \prec_1 \{(23),1\}$

$\{1,2,3\} \prec_2 \{(12),3\} \sim_2 \{(23),1\} \prec_2 \{(123)\} \prec_2 \{(13),2\}$

$\{1,2,3\} \prec_3 \{(23),1\} \sim_3 \{(13),2\} \prec_3 \{(123)\} \prec_3 \{(12),3\}$

（2）当$\theta \geqslant 0.75$时，

$\{1,2,3\} \prec_1 \{(12),3\} \sim_1 \{(13),2\} \prec_1 \{(23),1\} \prec_1 \{(123)\}$

$\{1,2,3\} \prec_2 \{(12),3\} \sim_2 \{(23),1\} \prec_2 \{(13),2\} \prec_2 \{(123)\}$

$\{1,2,3\} \prec_3 \{(23),1\} \sim_3 \{(13),2\} \prec_3 \{(12),3\} \prec_3 \{(123)\}$

根据上述零售商对联盟结构的偏好关系，可以得到如下远视零售商联盟稳定结构。

定理 4.2.4：在制造商处于领导地位的市场结构中，

（1）当零售商之间的替代度$\theta \in [0,13.348\,5)$时，价格竞争下远视零售商定价联盟的稳定结构为L_3^{MS}或L_2^{MS}；

（2）当零售商之间的替代度$\theta > 13.348\,5$时，价格竞争下远视零售商定价联盟的稳定结构为L_3^{MS}。

证明：（1）在制造商处于领导地位的市场中，当$\theta \in [0,13.348\,5)$时，首先，假设当前的联盟结构为大联盟$L = L_3^{\mathrm{MS}} = \{(123)\}$，零售商 1 和 2 结盟“叛逃”，即$S = \{1,2\}$，考虑如下的“叛逃”过程：$L_3^{\mathrm{MS}} \to_S L_2^{\mathrm{MS}} = \{(12),3\} \to_1 L_1^{\mathrm{MS}} \to_{1,2,3} L_3^{\mathrm{MS}}$。由于$L_2^{\mathrm{MS}} \prec_1 L_3^{\mathrm{MS}}$，$L_1^{\mathrm{MS}} \prec_1 L_3^{\mathrm{MS}}$，令$B = L_3^{\mathrm{MS}}$，使得$V = L_2^{\mathrm{MS}} \ll B = L_3^{\mathrm{MS}}$，并且$L = L_3^{\mathrm{MS}} \nprec_S L_3^{\mathrm{MS}} = B$。当零售商 3 决定“叛逃”，即$S = \{3\}$时，考虑如下“叛逃”过程：$L_3^{\mathrm{MS}} \to_S L_2^{\mathrm{MS}} = \{(12),3\} \to_1 \{1,2,3\} = L_1^{\mathrm{MS}} \to_{1,2,3} L_3^{\mathrm{MS}}$，设$B = L = L_3^{\mathrm{MS}}$，则由$L_2^{\mathrm{MS}} \prec_1 L_3^{\mathrm{MS}}$和$L_1^{\mathrm{MS}} \prec_{\{1,2,3\}} L_3^{\mathrm{MS}}$可知$L \nprec_S B$并且$L_2^{\mathrm{MS}} = V \ll B$。对于其他零售商的“叛逃”讨论是相似的。

综上所述，根据最大一致集的定义可知$L_3^{\mathrm{MS}} \in \mathrm{LCS}$。

其次，不妨假设当前为由零售商 1 和零售商 2 结盟所形成的联盟结构$L = L_2^{\mathrm{MS}} = \{(12),3\}$。假定零售商 1 从联盟结构中单独“叛逃”，则“叛逃”之后的联盟结构为$V = L_1^{\mathrm{MS}}$。考虑如下“叛逃”过程：$L_2^{\mathrm{MS}} = \{(12),3\} \to_S L_1^{\mathrm{MS}} \to_{1,2} L_2^{\mathrm{MS}}$，此处$S = \{1\}$。令$B = L_2^{\mathrm{MS}}$可知$V = L_1^{\mathrm{MS}} \ll B = L_2^{\mathrm{MS}}$，且$L = L_2^{\mathrm{MS}} \nprec_S L_2^{\mathrm{MS}} = B$。

假设 3 个零售商都决定“叛逃”，则“叛逃”之后的联盟结构为$V = L_3^{\mathrm{MS}}$。考虑如下的“叛逃“过程：$L_2^{\mathrm{MS}} = \{(12),3\} \to_{1,2,3} L_3^{\mathrm{MS}} \to_3 \{(12),3\} = L_2^{\mathrm{MS}}$，令$S = \{1,2,3\}$，$B = L_2^{\mathrm{MS}}$，可知$V = L_3^{\mathrm{MS}} \ll B = L_2^{\mathrm{MS}}$并且$L = L_2^{\mathrm{MS}} \nprec_S L_2^{\mathrm{MS}} = B$。

假设零售商 1 和 3 结盟“叛逃”形成联盟结构 $\{(13),2\}$，即 $\{(12),3\}\to_{1,3}$ $\{(13),2\}$，则将会被 $B=V=\{(13),2\}$ 阻止（因为 $\{(12),3\}\nprec_{1,3}\{(13),2\}$），同理其他的两个零售商的联合“叛逃”也将会被阻止。

综上所述，根据最大一致集的定义可知 $L_2^{\mathrm{MS}}\in \mathrm{LCS}$。

最后，假定当前的联盟结构为 $L=L_1^{\mathrm{MS}}$，如果一步“叛逃”之后的联盟结构为 $V=L_3^{\mathrm{MS}}$，其中 $S=\{1,2,3\}$，可以发现不能找到联盟结构 B 使得 $V=B=L_3^{\mathrm{MS}}$ 或者 $L_3^{\mathrm{MS}}=V<<B$，满足 $L_1^{\mathrm{MS}}=L\nprec_S B$。

因为，如果 B=L_3^{MS}，则有 L_1^{MS}=$L\prec_S B$ 成立；而如果 B=L_2^{MS}，则有 L_1^{MS}=$L\prec_S B$ 成立；如果 B=L_1^{MS}，则 $L_3^{\mathrm{MS}}=V<<B$ 显然不成立。故 $L_1^{\mathrm{MS}}\notin \mathrm{LCS}$。

（2）当 $\theta>13.348\,5$ 时，零售商 1，2 和 3 对联盟结构的偏好关系均是

$$L_1^{\mathrm{MS}}\prec_i L_2^{\mathrm{MS}}\prec_i L_3^{\mathrm{MS}},\ \forall i\in N$$

则采用与上面类似的证明可得出联盟的稳定结构为 L_3^{MS}。

当 $0\leqslant\theta<13.348\,5$ 时，由定理 4.2.1 可知，由于大联盟中的单个零售商具有“叛逃”的动机，所以，由三个零售商形成的大联盟在短视意义下并不是 Nash 稳定的联盟结构；但是，根据定理 4.2.4 可知，大联盟中的远视零售商考虑到其初始的“叛逃”之后会引发随后一系列的“叛逃”行为，导致其利润不仅没有增加反而降低，从而放弃其初始的“叛逃”行为。

与定理 4.2.4 的证明类似，可得如下两个定理。

定理 4.2.5：在制造商和零售商地位相同的市场结构中，价格竞争下远视零售商定价联盟的稳定结构为 L_3^{VN}。

定理 4.2.6：在零售商处于领导地位的市场结构中，

（1）当零售商之间的替代度 $\theta\in[0,0.75)$ 时，价格竞争下远视零售商定价联盟的稳定结构为 L_3^{RS} 或 L_2^{RS}；

（2）当零售商之间的替代度 $\theta>0.75$ 时，远视零售商联盟的稳定结构为 L_3^{RS}。

定理 4.2.4~定理 4.2.6 表明：①无论是在制造商处于领导地位的市场结构中，还是在零售商处于领导地位的市场结构中，当零售商之间的替代度较高时，大联盟是远视零售商联盟的稳定结构，而当零售商之间的替代度较低时，两个远视零售商形成的联盟结构也可能是稳定的。亦即当竞争强度较弱时，远视零售商联盟的稳定结构可能以大联盟的形式存在，也可能以两个零售商结盟与第三个零售商竞争的联盟结构形式存在；而在高强度的竞争环境中，远视零售商将会形成大联盟，以增强共同的竞争力。②当零售商和制造商在市场中地位相同时，零售商总是倾向于形成大联盟，而这与零售商之间的替代度无关。③在零售商处于领导地位的市场结构中，远视零售商形成大联盟的替代度阈值显著低于在制造商处于领

导地位的市场中远视零售商形成大联盟的替代度阈值。这表明当零售商在市场中处于强势地位时，只要零售商之间的竞争强度超过较小的阈值，他们就可能会通过形成大联盟主导市场，“压榨”制造商的利润；而当制造商在市场中处于强势地位时，零售商反而只在竞争强度相对较高时形成大联盟，以应对制造商对其利润的压榨。

4.2.6 本部分小结

本部分针对实际中法国洗涤剂制造商的定价联盟、中国上海的金价联盟，以及一些农产品定价联盟，在由单一制造商和三个相互竞争的零售商所组成的两层供应链系统中，采用短视稳定性的概念与合作博弈论中描述远视参与者的最大一致集概念，对于三种不同的上下游市场博弈框架，分别研究了零售商定价联盟的稳定结构。所得的结论表明，当竞争强度较弱时，短视的零售商不会以大联盟为稳定的联盟结构，而远视零售商则有可能会形成三个零售商结盟的大联盟。而在高强度的竞争环境中，远视零售商将只会形成大联盟，以增强共同的竞争力。但是，在制造商处于领导地位的市场结构中，远视零售商形成大联盟的阈值较高；而在制造商和零售商地位相同的市场结构中，大联盟则是远视零售商和短视零售商共同的稳定结构。本章为实际中具有竞争关系的零售商间形成定价联盟提供了可操作的结盟建议。

4.3 两层分销链中的联合定价联盟及稳定性研究

上一节讨论了两层分销链中零售商联盟的联合定价策略及相应的联盟稳定性，本节将针对由一个制造商与两个相互竞争零售商组成的两层分销供应链系统，在制造商-Stackelberg 博弈框架下，研究有制造商参与联盟合作定价的短视联盟的稳定结构和远视联盟的稳定结构。

4.3.1 模型描述和记号

为了研究上述供应链环境下的制造商与零售商间的联盟合作，现考虑完全信息下的一个两层分销系统，一个风险中性的制造商 S 向两个相互竞争风险中性的零售商 R_1、R_2 提供无差异化产品。在非合作情况下，制造商和零售商利用 Stackelberg 博弈各自独立决策批发价格和市场零售价格；在三个参与人都合作的情况下，两个零售商共同选择最优的零售价格使得供应链系统的利润最大，并同制造商协商中间产品的转移价格。在分散决策的分销系统中，可以将决策分为两个层次：制造商和两个零售商决定合作联盟的结构，联盟内的公司和联盟外的公司决策产品的批发价格和零售价格。

假设制造商 S 的单位产品成本是 c ， S 出售产品给两个竞争的零售商 R_1 和 R_2 ，其批发价格分别是 w_i $(i=1,2)$ ，零售商产品零售价格分别是 $p_i(i=1,2)$ ，与文献[15]、[214]中的假设一致，零售商 R_i 面临的需求为

$$q_i = A_i - p_i + \theta\left(p_j - p_i\right),\quad i(\neq j)\in\{1,2\} \tag{4-63}$$

其中， $A_i>0, \theta>0$ ， A_i 表示第 i 个公司潜在的市场规模，即所有零售商向市场免费供货时，市场的最大可能需求量，它反映了顾客对零售商 i 的忠诚度； θ 描述了两个零售商之间的竞争程度（ θ 越大，竞争越激烈）。

供应链系统内制造商和零售商（称为参与人）之间可自由形成合作联盟 $Z\subseteq N$ 。联盟结构 $L=\left\{Z_1,Z_2,\cdots,Z_k\right\}$ 是对集合 N 的一种分割，满足 $\cup_{i=1}^{k} Z_i = N$, $Z_i\cap Z_j=\varnothing,\ i\neq j,\ k\leqslant 3$ 。所有参与人结盟形成的联盟结构 $\{N\}$ 称为大联盟。为了表示上的方便，不妨记制造商 S 为 0，两个零售商 R_1、R_2 分别为 1，2。则联盟有如下几种形式：三个参与人间互不结盟 $\{0,1,2\}$ ，两个参与人结盟 $\{(01),2\}$ ， $\{(02),1\}$ ， $\{0,(12)\}$ 及大联盟 $\{(012)\}$ 。这里假设制造商或者包含制造商的联盟都是 Stackelberg 博弈决策的领导者。

4.3.2　不同联盟结构下的定价策略与参与人的利润

1. 单个参与人联盟

当三个参与人互不结盟时，制造商 0 作为 Stackelberg 博弈决策领导者，先向两个零售商宣布其批发价格 w_i^0 $(i=1,2)$ ，两个零售商作为 Stackelberg 博弈跟随者，彼此竞争决策其零售价格 $p_i^0(i=1,2)$ 。 π_i^0 $(i=0,1,2)$ 表示第 i 个参与人的利润，因此模型可以表示为

$$\begin{cases}\underset{w_i^0}{\mathrm{Max}}\,\pi_0^0 = \sum_{i=1}^{2}\left(w_i^0 - c\right)\left(A_i - p_i + \theta(p_{3-i} - p_i)\right)\\ \qquad \text{s.t.}\underset{p_i^0}{\mathrm{Max}}\,\pi_i^0 = (p_i^0 - w_i^0)\left(A_i - p_i + \theta(p_{3-i} - p_i)\right)\quad (i=1,2)\end{cases} \tag{4-64}$$

求解此模型，可以得到博弈的均衡解为

$$w_i^0 = \frac{(1+\theta)A_i + \theta A_{3-i} + (1+2\theta)c}{2(2\theta+1)} \tag{4-65}$$

$$p_i^0 = \frac{(6+18\theta+15\theta^2+3\theta^3)A_i + (5\theta+10\theta^2+3\theta^3)A_{3-i} + (2+9\theta+13\theta^2+6\theta^3)c}{2(1+2\theta)(4+8\theta+3\theta^2)} \tag{4-66}$$

可以得到相应的需求和利润分别为

$$q_i^0=\frac{(2+4\theta+2\theta^2)A_i+(\theta+\theta^2)A_{3-i}+(-2-5\theta-3\theta^2)c}{2(4+8\theta+3\theta^2)}(i=1,2) \tag{4-67}$$

$$\pi_0^0=\sum_{i=1}^{2}\frac{\left[(2+4\theta+2\theta^2)A_i+(\theta+\theta^2)A_{3-i}+(-2-5\theta-3\theta^2)c\right]\left[(1+\theta)A_i+\theta A_{3-i}+(-1-2\theta)c\right]}{4(1+2\theta)(4+8\theta+3\theta^2)} \tag{4-68}$$

在互不结盟的情况下，整个供应链系统总利润为 $\pi^0=\sum_{i=0}^{2}\pi_i^0$ 。

性质 4.3.1：

（1）当 $A_2>A_1$ 时，w_1^0 随竞争强度 θ 的增大而增大，w_2^0 随竞争强度 θ 的增大而减小；当 $A_2<A_1$ 时，w_1^0 随竞争强度 θ 的增大而减小，w_2^0 随竞争强度 θ 的增大而增大。

（2）q_i^0 随竞争强度 θ 的增大而增大。

2. 制造商和一个零售商结盟

当制造商 0 和零售商 1 结成联盟 {0,1} 时，联盟 {0,1} 作为 Stackelberg 博弈决策领导者，先向零售商 2 宣布其给予的批发价格 w_2^{01} 及自身的零售价格 p_1^{01}，零售商 2 作为 Stackelberg 博弈跟随者，在和联盟 {0,1} 相互竞争的基础上宣布其零售价格 p_2^{01} 。π_{01}^{01} 和 π_2^{01} 表示联盟 {0,1} 和零售商 2 的利润，此时模型可以表示为

$$\begin{cases}\underset{p_1^{01},w_2^{01}}{\mathrm{Max}}\,\pi_{01}^{01}=\left(p_1^{01}-c\right)\left(A_1-p_1^{01}+\theta(p_2^{01}-p_1^{01})\right)+\left(w_2^{01}-c\right)\left(A_2-p_2^{01}+\theta(p_1^{01}-p_2^{01})\right),\\ \qquad \text{s.t.}\,\underset{p_2^{01}}{\mathrm{Max}}\,\pi_2^{01}=\left(p_2^{01}-w_2^{01}\right)\left(A_2-p_2^{01}+\theta(p_1^{01}-p_2^{01})\right)\end{cases} \tag{4-69}$$

利用逆向归纳法，可以得到博弈均衡解为

$$\begin{aligned}&p_1^{01}=\left[(1+\theta)A_1+\theta A_2+(1+2\theta)c\right]/2(2\theta+1)\\&w_2^{01}=\left[(1+\theta)A_2+\theta A_1+(1+2\theta)c\right]/2(2\theta+1)\\&p_2^{01}=\left[(2\theta+2\theta^2)A_1+(3+6\theta+2\theta^2)A_2+(1+4\theta+4\theta^2)c\right]/4(1+\theta)(1+2\theta)\end{aligned} \tag{4-70}$$

从而可以计算出两个零售商面临的需求分别为

$$q_1^{01}=\left[(2+2\theta)A_1+\theta A_2+(-2-3\theta)c\right]/4(1+\theta),\ q_2^{01}=(A_2-c)/4 \tag{4-71}$$

零售商 2 的利润为 $\pi_2^{01}=\left(A_2-c\right)^2/16(1+\theta)$ ，联盟 {0,1} 的利润为

$$\begin{aligned}\pi_{01}^{01}=&\left[(2+2\theta)A_1+\theta A_2+(-2-3\theta)c\right]\left[(1+\theta)A_1+\theta A_2+(-1-2\theta)c\right]/\\&8(1+2\theta)(1+\theta)+\left[\theta A_1+(1+\theta)A_2+(-1-2\theta)c\right]\left[A_2-c\right]/8(1+2\theta)\end{aligned} \tag{4-72}$$

在联盟结构为 $\{(01),2\}$ 的情况下，供应链系统总利润为 $\pi^{01}=\pi_{01}^{01}+\pi_2^{01}$ 。

性质 4.3.2：

（1）当 $A_2 > A_1$ 时，p_1^{01} 随竞争强度 θ 的增大而增大，w_2^{01} 随竞争强度 θ 的增大而减小；当 $A_2 < A_1$ 时，p_1^{01} 随竞争强度 θ 的增大而减小，w_2^{01} 随竞争强度 θ 的增大而增大。

（2）q_1^{01} 随竞争强度 θ 的增大而减小。

（3）π_2^{01} 随竞争强度 θ 的增大而减小。

当制造商 0 和零售商 2 结成联盟 $\{0,2\}$ 时，联盟 $\{0,2\}$ 是 Stackelberg 博弈决策领导者，零售商 1 是 Stackelberg 博弈决策跟随者，此种情形和联盟结构 $\{(01),2\}$ 类似。用 w_1^{02}、p_1^{02}、p_2^{02}、q_1^{02}、q_2^{02} 分别表示此联盟结构下的批发价格、零售价格和需求量，π_{02}^{02}、π_1^{02}、π^{02} 分别表示联盟 $\{0,2\}$ 利润、联盟外的零售商 1 的利润和供应链系统总利润。

3. 两个零售商结盟

当零售商 1 和 2 结成联盟 $\{1,2\}$ 时，制造商 0 作为 Stackelberg 博弈决策领导者，先向下游零售商联盟 $\{1,2\}$ 宣布其批发价格 w^{12}（当两个零售商结盟时，他们的批发价格相等），零售商联盟作为 Stackelberg 博弈跟随者，决策最优零售价格 p^{12}（当两个零售商结盟时，其零售价格相等）。用 π_{12}^{12}，π_0^{12} 分别表示此时联盟 $\{1,2\}$ 和制造商 0 的利润，则此时模型可以表示为

$$\begin{cases} \underset{w^{12}}{\text{Max}}\, \pi_0^{12} = \sum_{i=1}^{2}\left(w^{12} - c\right)\left(A_i - p^{12}\right) \\ \text{s.t.} \underset{p^{12}}{\text{Max}}\, \pi_{12}^{12} = \sum_{i=1}^{2}\left(p^{12} - w^{12}\right)\left(A_i - p^{12}\right) \end{cases} \tag{4-73}$$

求解此模型，可以得到均衡解为

$$w^{12} = \left(A_1 + A_2 + 2c\right)/4,\ p^{12} = \left(3A_1 + 3A_2 + 2c\right)/8,\ q_i^{12} = \left(5A_i - 3A_{3-i} - 2c\right)/8 \tag{4-74}$$

联盟 $\{1,2\}$ 和 0 的利润分别为

$$\pi_i^{12} = \left(A_1 + A_2 - 2c\right)\left((5A_i - 3A_{3-i} - 2c\right)/64,\ \pi_0^{12} = \left(A_1 + A_2 - 2c\right)^2/16 \tag{4-75}$$

当联盟结构为 $\{(12),0\}$ 时供应链系统总利润为 $\pi^{12} = \sum_{i=0}^{2}\pi_i^{12}$。

4. 大联盟

当零售商 1、2 和制造商 0 结成大联盟 $\{(012)\}$ 时，三者共同决策其最优零售价格。假设此时两个下游子公司的零售价格是 p^{012}，则大联盟的利润函数为

$$\pi^{012} = \sum_{i=1}^{2}\left(p^{012} - c\right)\left(A_i - p^{012}\right) \tag{4-76}$$

容易得到均衡解为

$$p^{012}=\left(A_1+A_2+2c\right)/4\ ,q_i^{012}=\left(3A_i-A_{3-i}-2c\right)/4 \tag{4-77}$$

从而大联盟 $\{012\}$ 的利润为 $\pi^{012}=\left(A_1+A_2-2c\right)^2/8$ 。

4.3.3 对称性零售商在不同联盟结构下的均衡结果

对于对称的零售商，也就是当 $A_1=A_2=A$ 时，我们有以下结论。

性质 4.3.3：

（1）$w_1=w_2=w_2^{01}=w_1^{02}=w^{12}=(A+c)/2$;

（2）$p_1^{01}=p_2^{02}=p^{012}<p_2^{01}=p_1^{02}<p_1<p^{12}$;

（3）$q_1^{01}=q_2^{02}>q^{012}>q_1=q_2>q_2^{01}=q_1^{02}=q_1^{12}=q_2^{12}$;

（4）$0<\theta<2+\sqrt{2},\pi^{12}<\pi^0<\pi^{01}=\pi^{02}<\pi^{012}$ ；$2+\sqrt{2}\leqslant\theta,\pi^{12}<\pi^{01}=\pi^{02}<\pi^0<\pi^{012}$ 。

性质 4.3.3 的结论可以直接从表 4-2 和表 4-3 中得到。

表 4-2 对称零售商在不同联盟结构下的均衡结果

联盟	p_1	p_2	w_1	w_2	q_1	q_2
$\{\{1\},\{2\},\{0\}\}$	$\dfrac{(3+\theta)A+(1+\theta)c}{2(2+\theta)}$	$\dfrac{(3+\theta)A+(1+\theta)c}{2(2+\theta)}$	$\dfrac{A+c}{2}$	$\dfrac{A+c}{2}$	$\dfrac{(1+\theta)(A-c)}{2(2+\theta)}$	$\dfrac{(1+\theta)(A-c)}{2(2+\theta)}$
$\{\{1,2\},\{0\}\}$	$(3A+c)/4$	$(3A+c)/4$	$(A+c)/2$	$(A+c)/2$	$(A-c)/4$	$(A-c)/4$
$\{\{0,1\},\{2\}\}$	$\dfrac{A+c}{2}$	$\dfrac{(3+2\theta)A+(1+2\theta)c}{4(1+\theta)}$	—	$\dfrac{A+c}{2}$	$\dfrac{(2+3\theta)(A-c)}{4(1+\theta)}$	$\dfrac{A-c}{4}$
$\{\{0,2\},\{1\}\}$	$\dfrac{(3+2\theta)A+(1+2\theta)c}{4(1+\theta)}$	$\dfrac{A+c}{2}$	$\dfrac{A+c}{2}$	—	$\dfrac{A-c}{4}$	$\dfrac{(2+3\theta)(A-c)}{4(1+\theta)}$
$\{(012)\}$	$(A+c)/2$	$(A+c)/2$	—	—	$(A-c)/2$	$(A-c)/2$

表 4-3 对称零售商在不同联盟结构下的均衡的利润结果

<table>
<tr><th>联盟</th><th>零售商 1 利润</th><th>制造商 0 利润</th><th>零售商 2 利润</th><th>总利润</th></tr>
<tr><td>$\{\{1\},\{2\},\{0\}\}$</td><td>$\pi_1^0=\dfrac{(1+\theta)(A-c)^2}{4(2+\theta)^2}$</td><td>$\pi_0^0=\dfrac{(1+\theta)(A-c)^2}{2(2+\theta)}$</td><td>$\pi_2^0=\dfrac{(1+\theta)(A-c)^2}{4(2+\theta)^2}$</td><td>$\pi^0=\dfrac{(1+\theta)(3+\theta)(A-c)^2}{2(2+\theta)^2}$</td></tr>
<tr><td>$\{\{1,2\},\{0\}\}$</td><td>$\pi_1^{12}=\dfrac{(A-c)^2}{16}$</td><td>$\pi_0^{12}=\dfrac{(A-c)^2}{4}$</td><td>$\pi_2^{12}=\dfrac{(A-c)^2}{16}$</td><td>$\pi^{12}=\dfrac{3(A-c)^2}{8}$</td></tr>
<tr><td>$\{\{0,1\},\{2\}\}$</td><td colspan="2">$\pi_{01}^{01}=\dfrac{(3+4\theta)(A-c)^2}{8(1+\theta)}$</td><td>$\pi_2^{01}=\dfrac{(A-c)^2}{16(1+\theta)}$</td><td>$\pi^{01}=\dfrac{(7+8\theta)(A-c)^2}{16(1+\theta)}$</td></tr>
<tr><td>$\{\{0,2\},\{1\}\}$</td><td>$\pi_1^{02}=\dfrac{(A-c)^2}{16(1+\theta)}$</td><td colspan="2">$\pi_{02}^{02}=\dfrac{(3+4\theta)(A-c)^2}{8(1+\theta)}$</td><td>$\pi^{02}=\dfrac{(7+8\theta)(A-c)^2}{16(1+\theta)}$</td></tr>
<tr><td>$\{(012)\}$</td><td colspan="3">$\pi^{012}=\dfrac{(A-c)^2}{2}$</td><td>$\pi^{012}=\dfrac{(A-c)^2}{2}$</td></tr>
</table>

其结果有如下意义：

（1）说明当制造商 0 或者包含制造商的联盟作为 Stackelberg 博弈决策领导者时，任何联盟结构中的制造商提供给联盟外零售商的批发价格都一样。

（2）说明当制造商 0 和某个零售商结成联盟时，无论联盟内含有一个零售商还是两个零售商，其联盟内零售商的零售价格都相等而且最低；而当两个零售商结盟时，零售价格最高，此时对消费者最不利。

（3）说明当一个零售商和制造商结盟时，联盟内零售商需求最大，而联盟外零售商需求最小；当两个零售商结盟以后，没有了竞争，导致价格最高需求量最低。

（4）说明当两个零售商结盟时，整个供应链系统总利润最少。虽然减少了彼此间竞争，导致价格最高需求量最小，但同时又存在着双边际效应，使得整个供应链系统利润最小。而当制造商和两个零售商结成大联盟时，不但没有零售商间横向竞争，也没有了纵向竞争，供应链系统总利润最高。另外当竞争强度比较弱时（$0<\theta<2+\sqrt{2}$），不联盟比制造商和某个零售商联盟时利润大，而当竞争强度比较大时（$2+\sqrt{2}\leqslant\theta$），制造商和某个零售商联盟比不联盟时整个供应链系统利润大。

4.3.4　大联盟的 Nash 稳定性及不同联盟结构下的利润分配

1. 大联盟的 Nash 稳定性及利润分配

通过对上述不同联盟结构的分析，我们发现大联盟时供应链系统总利润最高。由于联盟稳定性讨论的复杂性与文献[139]、[140]、[152]中的类似，这里我们只针对对称性零售商联盟合作进行分析。为了确定三人合作博弈，先给出三人合作博弈 (N,v) 的特征值，其中 $N=\{0,1,2\}$。利用最小最大值方法[25]，根据表 4-3，可以定义三人合作博弈 (N,v) 的特征值 $v(S)$ 如下：

$v(0)=\pi_0^{12}=\dfrac{(A-c)^2}{4}$，$v(1)=\pi_1^{02}=v(2)=\pi_2^{01}=\dfrac{(A-c)^2}{16(1+\theta)}$，$v(12)=\pi_{12}^{12}=\pi_1^{12}+\pi_2^{12}=\dfrac{(A-c)^2}{8}$　$v(01)=\pi_{01}^{01}=v(02)=\pi_{02}^{02}=\dfrac{(3+4\theta)(A-c)^2}{8(1+\theta)}$，$v(012)=\pi^{012}=\dfrac{(A-c)^2}{2}$，$v(\varnothing)=0$

注：这里最小最大值方法产生的特征函数 $v(S)$ 体现了 S 中的成员在面临 $N\setminus S$ 中的成员最猛烈攻击和威胁时所能保证自己获得的最大盈利之和。

性质 4.3.4：三人合作博弈 (N,v) 的特征值是超可加的。

根据特征值超可加的定义即可得出性质 4.3.4 的结论。所谓特征值超可加[25]指的是对于 N 中的任意两个不相交的子集 S_1 和 S_2，都有 $v(S_1\cup S_2)\geqslant v(S_1)+$

$v(S_2)$。特征值超可加的好处在于大联盟的利润按照 Shapley 值分配一定满足个体理性。

下面我们将对于上述构造的三人合作博弈，给出大联盟 Nash 稳定的条件及在大联盟的一种利润分配方法。

定理 4.3.1: 三人合作博弈 (N,v) 核非空的充要条件是 $0<\theta\leqslant 1$；而当 $\theta>1$ 时，大联盟不是 Nash 稳定的。

证明：不妨假设 $\vec{\phi}=(\phi_0,\phi_1,\phi_2)$ 是 (N,v) 的一个分配，由于零售商 1 和 2 对称，从而 $\phi_1=\phi_2$，又根据核非空应满足的有效性，有 $\phi_0=v(012)-2\phi_1$，结合个体理性和集体理性的原则，核非空的分配 $\vec{\phi}=(\phi_0,\phi_1,\phi_2)$ 应满足如下不等式：

$$\begin{cases}\phi_0\geqslant v(0)\Rightarrow v(012)-2\phi_1\geqslant v(0)\Rightarrow\phi_1\leqslant(A-c)^2/8\\ \phi_1\geqslant v(1)\Rightarrow\phi_1\geqslant(A-c)^2/16(1+\theta)\\ \phi_0+\phi_1\geqslant v(01)\Rightarrow v(012)-\phi_1\geqslant v(01)\Rightarrow\phi_1\leqslant(A-c)^2/8(1+\theta)\\ \phi_1+\phi_2\geqslant v(12)\Rightarrow 2\phi_1\geqslant(A-c)^2/8\end{cases}\tag{4-78}$$

求解以上不等式，可以推导出存在分配 $\vec{\phi}=(\phi_0,\phi_1,\phi_2)$ 使得上述不等式成立的充要条件是 $0<\theta\leqslant 1$，即博弈 (N,v) 核非空的充要条件是 $0<\theta\leqslant 1$，此时大联盟是 Nash 稳定的。而当 $\theta>1$ 时，不存在某个分配使得上述不等式条件成立，此时大联盟不是 Nash 稳定的。

从定理中可以得到，当竞争强度比较小时大联盟稳定。但当竞争强度比较大时（$0<\theta\leqslant 1$），大联盟虽然总利润达到最大，但是并不存在一种分配方式满足个体理性和集体理性，使得各参与人愿意一起加入大联盟。

核非空时，大联盟的分配方案有无穷多种，Shapley 值分配是比较常用的一种分配方法。Shapley 值是按照参与人对联盟的边际贡献的一个算术平均，不足的地方是其不一定在核中，也就是按照 Shapley 值进行分配的时候不一定能够保证大联盟稳定。这里先计算出三人合作博弈 (N,v) 的 Shapley 值，然后讨论其在核中的条件。对于 n 人合作博弈 (N,v)，参与人 i 的 Shapley 值为

$$\phi_i^S(v)=\sum_{S\subseteq N\setminus i}\frac{|S|!(n-|S|-1)!}{n!}\big(v(S\cup\{i\})-v(S)\big)\tag{4-79}$$

其中，S 表示包含参与人 i 的联盟；$|S|$ 表示 S 中的成员数目。根据式（4-79）可以计算出三人合作博弈的 Shapley 值分别为

$$\phi_0(v)=\frac{1}{6}\left[2v(012)+2v(0)+v(01)+v(02)-v(1)-v(2)-2v(12)\right]$$
$$\phi_1(v)=\frac{1}{6}\left[2v(012)+2v(1)+v(01)+v(12)-v(0)-v(2)-2v(02)\right] \quad (4\text{-}80)$$
$$\phi_2(v)=\frac{1}{6}\left[2v(012)+2v(2)+v(02)+v(12)-v(0)-v(1)-2v(01)\right]$$

将三人合作博弈 (N,v) 的特征值分别代入上述式子中，相应的 Shapley 值分别为

$$\phi_0(v)=\frac{6\theta+5}{16(1+\theta)}(A-c)^2,\phi_1(v)=\frac{2\theta+3}{32(1+\theta)}(A-c)^2,\phi_2(v)=\frac{2\theta+3}{32(1+\theta)}(A-c)^2 \quad (4\text{-}81)$$

定理 4.3.2： 对于三人合作博弈 (N,v)，当 $0<\theta\leqslant 0.5$ 时博弈 (N,v) 的 Shapley 值在核中，供应链系统内部制造商给予零售商的转移价格 $w=\phi_0(v)/(A-c)+c$。

证明：只需验证合作博弈 (N,v) 的 Shapley 值是否满足集体理性即可。Shapley 值本身已经满足有效性，而根据性质 4.3.4，(N,v) 超可加，从而 Shapley 值满足个体理性。结合集体理性的定义，此时只需满足 $\phi_0(v)+\phi_1(v)\geqslant v(01)$、$\phi_1(v)+\phi_2(v)\geqslant v(12)$ 即可。求解上述不等式，可知当 $0<\theta\leqslant 0.5$ 时，博弈 (N,v) 的 Shapley 值在核中。根据前面计算出的大联盟中的需求量 $q=q_1^{012}+q_2^{012}=A-c$，$\phi_0(v)=(w-c)q=(w-c)(A-c)$，从而供应链系统内部转移价格 $w=\phi_0(v)/(A-c)+c$。

2. 两人联盟结构中合作利润的分配

对联盟结构 $\{(01),2\}$ 和 $\{(02),1\}$ 两人合作的情形，这里我们仍然采用 Shapley 值进行利润分配。π_0^{01} 和 π_1^{01} 分别表示联盟 $\{(01)\}$ 中制造商 0 和零售商 1 所获得的利润，利用两人合作 Shapley 值计算公式求解，可以得到其利润分别为

$$\pi_0^{01}=\frac{18+44\theta+33\theta^2+8\theta^3}{16(1+\theta)(2+\theta)^2}(A-c)^2,\pi_1^{01}=\frac{6+12\theta+5\theta^2}{16(1+\theta)(2+\theta)^2}(A-c)^2 \quad (4\text{-}82)$$

同样联盟结构 $\{(02),1\}$ 中制造商 0 和零售商 1 合作后各自的利润为

$$\pi_0^{02}=\frac{18+44\theta+33\theta^2+8\theta^3}{16(1+\theta)(2+\theta)^2}(A-c)^2,\ \pi_2^{02}=\frac{6+12\theta+5\theta^2}{16(1+\theta)(2+\theta)^2}(A-c)^2 \quad (4\text{-}83)$$

对于联盟结构 $\{(12),0\}$，根据零售商 1 与 2 的对称性有

$$\pi_1^{12}=\pi_2^{12}=(A-c)^2/16 \quad (4\text{-}84)$$

通过以上对不同联盟结构下利润的分配，我们可以得到以下结果。

性质 4.3.5：

（1）当 $0<\theta<0.618$ 时，

$\pi_0^{12}<\pi_0^0<\pi_0^{01}=\pi_0^{02}<\pi_0^{012}$；$\pi_1^{02}<\pi_1^0<\pi_1^{12}<\pi_1^{012}<\pi_1^{01}$；$\pi_2^0<\pi_2^0<\pi_2^{12}<\pi_2^{012}<\pi_2^{02}$。

（2）当$0.618<\theta<1.186$时，

$\pi_0^{12}<\pi_0^{0}<\pi_0^{012}<\pi_0^{01}=\pi_0^{02}$；$\pi_1^{02}<\pi_1^{0}<\pi_1^{12}<\pi_1^{012}<\pi_1^{01}$；$\pi_2^{0}<\pi_2^{0}<\pi_2^{12}<\pi_2^{012}<\pi_2^{02}$。

（3）当$1.186<\theta<1.281$时，

$\pi_0^{12}<\pi_0^{0}<\pi_0^{012}<\pi_0^{01}=\pi_0^{02}$；$\pi_1^{02}<\pi_1^{0}<\pi_1^{12}<\pi_1^{01}<\pi_1^{012}$；$\pi_2^{01}<\pi_2^{0}<\pi_2^{12}<\pi_2^{02}<\pi_2^{012}$。

（4）当$1.281<\theta<2.215$时，

$\pi_0^{12}<\pi_0^{012}<\pi_0^{0}<\pi_0^{01}=\pi_0^{02}$；$\pi_1^{02}<\pi_1^{0}<\pi_1^{12}<\pi_1^{01}<\pi_1^{012}$；$\pi_2^{01}<\pi_2^{0}<\pi_2^{12}<\pi_2^{02}<\pi_2^{012}$。

（5）当$\theta>2.215$时，

$\pi_0^{12}<\pi_0^{012}<\pi_0^{0}<\pi_0^{01}=\pi_0^{02}$；$\pi_1^{02}<\pi_1^{0}<\pi_1^{01}<\pi_1^{12}<\pi_1^{012}$；$\pi_2^{01}<\pi_2^{0}<\pi_2^{02}<\pi_2^{12}<\pi_2^{012}$。

4.3.5 远视零售商联盟的稳定性

目前，关于联盟稳定性的讨论大多数都是假设参与者短视，也就是描述稳定性概念时是静态稳定的，如Nash稳定和强Nash稳定等，这些仅考虑到参与者的一步“叛逃”能否获得更高的利润。上述关于大联盟的Nash稳定性讨论即属于短视稳定，也就是当$0<\theta\leqslant 1$时，大联盟短视稳定，并且当$0<\theta\leqslant 0.5$，基于Shapley值分配联盟利润时，大联盟短视稳定，即所有参与人此时愿意合作而不会发生叛逃行为；当$\theta>0.5$时，基于Shapley值的利润分配并不能保证大联盟稳定，因为此时制造商和任意某个零售商合作都能够获得比大联盟时更大的利润，制造商和零售商会结盟叛逃。但是参与人发生一步“叛逃”有可能会引起其他参与人的一系列“叛逃”。下面使用最大一致集讨论联盟的远视稳定性。

定理 4.3.3：

（1）当$0<\theta<0.618$时，$\{(012)\}$、$\{(01),2\}$、$\{(02),1\}\in \mathrm{LCS}$；

（2）当$0.618<\theta<1.186$时，$\{(01),2\}$、$\{(02),1\}\in \mathrm{LCS}$；

（3）当$1.186<\theta<1.281$时，$\{(12),0\}\in \mathrm{LCS}$；

（4）当$\theta>1.281$时，$\{(01),2\}$、$\{(02),1\}$、$\{(12),0\}\in \mathrm{LCS}$。

证明：当$0<\theta<0.618$时，由性质4.3.3可知，制造商0的联盟偏好关系是

$$\{0,(12)\}\prec_0\{(0,1,2)\}\prec_0\{(01),2\}\sim_0\{(02),1\}\prec_0\{(012)\}$$

零售商1与2的联盟偏好关系是

$$\{i,(03-i)\}\prec_i\{0,1,2\}\prec_i\{(0,(12))\}\prec_i\{(012)\}\prec_i\{(0i),3-i\},i=1,2$$

首先，考虑当前的联盟结构为大联盟$L=\{(012)\}$，则一个或两个参与人一步“叛逃”之后的联盟结构为$V=\{(01),2\}$或$\{(02),1\}$或$\{(12),0\}$。

（a）如果$V=\{(01),2\}$，则$S=\{0,1\}$或者$S=\{2\}$。考虑如下的叛逃过程：

$$\{(01),2\}\to_0\{0,1,2\}\to_{0,1,2}\{(012)\}=L$$

由于$\{(01),2\}\prec_0\{(012)\}$并且$\{0,1,2\}\prec_{0,1,2}\{(012)\}$，如果记$B=\{(012)\}$，则有

$$V=\{(01),2\}<<\{(012)\}=B$$

但是显然 $L \not\prec_S B$ 。

（b）如果 $V=\{(02),1\}$ ，则与（a）类似。

（c）如果 $V=\{(12),0\}$ ，则 $S=\{1,2\}$ 或者 $S=\{0\}$ 。考虑如下的叛逃过程：

$$\{(12),0\} \to_1 \{(0,1,2)\} \to_{0,1,2} \{(012)\}$$

由于 $\{(12),0\} \prec_1 \{(012)\}$ 并且 $\{0,1,2\} \prec_{0,1,2} \{(012)\}$ ，如果记 $B=\{(012)\}$ ，则有

$$V=\{(12),0\}<<\{(012)\}=B$$

但是显然 $L \not\prec_S B$ 。

综上所述，根据最大一致集的定义有 $\{(012)\} \in \mathrm{LCS}$ 。

其次考虑联盟结构为 $L=\{(01),2\}$ ，则参与人一步“叛逃”之后的联盟结构为 $V=\{0,1,2\},\{(02),1\},\{(12),0\}$ 或者 $\{(012)\}$ 。

（a）如果 $V=\{0,1,2\}$ ，则 $S=\{1\}$ 或者 $S=\{0\}$ 。考虑如下的叛逃过程：

$$\{0,1,2\} \to_{0,1} \{(0,1)2\}$$

由于 $\{0,1,2\} \prec_{0,1} \{(0,1)2\}$ ，如果记 $B=\{(012)\}$ ，则有 $V=B$ ，但是 $L \not\prec_S B$ ；

（b）如果 $V=\{(02),1\}$ ，则 $S=\{02\}$ ，令 $B=\{(02),1\}$ ，有 $V=B$ ，但是 $L \not\prec_S B$ ；

（c）如果 $V=\{(12),0\}$ ，则 $S=\{12\}$ ，令 $B=\{(02),0\}$ ，有 $V=B$ ，但是 $L \not\prec_S B$ ；

（d）如果 $V=\{(012)\}$ ，则 $S=\{012\}$ ，令 $B=\{(012)\}$ ，有 $V=B$ ，但是 $L \not\prec_S B$ 。

综上所述，根据最大一致集的定义有 $\{(01),2\} \in \mathrm{LCS}$ 。

若联盟结构为 $L=\{(02),1\}$ ，根据零售商 1 与 2 的对称性有 $\{(02),1\} \in \mathrm{LCS}$ 。

最后，假定当前的联盟结构为 $L=\{0,1,2\}$ 或 $L=\{0,(12)\}$ ，如果一步“叛逃”之后的联盟结构为 $V=\{(012)\}$ ，其中 $S=\{1,2,3\}$ ，那么此时不能找到联盟结构 B 满足 $V=B$ 或者 $V<<B$ ，使得 $L \not\prec_S B$ 。因此 $\{0,1,2\} \notin \mathrm{LCS}$ 。

采用类似的方法可以证明定理 4.3.3 的（2）~（4）是成立的。

从定理 4.3.3 可知，当 $0<\theta<0.618$ 时大联盟远视稳定，比短视稳定区间 $0<\theta\leqslant 0.5$ 大。即从短视的角度，当 $0.5<\theta<0.618$ 时大联盟不稳定，这与很多现实生活中的商业活动是符合的，如前文中所提及的格力空调销售股份公司的成立。然而当竞争强度比较大时（ $\theta<0.618$ ）大联盟并不稳定，实际商业活动中虽然有类似于格力空调销售股份公司这样的联盟，但是能够像格力这样成功的案例并不是很多，也许不成功与成员之间的竞争强度和利润分配有关。

除了 $1.186<\theta<1.281$ 以外，在制造商处于领导地位并且参与人能够自由结盟时，远视角度下更可能发生的联盟是制造商–零售商联盟，这与现实生活中大多数零售商–供应商联盟相吻合，如海尔与苏宁结成的战略联盟，宏图三胞与联想结成的战略联盟。另外这也与实际中很多制造商除了有实体销售渠道外，还有

自己开设的实体旗舰店或网上旗舰店相符。

当市场竞争充分激烈时（ $\theta > 1.281$ ），还有可能发生的结盟为两个竞争零售商联盟。这可以理解为当竞争强度比较大时，为了消除彼此之间恶性竞争，零售商之间很可能发生结盟或合并，如上文提及的家电连锁联盟“中永通泰”。

在供应链中的参与人可以自由合作的情况下，参与人可以形成很多不同的联盟结构。虽然大联盟时整个系统利润最大，但只有当竞争强度不是很大时才稳定。而且当竞争强度不太大时，并不一定只有大联盟才稳定，制造商和其中一个零售商结盟也远视稳定。

4.3.6 本部分小结

本部分考虑了单个制造商两个竞争零售商联盟合作的稳定性问题。在制造商-Stackelberg 情形下，对大联盟的利润采用 Shapley 值进行了分配，而对于两人联盟我们采用了 Nash 讨价还价解分配其利润。无论竞争强度多大，所有参与人结成大联盟时系统总利润最高，特别当竞争强度比较激烈时，并不能找到一种“合理”的分配方案使得各方都满意。此时制造商可能更愿意和其中某一个零售商合作。从远视的角度本部分还给出了不同竞争强度下稳定的联盟结构。本部分研究了制造商作为 Stackelberg 博弈的领导者，并且两个零售商对称时的联盟稳定性问题，进一步可以考虑零售商作为 Stackelberg 领导者及使用其他联盟利润分配方法下的联盟稳定性问题。利用类似于单个制造商和两个零售商的方法，可以得到单个制造商和三个零售商结盟合作后的均衡结果，见本章附录。

附录　单个制造商三个竞争零售商情形下联盟合作及稳定性

假设零售商 i=1、2、3 面临的需求函数为

$$q_i = A-(1+\theta)p_i+\frac{\theta}{3}\sum_{j=1}^{3}p_j,\theta \geqslant 0$$

根据不同联盟结构下的利润结果，利用最小最大值方法可以得到联盟型合作博弈 (N,v) 的特征值如下：$v(0)=\dfrac{3(A-c)^2}{8}$，$v(1)=v(2)=v(3)=\dfrac{3(A-c)^2}{16(3+2\theta)}$，$v(01)=v(02)=v(03)=\dfrac{3(2+\theta)(A-c)^2}{4(3+\theta)}$，$v(123)=\dfrac{3(A-c)^2}{16}$，$v(12)=v(13)=v(23)=\dfrac{3(A-c)^2}{8(3+\theta)}$，$v(012)=$

$v(013)=v(023)=\dfrac{3(5+4\theta)(A-c)^2}{8(3+2\theta)}$，$v(0123)=\dfrac{3(A-c)^2}{4}$。

定理 1：对于四人合作博弈 (N,v) 来说，其核非空的充要条件都是 $0<\theta\leqslant 1.5$。

证明：不妨假设 $\vec{\phi}=(\phi_0,\phi_1,\phi_2,\phi_3)$ 是 (N,v) 的一个分配，由于下游零售商 1 和 2 与 3 是对称的，从而 $\phi_1=\phi_2=\phi_3$，又根据核非空应该满足的有效性，有 $\phi_0=v(0123)-3\phi_1$，结合个体理性和集体理性的原则，核非空的分配 $\vec{\phi}=(\phi_0,\phi_1,\phi_2,\phi_3)$ 应该满足如下不等式：

$$\begin{cases}\phi_0\geqslant v(0)\Rightarrow v(0123)-3\phi_1\geqslant v(0)\Rightarrow \phi_1\leqslant\dfrac{(A-c)^2}{8}\\ \phi_1\geqslant v(1)\Rightarrow\phi_1\geqslant\dfrac{3(A-c)^2}{16(3+2\theta)}\\ \phi_0+\phi_1\geqslant v(01)\Rightarrow v(0123)-2\phi_1\geqslant v(01)\Rightarrow\phi_1\leqslant\dfrac{3(A-c)^2}{4(3+\theta)}\\ \phi_1+\phi_2\geqslant v(12)\Rightarrow\phi_1\geqslant\dfrac{3(A-c)^2}{16(3+\theta)}\\ \phi_0+\phi_1+\phi_2\geqslant v(012)\Rightarrow v(0123)-\phi_1\geqslant v(012)\Rightarrow\phi_1\leqslant\dfrac{3(A-c)^2}{8(3+2\theta)}\\ \phi_1+\phi_2+\phi_3\geqslant v(123)\Rightarrow\phi_1\geqslant\dfrac{(A-c)^2}{16}\end{cases}$$

求解以上不等式，可以推导出存在分配 $\vec{\phi}=(\phi_0,\phi_1,\phi_2,\phi_3)$ 使得上述不等式成立的充要条件是 $0<\theta\leqslant 1.5$，即博弈 (N,v) 核非空的充要条件是 $0<\theta\leqslant 1.5$，此时大联盟是 Nash 稳定的。而当 $\theta>1.5$ 时，不存在某个分配使得上述不等式条件成立，此时大联盟不是 Nash 稳定的。

根据 Shapley 值公式，可以计算出四人合作博弈的 Shapley 值分别是

$$\phi_0^*(v)=\frac{1}{24}\begin{bmatrix}6v(0123)+6v(0)+2v(012)+2v(013)+2v(023)+2v(01)+2v(02)\\+2v(03)-2v(12)-2v(13)-2v(23)-2v(1)-2v(2)-2v(3)-6v(123)\end{bmatrix}$$

$$\phi_1^*(v)=\frac{1}{24}\begin{bmatrix}6v(0123)+6v(1)+2v(012)+2v(013)+2v(123)+2v(01)+2v(12)\\+2v(13)-2v(02)-2v(03)-2v(23)-2v(0)-2v(2)-2v(3)-6v(023)\end{bmatrix}$$

$$\phi_2^*(v)=\frac{1}{24}\begin{bmatrix}6v(0123)+6v(2)+2v(012)+2v(023)+2v(123)+2v(02)+2v(12)\\+2v(23)-2v(01)-2v(03)-2v(13)-2v(0)-2v(1)-2v(3)-6v(013)\end{bmatrix}$$

$$\phi_3^*(v)=\frac{1}{24}\begin{bmatrix}6v(0123)+6v(3)+2v(013)+2v(023)+2v(123)+2v(03)+2v(13)\\+2v(23)-2v(01)-2v(02)-2v(12)-2v(0)-2v(1)-2v(2)-6v(012)\end{bmatrix}$$

将四人合作博弈 (N,v) 的特征值代入上述式子中，计算出相应的 Shapley 值分

别是

$$\phi_0^*(v)=\frac{3(45+51\theta+13\theta^2)}{32(3+2\theta)(3+\theta)}(A-c)^2，\phi_1^*(v)=\phi_2^*(v)=\phi_3^*(v)=\frac{3(9+7\theta+\theta^2)}{32(3+2\theta)(3+\theta)}(A-c)^2$$

定理 2：四人合作博弈(N,v)只有$0<\theta<0.792$时，博弈(N,v)的 Shapley 值在核中。

证明：只需验证合作博弈(N,v)的 Shapley 值是否满足集体理性即可。Shapley 值本身已经满足有效性，而根据性质 4.3.2，(N,v)超可加，从而 Shapley 值满足个体理性。结合集体理性的定义，此时只需验证其满足核稳定即可。求解定理 1 证明中的不等式，可知只有$0<\theta<0.792$时，博弈(N,v)的 Shapley 值在核中。

对于联盟结构$L_4=\{(01),2,3\}$、$L_5=\{(01),(23)\}$和$L_6=\{(012),3\}$合作产生的各个参与人的利润，这里我们仍然采用 Shapley 值进行利润分配。记$\pi_0^{L_4}$和$\pi_1^{L_4}$分别为联盟结构L_4的联盟$\{(01)\}$中制造商 0 和零售商 1 所获得的利润，记$\pi_0^{L_5}$和$\pi_1^{L_5}$分别为联盟结构L_5的联盟$\{(01)\}$中制造商 0 和零售商 1 所获得的利润，记$\pi_0^{L_6}$和$\pi_1^{L_6}$、$\pi_2^{L_6}$分别为联盟结构L_6的联盟$\{(012)\}$中制造商 0 和零售商 1、2 所获得的利润，利用 Shapley 值计算公式，求解后可以得到其利润分别为

$$\pi_0^{L_4}=\frac{78+107\theta+36\theta^2}{32(3+2\theta)(2+\theta)}(A-c)^2；\ \pi_1^{L_4}=\frac{18+29\theta+12\theta^2}{32(3+2\theta)(2+\theta)}(A-c)^2；$$

$$\pi_0^{L_5}=\frac{9(13+15\theta+4\theta^2)}{32(3+2\theta)(3+\theta)}(A-c)^2；\ \pi_1^{L_5}=\frac{3(9+11\theta+4\theta^2)}{32(3+2\theta)(3+\theta)}(A-c)^2；$$

$$\pi_0^{L_6}=\frac{63+75\theta+20\theta^2}{16(3+2\theta)(3+\theta)}(A-c)^2；\ \pi_1^{L_6}=\pi_2^{L_6}=\frac{27+27\theta+4\theta^2}{32(3+2\theta)(3+\theta)}(A-c)^2$$

用$\pi_j^{L_i^*},(i=1,2,\cdots,15;\ j=0,1,2,3)$表示联盟结构$L_i^*$中参与人$j$的利润。对于上述利润，由于零售商 1、2、3 的对称性，下面给出制造商 0 和零售商 1 在如下不同联盟结构中的大小关系，其中$L_1^*=\{0,1,2,3\}$，$L_2^*=\{1,(02),3\}$，$L_3^*=\{1,(03),2\}$，$L_4^*=\{0,1,(23)\}$，$L_5^*=\{1,(023)\}$，$L_6^*=\{(01),(23)\}$，$L_7^*=\{(01),2,3)\}$，$L_8^*=\{(12),0,3)\}$，$L_9^*=\{(12),(03)\}$，$L_{10}^*=\{(13),0,2)\}$，$L_{11}^*=\{(13),(02)\}$，$L_{12}^*=\{(012),3\}$，$L_{13}^*=\{(013),2\}$，$L_{14}^*=\{(123),0\}$，$L_{15}^*=\{(0123)\}$。

性质（i）：

（1）当$0<\theta<0.565$时，$\pi_0^{L_{14}^*}<\pi_0^{L_4^*}=\pi_0^{L_8^*}=\pi_0^{L_{10}^*}<\pi_0^{L_1^*}<\pi_0^{L_6^*}=\pi_0^{L_9^*}=\pi_0^{L_{11}^*}<\pi_0^{L_2^*}=\pi_0^{L_3^*}=\pi_0^{L_7^*}<\pi_0^{L_5^*}=\pi_0^{L_{12}^*}=\pi_0^{L_{13}^*}<\pi_0^{L_{15}^*}$。

（2）当$0.565<\theta<0.77$时，$\pi_0^{L_{14}^*}<\pi_0^{L_4^*}=\pi_0^{L_8^*}=\pi_0^{L_{10}^*}<\pi_0^{L_6^*}=\pi_0^{L_9^*}=\pi_0^{L_{11}^*}<\pi_0^{L_2^*}=\pi_0^{L_3^*}=\pi_0^{L_7^*}<\pi_0^{L_1^*}<\pi_0^{L_5^*}=\pi_0^{L_{12}^*}=\pi_0^{L_{13}^*}<\pi_0^{L_{15}^*}$。

（3）当$0.565<\theta<0.77$时，$\pi_0^{L_{14}^*}<\pi_0^{L_4^*}=\pi_0^{L_8^*}=\pi_0^{L_{10}^*}<\pi_0^{L_6^*}=\pi_0^{L_9^*}=\pi_0^{L_{11}^*}<\pi_0^{L_1^*}<\pi_0^{L_2^*}=\pi_0^{L_3^*}=\pi_0^{L_7^*}<\pi_0^{L_5^*}=\pi_0^{L_{12}^*}=\pi_0^{L_{13}^*}<\pi_0^{L_{15}^*}$。

（4）当$0.77<\theta<1.33$时，$\pi_0^{L_{14}^*}<\pi_0^{L_4^*}=\pi_0^{L_8^*}=\pi_0^{L_{10}^*}<\pi_0^{L_6^*}=\pi_0^{L_9^*}=\pi_0^{L_{11}^*}<\pi_0^{L_2^*}=\pi_0^{L_3^*}=\pi_0^{L_7^*}<\pi_0^{L_1^*}<\pi_0^{L_5^*}=\pi_0^{L_{12}^*}=\pi_0^{L_{13}^*}<\pi_0^{L_{15}^*}$。

（5）当$1.331<\theta<1.889$时，$\pi_0^{L_{14}^*}<\pi_0^{L_6^*}=\pi_0^{L_9^*}=\pi_0^{L_{11}^*}<\pi_0^{L_4^*}=\pi_0^{L_8^*}=\pi_0^{L_{10}^*}<\pi_0^{L_2^*}=\pi_0^{L_3^*}=\pi_0^{L_7^*}<\pi_0^{L_1^*}<\pi_0^{L_5^*}=\pi_0^{L_{12}^*}=\pi_0^{L_{13}^*}<\pi_0^{L_{15}^*}$。

（6）当$1.889<\theta<1.921$时，$\pi_0^{L_{14}^*}<\pi_0^{L_6^*}=\pi_0^{L_9^*}=\pi_0^{L_{11}^*}<\pi_0^{L_2^*}=\pi_0^{L_3^*}=\pi_0^{L_7^*}<\pi_0^{L_4^*}=\pi_0^{L_8^*}=\pi_0^{L_{10}^*}<\pi_0^{L_1^*}<\pi_0^{L_5^*}=\pi_0^{L_{12}^*}=\pi_0^{L_{13}^*}<\pi_0^{L_{15}^*}$。

（7）当$1.921<\theta<2.303$时，$\pi_0^{L_{14}^*}<\pi_0^{L_6^*}=\pi_0^{L_9^*}=\pi_0^{L_{11}^*}<\pi_0^{L_2^*}=\pi_0^{L_3^*}=\pi_0^{L_7^*}<\pi_0^{L_4^*}=\pi_0^{L_8^*}=\pi_0^{L_{10}^*}<\pi_0^{L_5^*}=\pi_0^{L_{12}^*}=\pi_0^{L_{13}^*}<\pi_0^{L_1^*}<\pi_0^{L_{15}^*}$。

（8）当$2.303<\theta<4.458$时，$\pi_0^{L_{14}^*}<\pi_0^{L_6^*}=\pi_0^{L_9^*}=\pi_0^{L_{11}^*}<\pi_0^{L_2^*}=\pi_0^{L_3^*}=\pi_0^{L_7^*}<\pi_0^{L_4^*}=\pi_0^{L_8^*}=\pi_0^{L_{10}^*}<\pi_0^{L_5^*}=\pi_0^{L_{12}^*}=\pi_0^{L_{13}^*}<\pi_0^{L_{15}^*}<\pi_0^{L_1^*}$。

（9）当$4.458<\theta<4.521$时，$\pi_0^{L_{14}^*}<\pi_0^{L_6^*}=\pi_0^{L_9^*}=\pi_0^{L_{11}^*}<\pi_0^{L_2^*}=\pi_0^{L_3^*}=\pi_0^{L_7^*}<\pi_0^{L_5^*}=\pi_0^{L_{12}^*}=\pi_0^{L_{13}^*}<\pi_0^{L_4^*}=\pi_0^{L_8^*}=\pi_0^{L_{10}^*}<\pi_0^{L_{15}^*}<\pi_0^{L_1^*}$。

（10）当$4.521<\theta<4.845$时，$\pi_0^{L_{14}^*}<\pi_0^{L_6^*}=\pi_0^{L_9^*}=\pi_0^{L_{11}^*}<\pi_0^{L_2^*}=\pi_0^{L_3^*}=\pi_0^{L_7^*}<\pi_0^{L_5^*}=\pi_0^{L_{12}^*}=\pi_0^{L_{13}^*}<\pi_0^{L_{15}^*}<\pi_0^{L_4^*}=\pi_0^{L_8^*}=\pi_0^{L_{10}^*}<\pi_0^{L_1^*}$。

（11）当$\theta>4.845$时，$\pi_0^{L_{14}^*}<\pi_0^{L_6^*}=\pi_0^{L_9^*}=\pi_0^{L_{11}^*}<\pi_0^{L_2^*}=\pi_0^{L_3^*}=\pi_0^{L_7^*}<\pi_0^{L_{15}^*}<\pi_0^{L_5^*}=\pi_0^{L_{12}^*}=\pi_0^{L_{13}^*}<\pi_0^{L_4^*}=\pi_0^{L_8^*}=\pi_0^{L_{10}^*}<\pi_0^{L_1^*}$。

性质（ii）:

（1）当$0<\theta<4.851$时，$\pi_1^{L_5^*}<\pi_1^{L_2^*}=\pi_1^{L_3^*}<\pi_1^{L_9^*}=\pi_1^{L_{11}^*}<\pi_1^{L_1^*}<\pi_1^{L_8^*}=\pi_1^{L_{10}^*}<\pi_1^{L_4^*}<\pi_1^{L_{14}^*}<\pi_1^{L_{15}^*}<\pi_1^{L_{12}^*}=\pi_1^{L_{13}^*}<\pi_1^{L_6^*}<\pi_1^{L_7^*}$。

（2）当$\theta>4.851$时，$\pi_1^{L_5^*}<\pi_1^{L_2^*}=\pi_1^{L_3^*}<\pi_1^{L_9^*}=\pi_1^{L_{11}^*}<\pi_1^{L_1^*}<\pi_1^{L_8^*}=\pi_1^{L_{10}^*}<\pi_1^{L_4^*}<\pi_1^{L_{15}^*}<\pi_1^{L_{14}^*}<\pi_1^{L_{12}^*}=\pi_1^{L_{13}^*}<\pi_1^{L_6^*}<\pi_1^{L_7^*}$。

利用最大一致集方法，结合性质（i）和性质（ii）中的结论可以得到，当竞争强度比较小时（$0<\theta<2.303$）大联盟是远视稳定的，同时更有可能发生的是制造商和其中的某两个零售商结盟，如$L_{12}^*=\{(012),3\}$，$L_{13}^*=\{(013),2\}$。而当竞争强度比较大时，大联盟合作并不是远视稳定的，这与单个制造商两个零售商的情形相类似。

第 5 章　联合采购联盟的采购策略及稳定性研究

5.1　引　　言

许多采购联盟虽然在联合采购领域进行了合作，但是在其他领域却依然保持着适度的竞争关系。1996 年，哈佛大学企业管理学教授 Brandenburger 和耶鲁大学管理学教授 Nalebuff 在他们合著的代表作《合作竞争》[215]中指出："经济市场既不是一个完全竞争的市场，也不是一个完全合作的市场，而是一个既有竞争又有合作的市场。" Hendrick[216]曾通过调研指出 60%的采购联盟存在于非竞争者之间，而仍然有 10%的联盟是由竞争者所构成的。例如，相纸采购联盟 PhotoFair Stores 的成员主要是位于美国新泽西州北部的小型相片冲印商，它们之间存在着明显的竞争关系，但它们加入采购联盟形成长期的合作关系之后，每个成员的利润都可以得到增加，即"帮助竞争者对自己也有益"。此外，英国的两大零售集团（Co-operative Group 和 Spar UK），仅仅在订货上形成了合作联盟，在销售方面仍进行着竞争。因此，采购联盟成员间不仅有合作关系，而且也有竞争关系。现实生活中也存在很多通过合作联合采购的实例，Nagarajan 和 Sošić[139]曾经指出，很多商品，如烟草、酒、咖啡、山核桃、大米和小麦、金属及矿产都存在着这种联盟情形。而目前关于采购联盟的理论研究以定性为主，只有少量学者进行了定量分析[217~219]，并且他们假设采购联盟成员之间是相互独立的，没有直接的竞争关系。

我们想知道的是，当这种联盟存在于两层的供应链结构中时（也就是本章考虑的一个制造商，三个竞争的零售商），当制造商分别提供批发价契约和数量折扣契约时，零售商联盟的订货策略及联盟的稳定结构是什么。

针对上述存在的实际问题中的零售商联盟合作及制造商与零售商可能存在

的三种博弈结构（制造商是领导者，零售商是领导者，制造商与零售商具有相同的市场力量）[141，147]，本章首先研究了一个上游制造商和三个在数量上竞争的零售商组成的分销供应链系统，考察了三种不同的博弈框架下竞争强度对采购联盟稳定性的影响。其次分析了不同的折扣契约形式对零售商联合采购联盟结构的影响，旨在为供应链系统中零售商的联合采购提供合理且可操作的建议。

5.2　批发价契约下采购联盟的采购策略及稳定性研究

5.2.1　模型描述和记号

为了研究上述两层供应链中的竞争零售商采购联盟的稳定性，下面给出一些模型记号和假设。记制造商为 0，下游三个数量上相互竞争零售商记为 $N=\{1,2,3\}$，零售商 $i\in N$ 的定价 p_i 与自身产品数量 q_i 和其他零售商产品数量 q_j 有关，逆需求函数为

$$p_i = \alpha - \beta q_i - \gamma \sum_{j\neq i} q_j;\ i=1,2,3,\ i\neq j \tag{5-1}$$

其中，$\alpha>0$，$\beta>0$ 刻画了零售商 i 自身的需求对价格的影响；$\gamma>0$ 反映了零售商间的竞争强度，并且满足 $\beta>\gamma$，因为相较于其他零售商，零售商价格受自身的需求更加敏感。上述逆需求函数在经济学和市场营销学的文献中较为常见（参见文献[220]、[221]）。

现假设零售商能自由结盟，并且假设同一个联盟内的零售商向制造商订购相同数量的产品，零售商（也称为参与人）之间自由形成合作联盟 $Z\subseteq N$，$N=\{1,2,3\}$。一种联盟结构是对集合 N 的一种分割 $L=\{Z_1,Z_2,\cdots,Z_m\}$，其中 $k\leqslant 3$，$\cup_{i=1}^{m} Z_i = N$ 满足 $Z_i\cap Z_j=\varnothing, i\neq j$，所有零售商结盟时的联盟结构 $\{N\}$ 称为大联盟。对于任意给定的联盟结构 L，联盟 $Z_k\in L$ 中的任意一个零售商的逆需求函数都可以写为

$$p_i = \alpha - \beta q_i - \gamma\left(|Z_k|-1\right)q_i - \gamma\sum_{j\notin Z_k} q_j \tag{5-2}$$

为了表示上的方便，令 $\gamma=\beta b$，$0<b<1$。假设制造商产品的单位成本为 c，零售商的销售成本为 0，每个零售商的订货量等于其在市场上的需求量。根据市场上存在的制造商与零售商地位的不同[222]，这里考虑上下游之间三种不同的竞争模型：①制造商 Stackelberg 模型（记为 S）。在此模型中，制造商是 Stackelberg 博弈的领导者，先决策给予零售商批发价格，然后零售商（联盟）同时决策各自最优的订货量。这种博弈下，制造商在市场上相对于零售商而言具有更强势的力

量，如制造商在掌握一些比较稀缺的商品时，观察到市场上零售商的反应后，可优先决策自己的最优批发价格。②制造商–零售商垂直 Nash 模型（记为 V）。在这种模型中，制造商和下游的零售商（联盟）同时决策最优的批发价格和最优的订货量。制造商和零售商(联盟)在市场上具有相同的影响力。③零售商 Stackelberg 模型（记为 R）。在这种模型中，零售商（联盟）相对于制造商而言在市场上具有更大的影响力。在观察到制造商的反应函数以后，零售商（联盟）优先决策最优的订货量，然后制造商决策最优的批发价格。

5.2.2 制造商 Stackelberg 模型

考虑制造商作为 Stackelberg 领导者的情形，制造商先决策产品的批发价格，然后零售商（联盟）决策最优的订货量，下面分三种不同的联盟结构进行讨论。

1. 单个参与人联盟

当三个零售商不参与任何合作时，联盟结构为 $L_1^{\mathrm{S}}=\{1,2,3\}$，制造商决策最优的批发价格 $w^{L_1^{\mathrm{S}}}$，各个零售商决策各自的订货量 $q_i^{L_1^{\mathrm{S}}}$，模型可以表示为

$$\begin{cases}\underset{w^{L_1^{\mathrm{S}}}}{\mathrm{Max}}\,\pi_0^{L_1^{\mathrm{S}}}=\sum_{i=1}^{3}\left(w^{L_1^{\mathrm{S}}}-c\right)q_i^{L_1^{\mathrm{S}}}\\ \qquad \mathrm{s.t.}\,\underset{q_i^{L_1^{\mathrm{S}}}}{\mathrm{Max}}\,\pi_i^{L_1^{\mathrm{S}}}=\left(p_i^{L_1^{\mathrm{S}}}-w^{L_1^{\mathrm{S}}}\right)q_i^{L_1^{\mathrm{S}}},\ (i=1,2,3)\end{cases} \tag{5-3}$$

其中，$\pi_0^{L_1^{\mathrm{S}}}$ 和 $\pi_i^{L_1^{\mathrm{S}}}$ 分别表示制造商和第 i 个零售商的利润；$p_i^{L_1^{\mathrm{S}}}=\alpha-\beta q_i^{L_1^{\mathrm{S}}}-\beta b\sum_{j\neq i}q_j^{L_1^{\mathrm{S}}}$ 表示第 i 个零售商的市场价格。求解此优化问题得到博弈的均衡解为

$$w^{L_1^{\mathrm{S}}}=(\alpha+c)/2,\quad q_i^{L_1^{\mathrm{S}}}=(\alpha-c)/[4\beta(1+b)],\ i=1,2,3 \tag{5-4}$$

制造商和零售商的利润分别是

$$\pi_0^{L_1^{\mathrm{S}}}=3(\alpha-c)^2/[8\beta(1+b)],\quad \pi_i^{L_1^{\mathrm{S}}}=(\alpha-c)^2/\left[16\beta(1+b)^2\right],\ \ i=1,2,3 \tag{5-5}$$

整个供应链系统利润为

$$\pi^{L_1^{\mathrm{S}}}=\sum_{i=0}^{3}\pi_i^{L_1^{\mathrm{S}}}=3(\alpha-c)^2(3+2b)/\left[16\beta(1+b)^2\right] \tag{5-6}$$

2. 两个零售商结盟

当任意两个零售商结盟时，联盟结构为 $L_2^{\mathrm{S}}=\{(12),3\}$，$\{(13),2\}$，或者 $\{(23),1\}$。制造商先决策批发价格 $w^{L_2^{\mathrm{S}}}$，联盟内和联盟外零售商同时决策最优的订货量 $q_C^{L_2^{\mathrm{S}}}$ 和 $q_{\bar{C}}^{L_2^{\mathrm{S}}}$，此时模型可以表示为

$$
\begin{cases}
\underset{w^{L_2^S}}{\text{Max}}\, \pi_0^{L_2^S} = \left(w^{L_2^S} - c\right)\left(q_C^{L_2^S} + 2q_{\bar{C}}^{L_2^S}\right) \\
\text{s.t.} \begin{cases}
\underset{q_C^{L_2^S}}{\text{Max}}\, \pi_C^{L_2^S} = \left(p_C^{L_2^S} - w^{L_2^S}\right) q_C^{L_2^S} \\
\underset{q_{\bar{C}}^{L_2^S}}{\text{Max}}\, \pi_{\bar{C}}^{L_2^S} = \left(p_{\bar{C}}^{L_2^S} - w^{L_2^S}\right) q_{\bar{C}}^{L_2^S}
\end{cases}
\end{cases}
\tag{5-7}
$$

其中，$\pi_0^{L_2^S}$ 表示制造商利润；$\pi_C^{L_2^S}$ 和 $\pi_{\bar{C}}^{L_2^S}$ 分别表示联盟内和联盟外零售商利润；$p_C^{L_2^S} = \alpha - \beta(1+b)q_C^{L_2^S} - \beta b q_{\bar{C}}^{L_2^S}$ 和 $p_{\bar{C}}^{L_2^S} = \alpha - \beta q_{\bar{C}}^{L_2^S} - 2\beta b q_C^{L_2^S}$ 分别表示联盟内和联盟外零售商价格。求解此优化问题得到博弈的均衡解为

$$
\begin{aligned}
& w_0^{L_2^S} = (\alpha + c)/2,\ q_C^{L_2^S} = (\alpha - c)(2-b)\Big/\left[4\beta(2+2b-b^2)\right] \\
& q_{\bar{C}}^{L_2^S} = (\alpha - c)\Big/\left[2\beta(2+2b-b^2)\right]
\end{aligned}
\tag{5-8}
$$

制造商、联盟内零售商和联盟外零售商的利润分别是

$$
\begin{aligned}
& \pi_0^{L_2^S} = (\alpha - c)^2(3-b)\Big/\left[4\beta(2+2b-b^2)\right] \\
& \pi_C^{L_2^S} = (\alpha - c)^2(1+b)(2-b)^2\Big/\left[16\beta(2+2b-b^2)^2\right] \\
& \pi_{\bar{C}}^{L_2^S} = (\alpha - c)^2\Big/\left[4\beta(2+2b-b^2)^2\right]
\end{aligned}
\tag{5-9}
$$

此时整个供应链系统利润为

$$
\pi^{L_2^S} = \pi_0^{L_2^S} + 2\pi_C^{L_2^S} + \pi_{\bar{C}}^{L_2^S} = \frac{(\alpha - c)^2(18+8b-13b^2+3b^3)}{8\beta(2+2b-b^2)^2}
\tag{5-10}
$$

3. 大联盟

当三个零售商形成大联盟 $L_3^S = \{N\}$ 时，制造商先决策最优批发价格 $w^{L_3^S}$，联盟 L_3^S 中零售商决策最优订货量 $q^{L_3^S}$，此时模型可以表示为

$$
\begin{cases}
\underset{w^{L_3^S}}{\text{Max}}\, \pi_0^{L_3^S} = 3\left(w^{L_3^S} - c\right) q^{L_3^S} \\
\text{s.t.}\ \underset{q^{L_3^S}}{\text{Max}}\, \pi_i^{L_3^S} = \left(p^{L_3^S} - w^{L_3^S}\right) q^{L_3^S},\quad i = 1,2,3
\end{cases}
\tag{5-11}
$$

其中，$\pi_0^{L_3^S}$ 和 $\pi_i^{L_3^S}$ 分别表示制造商和第 i 个零售商的利润；$p^{L_3^S} = \alpha - \beta q^{L_3^S} - 2\beta b q^{L_3^S}$ 表示大联盟内零售商的价格。求解此优化问题，可以得到均衡解为

$$
w^{L_3^S} = (\alpha + c)/2,\ \ q_i^{L_3^S} = (\alpha - c)\big/\left[4\beta(1+2b)\right]
\tag{5-12}
$$

制造商和零售商的利润分别是

$$
\pi_0^{L_3^S} = 3(\alpha - c)^2\big/\left[8\beta(1+2b)\right],\ \pi_i^{L_3^S} = (\alpha - c)^2\big/\left[16\beta(1+2b)\right],\ i = 1,2,3
\tag{5-13}
$$

整个供应链系统总的利润为

$$\pi^{L_3^S}=\sum_{i=0}^{3}\pi_i^{L_3^S}=9(\alpha-c)^2\big/\left[16\beta(1+2b)\right] \tag{5-14}$$

具体的求解过程见本章附录。

性质 5.2.1：不同的联盟结构下，有如下关系成立。

（1）批发价 $w^{L_1^S}=w^{L_2^S}=w^{L_3^S}=(\alpha+c)/2$；

（2）订货量 $q_i^{L_3^S}$、$q_C^{L_2^S}$、$q_i^{L_1^S}$、$q_{\bar{C}}^{L_2^S}(i=1,2,3)$ 都随竞争强度 b 的增大而减小，并且

$$q_i^{L_3^S}<q_C^{L_2^S}<q_i^{L_1^S}<q_{\bar{C}}^{L_2^S}$$

（3）零售商利润 $\pi_i^{L_1^S}$、$\pi_C^{L_2^S}$、$\pi_i^{L_3^S}$、$\pi_{\bar{C}}^{L_2^S}(i=1,2,3)$ 都随竞争强度 b 的增大而减小，并且

$$\begin{cases}\pi_i^{L_1^S}<\pi_C^{L_2^S}<\pi_i^{L_3^S}<\pi_{\bar{C}}^{L_2^S},\ b\in(0,0.555)\\ \pi_C^{L_2^S}<\pi_i^{L_1^S}<\pi_i^{L_3^S}<\pi_{\bar{C}}^{L_2^S},\ b\in(0.555,1)\end{cases}$$

（4）制造商利润 $\pi_0^{L_j^S}(j=1,2,3)$ 都随竞争强度 b 的增大而减小，并且

$$\pi_0^{L_3^S}<\pi_0^{L_2^S}<\pi_0^{L_1^S}$$

（5）供应链系统利润 $\pi^{L_j^S}(j=1,2,3)$ 都随竞争强度 b 的增大而减小，并且

$$\pi^{L_3^S}<\pi^{L_2^S}<\pi^{L_1^S}$$

通过以上性质我们可以发现，当制造商作为 Stackelberg 领导者时，任意联盟结构中制造商给予零售商的批发价格都相同，但是下游零售商的订货量在大联盟时最少，从而制造商在所有零售商结盟时获得的利润最少。当所有零售商都不结盟时制造商获利最多，即保持市场上一定数量的零售商对制造商是有好处的。从整个供应链系统来看，当参与人结盟时系统利润变小，结盟伤害了系统利润。零售商间是否结盟受到竞争强度的影响，当其中某两个零售商结盟时，联盟外零售商的利润最高。特别需要强调的是，当有两个零售商结盟时联盟内的零售商的利润 $\pi_C^{L_2^S}$ 在 $0.555<b<1$ 时比不联盟情况下的利润 $\pi_i^{L_1^S}$ 更低，所以对于零售商而言，是否结盟需视竞争强度的不同做出不同决策。

5.2.3 垂直 Nash 模型

这里考虑所有参与人同时决策的情形，也就是制造商和零售商联盟同时决策产品的批发价格和产量。下面分三种情况进行讨论。

1. 单个参与人联盟

当零售商之间没有合作时，记联盟结构为 $L_1^V=\{1,2,3\}$，制造商和三个零售商同时决策最优的批发价格 $w^{L_1^V}$ 和最优的订货量 $q_i^{L_1^V}$，此时模型可以表示为

$$\begin{cases}\underset{q_i^{L_1^V}}{\text{Max}}\,\pi_i^{L_1^V}=\left(p_i^{L_1^V}-w^{L_1^V}\right)q_i^{L_1^V},(i=1,2,3)\\ \underset{w^{L_1^V}}{\text{Max}}\,\pi_0^{L_1^V}=\sum_{i=1}^{3}\left(w^{L_1^V}-c\right)q_i^{L_1^V}\end{cases}\tag{5-15}$$

其中，$\pi_0^{L_1^V}$ 表示制造商利润；$\pi_i^{L_1^V}$ 表示第 i 个零售商利润；$p_i^{L_1^V}=\alpha-\beta q_i^{L_1^V}-\beta b\sum_{j\neq i}q_j^{L_1^V}$ 表示第 i 个零售商的市场价格。求解此优化问题，可以得到博弈均衡解为

$$w^{L_1^V}=\left[(1+2b)\alpha+2(1+b)c\right]/(3+4b),\ q_i^{L_1^V}=(\alpha-c)/\left[\beta(3+4b)\right],i=1,2,3\tag{5-16}$$

制造商和零售商的利润分别是

$$\pi_0^{L_1^V}=3(\alpha-c)^2(1+2b)\Big/\left[\beta(3+4b)^2\right],\ \pi_i^{L_1^V}=(\alpha-c)^2\Big/\left[\beta(3+4b)^2\right],\ i=1,2,3\tag{5-17}$$

整个供应链系统利润为

$$\pi^{L_1^V}=\sum_{i=0}^{3}\pi_i^{L_1^V}=6(\alpha-c)^2(1+b)^2\Big/\left[\beta(3+4b)^2\right],i=1,2,3\tag{5-18}$$

2. 两个零售商结盟

当任意两个零售商结盟时，联盟结构为 $L_2^V=\{(12),3\}$，$\{(13),2\}$ 或者 $\{(23),1\}$。制造商 0、联盟内零售商和联盟外零售商同时决策批发价格 $w^{L_2^V}$、订货量 $q_C^{L_2^V}$ 和 $q_{\bar{C}}^{L_2^V}$，此时模型可以表示为

$$\begin{cases}\underset{w^{L_2^V}}{\text{Max}}\,\pi_0^{L_2^V}=\left(w^{L_2^V}-c\right)\left(q_{\bar{C}}^{L_2^V}+2q_C^{L_2^V}\right)\\ \underset{q_{\bar{C}}^{L_2^V}}{\text{Max}}\,\pi_{\bar{C}}^{L_2^V}=\left(p_{\bar{C}}^{L_2^V}-w^{L_2^V}\right)q_{\bar{C}}^{L_2^V}\\ \underset{q_C^{L_2^V}}{\text{Max}}\,\pi_C^{L_2^V}=\left(p_C^{L_2^V}-w^{L_2^V}\right)q_C^{L_2^V}\end{cases}\tag{5-19}$$

其中，$\pi_0^{L_2^V}$ 表示制造商利润；$\pi_C^{L_2^V}$ 和 $\pi_{\bar{C}}^{L_2^V}$ 分别表示联盟内和联盟外零售商利润；$p_C^{L_2^V}=\alpha-\beta(1+b)q_C^{L_2^V}-\beta bq_{\bar{C}}^{L_2^V}$，$p_{\bar{C}}^{L_2^V}=\alpha-\beta q_{\bar{C}}^{L_2^V}-2\beta bq_C^{L_2^V}$ 分别表示联盟内和联盟外零售商价格。求解此优化问题得到博弈均衡解为

$$\begin{aligned}&w^{L_2^V}=\left[(3+5b-2b^2)\alpha+(6+6b-3b^2)c\right]\Big/(9+11b-5b^2)\\&q_C^{L_2^V}=3(\alpha-c)(2-b)\Big/\left[2\beta(9+11b-5b^2)\right]\\&q_{\bar{C}}^{L_2^V}=3(\alpha-c)\Big/\left[\beta(9+11b-5b^2)\right]\end{aligned}\tag{5-20}$$

制造商、联盟内零售商和联盟外零售商利润分别是

$$\pi_0^{L_2^V} = 3(\alpha - c)^2(3-b)(3+5b-2b^2)\Big/\left[\beta(9+11b-5b^2)^2\right]$$
$$\pi_C^{L_2^V} = 9(\alpha - c)^2(1+b)(2-b)^2\Big/\left[4\beta(9+11b-5b^2)^2\right] \quad (5\text{-}21)$$
$$\pi_{\bar{C}}^{L_2^V} = 9(\alpha - c)^2\Big/\left[\beta(9+11b-5b^2)^2\right]$$

整个供应链系统利润为

$$\pi^{L_2^V} = \pi_0^{L_2^V} + \pi_{\bar{C}}^{L_2^V} + 2\pi_C^{L_2^V} = \frac{3(\alpha-c)^2\left(36+24b-31b^2+7b^3\right)}{2\beta(9+11b-5b^2)^2} \quad (5\text{-}22)$$

3. 三个零售商结盟

当三个零售商形成大联盟 $L_3^V=\{N\}$ 时，制造商和联盟 L_3^V 同时决策最优的批发价格 $w^{L_3^V}$ 和订货量 $q_i^{L_3^V}$ ，此时模型可以表示为

$$\begin{cases} \underset{w^{L_3^V}}{\text{Max}}\, \pi_0^{L_3^V} = 3\left(w^{L_3^V} - c\right)q_i^{L_3^V} \\ \underset{q_i^{L_3^V}}{\text{Max}}\, \pi_i^{L_3^V} = \left(p_i^{L_3^V} - w^{L_3^V}\right)q_i^{L_3^V}, \quad i=1,2,3 \end{cases} \quad (5\text{-}23)$$

其中，$\pi_0^{L_3^V}$ ，$\pi_i^{L_3^V}$ 分别表示制造商和第 i 个零售商利润；$p_i^{L_3^V} = \alpha - \beta q_i^{L_3^V} - 2\beta b q_i^{L_3^V}$ 表示大联盟内的零售商价格。求解此优化问题得到均衡解为

$$w^{L_3^V} = (\alpha+2c)/3,\ q_i^{L_3^V} = (\alpha-c)/[3\beta(1+2b)] \quad (5\text{-}24)$$

制造商和零售商利润分别是

$$\pi_0^{L_3^V} = (\alpha-c)^2\big/[3\beta(1+2b)],\ \pi_i^{L_3^V} = (\alpha-c)^2\big/[9\beta(1+2b)],\quad i=1,2,3 \quad (5\text{-}25)$$

整个供应链系统利润为

$$\pi^{L_3^V} = \sum_{i=0}^{3}\pi_i^{L_3^V} = 2(\alpha-c)^2\big/[3\beta(1+2b)] \quad (5\text{-}26)$$

性质 5.2.2：不同的联盟结构下，有如下关系成立。

（1）批发价格 $w^{L_j^V}(j=1,2,3)$ 满足 $w^{L_3^V} < w^{L_2^V} < w^{L_1^V}$ ；

（2）订货量 $q_i^{L_3^V}$、$q_C^{L_2^V}$、$q_i^{L_1^V}$、$q_{\bar{C}}^{L_2^V}(i=1,2,3)$ 都随竞争强度 b 的增大而减小，并且有

$$\begin{cases} q_i^{L_3^V} < q_C^{L_2^V} < q_i^{L_1^V} < q_{\bar{C}}^{L_2^V},\ b\in(0,\ 0.625) \\ q_C^{L_2^V} < q_i^{L_3^V} < q_i^{L_1^V} < q_{\bar{C}}^{L_2^V},\ b\in(0.625,\ 1) \end{cases}$$

（3）零售商利润 $\pi_C^{L_2^V}$、$\pi_i^{L_1^V}$、$\pi_{\bar{C}}^{L_2^V}$、$\pi_i^{L_3^V}(i=1,2,3)$ 都随竞争强度 b 的增大而减小，并且有

$$\begin{cases} \pi_C^{L_2^V} < \pi_i^{L_1^V} < \pi_{\bar{C}}^{L_2^V} < \pi_i^{L_3^V},\ b\in(0,\ 0.832) \\ \pi_C^{L_2^V} < \pi_i^{L_1^V} < \pi_i^{L_3^V} < \pi_{\bar{C}}^{L_2^V},\ b\in(0.832,\ 1) \end{cases}$$

（4）制造商的利润 $\pi_0^{L_j^{\mathrm{V}}}\ (j=1,2,3)$ 都随着竞争强度 b 的增大而减小，并且有

$$\pi_0^{L_3^{\mathrm{V}}} < \pi_0^{L_2^{\mathrm{V}}} < \pi_0^{L_1^{\mathrm{V}}}$$

（5）供应链系统的利润 $\pi^{L_j^{\mathrm{V}}}\ (j=1,2,3)$ 都随着竞争强度 b 的增大而减小，并且有

$$\pi^{L_3^{\mathrm{V}}} < \pi^{L_2^{\mathrm{V}}} < \pi^{L_1^{\mathrm{V}}}$$

在制造商和零售商（联盟）纵向 Nash 博弈下，制造商给予零售商（联盟）的批发价格随零售商联盟内零售商数量的增大而减小，即零售商结盟使得制造商的批发价格降低，同时也影响了下游的订货量。制造商利润在大联盟情况下是最低的，对整个供应链系统来说，大联盟时的利润也最低。所以从制造商的角度来说，保持一定数量的零售商是有好处的，制造商并不希望下游出现结盟的情况。从零售商的角度来说，是否结盟仍然是与竞争强度有关的。此外当两个零售商结盟时联盟内零售商的利润最少，联盟外零售商的利润总是比联盟内零售商利润高。所以在垂直 Nash 模型里，两个零售商结盟总是不可取的。

5.2.4　零售商 Stackelberg 模型

这里我们考虑零售商（联盟）作为博弈领导者的情形，也就是零售商（联盟）先决策最优的订货量，然后制造商决策最优的批发价格。下面分三种情况讨论。

1. 单个参与人联盟

当零售商之间不形成任何联盟时，联盟结构为 $L_1^{\mathrm{R}}=\{1,2,3\}$。三个零售商先决策最优的订货量 $q_i^{L_1^{\mathrm{R}}}$，制造商接着决策最优的批发价格 $w^{L_1^{\mathrm{R}}}$，此时模型可以表示为

$$\begin{cases}\underset{q_i^{L_1^{\mathrm{R}}}}{\mathrm{Max}}\ \pi_i^{L_1^{\mathrm{R}}}=\left(p_i^{L_1^{\mathrm{R}}}-w^{L_1^{\mathrm{R}}}\right)q_i^{L_1^{\mathrm{R}}},(i=1,2,3)\\[2ex] \text{s.t.}\ \underset{w^{L_1^{\mathrm{R}}}}{\mathrm{Max}}\ \pi_0^{L_1^{\mathrm{R}}}=\sum\limits_{i=1}^{3}\left(w^{L_1^{\mathrm{R}}}-c\right)q_i^{L_1^{\mathrm{R}}}\end{cases} \tag{5-27}$$

其中，$\pi_0^{L_1^{\mathrm{R}}}$ 和 $\pi_i^{L_1^{\mathrm{R}}}$ 分别表示制造商和第 i 个零售商利润；$p_i^{L_1^{\mathrm{R}}}=\alpha-\beta q_i^{L_1^{\mathrm{R}}}-\beta b\sum\limits_{j\neq i}q_j^{L_1^{\mathrm{R}}}$ 表示第 i 个零售商的市场价格。求解此优化问题得到博弈均衡解为

$$w^{L_1^{\mathrm{R}}}=\left[3(1+2b)\alpha+(7+8b)c)\right]/(10+14b),\quad q_i^{L_1^{\mathrm{R}}}=3(\alpha-c)/\left[2\beta(5+7b)\right],i=1,2,3 \tag{5-28}$$

制造商和零售商的利润分别是

$$\begin{aligned}&\pi_0^{L_1^{\mathrm{R}}}=27(\alpha-c)^2(1+2b)/\left[4\beta(5+7b)^2\right]\\&\pi_i^{L_1^{\mathrm{R}}}=3(\alpha-c)^2(2+b)/\left[2\beta(5+7b)^2\right],\ i=1,2,3\end{aligned} \tag{5-29}$$

整个供应链系统利润为

$$\pi^{L_1^{\mathrm{R}}} = \sum_{i=0}^{3} \pi_i^{L_1^{\mathrm{R}}} = 9(\alpha - c)^2(7+8b) \Big/ \left[4\beta(5+7b)^2\right] \tag{5-30}$$

2. 两个零售商结盟

当任意两个零售商结盟时，两个零售商联盟结构为 $L_2^{\mathrm{R}} = \{(12),3\}$,$\{(13),2\}$ 或 $\{(23),1\}$，联盟内的零售商和联盟外的零售商同时决策最优订货量 $q_C^{L_2^{\mathrm{R}}}$ 和 $q_{\bar{C}}^{L_2^{\mathrm{R}}}$ ，制造商最后决策最优批发价格 $w^{L_2^{\mathrm{R}}}$ ，此时模型可以表示为

$$\begin{cases} \underset{q_{\bar{C}}^{L_2^{\mathrm{R}}}}{\mathrm{Max}}\, \pi_{\bar{C}}^{L_2^{\mathrm{R}}} = \left(p_{\bar{C}}^{L_2^{\mathrm{R}}} - w^{L_2^{\mathrm{R}}}\right) q_{\bar{C}}^{L_2^{\mathrm{R}}},\ \underset{q_C^{L_2^{\mathrm{R}}}}{\mathrm{Max}}\, \pi_C^{L_2^{\mathrm{R}}} = \left(p_C^{L_2^{\mathrm{R}}} - w^{L_2^{\mathrm{R}}}\right) q_C^{L_2^{\mathrm{R}}} \\ \text{s.t.} \underset{w^{L_2^{\mathrm{R}}}}{\mathrm{Max}}\, \pi_0^{L_2^{\mathrm{R}}} = \left(w^{L_2^{\mathrm{R}}} - c\right)\left(q_{\bar{C}}^{L_2^{\mathrm{R}}} + 2q_C^{L_2^{\mathrm{R}}}\right) \end{cases} \tag{5-31}$$

其中，$\pi_0^{L_2^{\mathrm{R}}}$ 表示制造商的利润；$\pi_C^{L_2^{\mathrm{R}}}$ 和 $\pi_{\bar{C}}^{L_2^{\mathrm{R}}}$ 分别表示联盟内和联盟外的零售商利润；$p_C^{L_2^{\mathrm{R}}} = \alpha - \beta(1+b)q_C^{L_2^{\mathrm{R}}} - \beta b q_{\bar{C}}^{L_2^{\mathrm{R}}}$, $p_{\bar{C}}^{L_2^{\mathrm{R}}} = \alpha - \beta q_{\bar{C}}^{L_2^{\mathrm{R}}} - 2\beta b q_C^{L_2^{\mathrm{R}}}$ 分别表示联盟内和联盟外的零售商价格。求解此优化问题得到博弈的均衡解为

$$\begin{aligned} w^{L_2^{\mathrm{R}}} &= \left[(11+23b+2b^2)\alpha + (28+43b+b^2)c\right] \Big/ \left[3(13+22b+b^2)\right] \\ q_C^{L_2^{\mathrm{R}}} &= (\alpha - c)(7-b) \Big/ \left[2\beta(13+22b+b^2)\right] \\ q_{\bar{C}}^{L_2^{\mathrm{R}}} &= 2(\alpha - c)(2+b) \Big/ \left[\beta(13+22b+b^2)\right] \end{aligned} \tag{5-32}$$

制造商、联盟内零售商和联盟外的零售商的利润分别是

$$\begin{aligned} \pi_0^{L_2^{\mathrm{R}}} &= (\alpha - c)^2(1+2b)(11+b)^2 \Big/ \left[3\beta(13+22b+b^2)^2\right] \\ \pi_C^{L_2^{\mathrm{R}}} &= (\alpha - c)^2(35+44b-7b^2)(7-b) \Big/ \left[12\beta(13+22b+b^2)^2\right] \\ \pi_{\bar{C}}^{L_2^{\mathrm{R}}} &= 8(\alpha - c)^2(4+4b+b^2)(2+b) \Big/ \left[3\beta(13+22b+b^2)^2\right] \end{aligned} \tag{5-33}$$

整个供应链系统利润为

$$\pi^{L_2^{\mathrm{R}}} = \pi_0^{L_2^{\mathrm{R}}} + 2\pi_C^{L_2^{\mathrm{R}}} + \pi_{\bar{C}}^{L_2^{\mathrm{R}}} = \frac{8(\alpha - c)^2(205+331b+31b^2+9b^3)}{2\beta(13+22b+b^2)^2} \tag{5-34}$$

3. 三个零售商结盟

当三个零售商形成大联盟 $L_3^{\mathrm{R}} = \{N\}$ 时，联盟 L_3^{R} 内的零售商先决策最优订货量 $q^{L_3^{\mathrm{R}}}$ ，制造商接着决策最优批发价格 $w^{L_3^{\mathrm{R}}}$ ，此时模型可以表示为

$$\begin{cases} \underset{q^{L_3^{\mathrm{R}}}}{\mathrm{Max}}\, \pi_i^{L_3^{\mathrm{R}}} = \left(p^{L_3^{\mathrm{R}}} - w^{L_3^{\mathrm{R}}}\right) q^{L_3^{\mathrm{R}}},\ i = 1,2,3 \\ \text{s.t.} \underset{w^{L_3^{\mathrm{R}}}}{\mathrm{Max}}\, \pi_0^{L_3^{\mathrm{R}}} = 3\left(w^{L_3^{\mathrm{R}}} - c\right) q^{L_3^{\mathrm{R}}} \end{cases} \tag{5-35}$$

其中，$\pi_0^{L_3^{\mathrm{R}}}$ 和 $\pi_i^{L_3^{\mathrm{R}}}$ 分别表示制造商和第 i 个零售商的利润； $p^{L_3^{\mathrm{R}}} = \alpha - \beta q^{L_3^{\mathrm{R}}} -$

$2\beta bq^{L_3^{\mathrm{R}}}$ 表示大联盟内零售商价格。求解此优化问题可以得到均衡解为

$$w^{L_3^{\mathrm{R}}}=(\alpha+3c)/4,\ q^{L_3^{\mathrm{R}}}=(\alpha-c)\big/\left[4\beta(1+2b)\right] \tag{5-36}$$

制造商和零售商利润分别是

$$\pi_0^{L_3^{\mathrm{R}}}=3(\alpha-c)^2\big/\left[16\beta(1+2b)\right],\ \ \pi_i^{L_3^{\mathrm{R}}}=(\alpha-c)^2\big/\left[8\beta(1+2b)\right], i=1,2,3 \tag{5-37}$$

此时整个供应链系统利润为

$$\pi^{L_3^{\mathrm{R}}}=\sum_{i=0}^{3}\pi_i^{L_3^{\mathrm{R}}}=9(\alpha-c)^2\big/\left[16\beta(1+2b)\right] \tag{5-38}$$

性质 5.2.3：不同的联盟结构下，有如下关系成立。

（1）批发价 $w^{L_3^{\mathrm{R}}}<w^{L_2^{\mathrm{R}}}<w^{L_1^{\mathrm{R}}}$；

（2）订货量 $q_i^{L_3^{\mathrm{R}}}$、$q_C^{L_2^{\mathrm{R}}}$、$q_i^{L_1^{\mathrm{R}}}$、$q_{\bar{C}}^{L_2^{\mathrm{R}}}(i=1,2,3)$ 都随竞争强度 b 的增大而减小，并且有

$$q_i^{L_3^{\mathrm{R}}}<q_C^{L_2^{\mathrm{R}}}<q_i^{L_1^{\mathrm{R}}}<q_{\bar{C}}^{L_2^{\mathrm{R}}}$$

（3）零售商利润 $\pi_i^{L_1^{\mathrm{R}}}$、$\pi_C^{L_2^{\mathrm{R}}}$、$\pi_i^{L_3^{\mathrm{R}}}$、$\pi_{\bar{C}}^{L_2^{\mathrm{R}}}(i=1,2,3)$ 都随竞争强度 b 的增大而减小，并且有

$$\begin{cases}\pi_i^{L_1^{\mathrm{R}}}<\pi_C^{L_2^{\mathrm{R}}}<\pi_i^{L_3^{\mathrm{R}}}<\pi_{\bar{C}}^{L_2^{\mathrm{R}}}, b\in(0,\ 0.314)\\ \pi_C^{L_2^{\mathrm{R}}}<\pi_i^{L_1^{\mathrm{R}}}<\pi_i^{L_3^{\mathrm{R}}}<\pi_{\bar{C}}^{L_2^{\mathrm{R}}}, b\in(0.314,\ 1)\end{cases}$$

（4）制造商的利润 $\pi_0^{L_j^{\mathrm{R}}}(j=1,2,3)$ 都随竞争强度 b 的增大而减小，并且有

$$\pi_0^{L_3^{\mathrm{R}}}<\pi_0^{L_2^{\mathrm{R}}}<\pi_0^{L_1^{R}}$$

（5）供应链系统的利润 $\pi^{L_j^{\mathrm{R}}}(j=1,2,3)$ 都随竞争强度 b 的增大而减小，并且有

$$\pi^{L_3^{\mathrm{R}}}<\pi^{L_2^{\mathrm{R}}}<\pi^{L_1^{\mathrm{R}}}$$

在零售商（联盟）作为 Stackelberg 博弈领导者情形下，制造商给予零售商（联盟）的批发价格随着联盟内零售商的数量的增大而减小，即零售商结盟使得上游制造商的批发价格减小，同时结盟也影响了零售商的订货量，特别是在大联盟下订货量最小，而这些影响又使得制造商的利润随着零售商的结盟而变小，这与前面两种情况是类似的。对于零售商而言，此种情形和制造商 Stackelberg 模型类似，只是竞争强度的阈值不同。

5.2.5　三种博弈框架下零售商联盟的稳定结构

从以上不同的竞争模型中可以看到，零售商是否结盟与竞争强度有很大的关系，另外，结盟以后的联盟结构能否维持稳定也是需要考虑的一个问题。例如，在制造商 Stackelberg 模型中，大联盟 $\{N\}$ 中零售商 3 的利润 $\pi_3^{L_3^{\mathrm{S}}}$ 比联盟 $\{(12),3\}$ 中零售商 3 的利润 $\pi_{\bar{C}}^{L_2^{\mathrm{S}}}$ 要小，此时对于零售商 3 而言，从大联盟中 $\{N\}$ 中独立出来

获利会更多，所以此种情形下大联盟并不稳定。下面采用合作博弈中的短视稳定性和远视稳定性研究采购联盟的稳定结构。合作博弈中的 Nash 稳定和强 Nash 稳定都属于短视稳定，判定的方法是看其参与人（联盟）从某个联盟结构中发生一步“叛逃”之后，是否使得其利润增加。而对于远视稳定性，是从参与人发生多步“叛逃”的结果来进行判断其是否稳定。因为某个参与人的一步“叛逃”使得其利润增加以后，其他参与人也将发生一系列的叛逃行为，即要从联盟动态或者长远的角度来看待联盟的稳定性问题。下面采用 Chwe[79]提出的最大一致集来刻画远视参与者联盟的稳定结构。

1. 短视零售商联盟的稳定性

下面给出三种竞争模型中零售商联盟的短视稳定性，从合作博弈中 Nash 稳定和强 Nash 稳定的角度考虑零售商（联盟）的稳定性。

定理 5.2.1：在制造商 Stackelberg 模型中，

（1）当 $0<b<0.555$ 时，联盟结构 $L_2^{\mathrm{S}}=\{(12),3\},\{(13),2\},\{(23),1\}$ Nash 稳定；

（2）当 $0.555<b<1$ 时，所有的联盟结构都不是 Nash 稳定的。

证明见本章附录。

定理 5.2.1 说明，当竞争强度比较小（$0<b<0.555$）时，两个零售商联盟 L_2^{S} 短视稳定，即其中任意一个零售商都不会发生叛逃行为；但是当竞争强度比较大（$0.555<b<1$）时，任意一个联盟结构都不稳定，其中的参与人都会发生一步的叛逃行为，使得原先的联盟结构不稳定。

定理 5.2.2：在垂直 Nash 模型中，当 $0<b<0.832$ 时，大联盟是 Nash 稳定的；当 $0.832<b<1$ 时，所有的联盟结构都不是 Nash 稳定的。

定理 5.2.3：在零售商 Stackelberg 模型中，当 $0<b<0.314$ 时，联盟结构 $L_2^{\mathrm{R}}=\{(12),3\},\{(13),2\},\{(23),1\}$ 是 Nash 稳定的；当 $0.314<b<1$ 时，所有的联盟结构都不是 Nash 稳定的。

2. 远视零售商联盟的稳定性

为了找出联盟的稳定结构，先给出不同竞争强度下的零售商的联盟偏好关系。

性质 5.2.4：

（1）在制造商 Stackelberg 模型中，当 $0<b<0.555$ 时，零售商的联盟偏好关系是 $L_1^{\mathrm{S}}\prec_i L_2^{\mathrm{S}}\prec_C L_3^{\mathrm{S}}\prec_{\bar{C}} L_2^{\mathrm{S}}$；当 $0.555<b<1$ 时，零售商的联盟偏好关系是 $L_2^{\mathrm{S}}\prec_C L_1^{\mathrm{S}}\prec_i L_3^{\mathrm{S}}\prec_{\bar{C}} L_2^{\mathrm{S}}$。

（2）在垂直 Nash 模型中，当 $0<b\leqslant 0.832$ 时，零售商的联盟偏好关系是 $L_2^{\mathrm{V}}\prec_C L_1^{\mathrm{V}}\prec_{\bar{C}} L_2^{\mathrm{V}}\prec_i L_3^{\mathrm{V}}$；当 $0.832<b<1$ 时，零售商的联盟偏好关系是 $L_2^{\mathrm{V}}\prec_C L_1^{\mathrm{V}}\prec_i L_3^{\mathrm{V}}\prec_{\bar{C}} L_2^{\mathrm{V}}$。

（3）在零售商 Stackelberg 模型中，当 $0<b\leqslant 0.314$ 时，零售商的联盟偏好关系是 $L_1^{\mathrm{R}} \prec_i L_2^{\mathrm{R}} \prec_C L_3^{\mathrm{R}} \prec_{\bar{C}} L_2^{\mathrm{R}}$；当 $0.314<b<1$ 时，零售商的联盟偏好关系是 $L_2^{\mathrm{R}} \prec_C L_1^{\mathrm{R}} \prec_i L_3^{\mathrm{R}} \prec_{\bar{C}} L_2^{\mathrm{R}}$。

根据上述不同模型中的联盟偏好关系，结合最大一致集定义，有下述远视零售商联盟的结论。

定理 5.2.4：在制造商 Stackelberg 模型中，当 $0<b<0.555$ 时，$L_2^{\mathrm{S}}, L_3^{\mathrm{S}} \in \mathrm{LCS}$；当 $0.555<b<1$ 时，$L_3^{\mathrm{S}} \in \mathrm{LCS}$。

证明见本章附录。

从定理 5.2.4 中能够得到，无论竞争强度多大，大联盟都远视稳定，这与定理 5.2.1 中当 $0<b<0.555$ 时大联盟都不是 Nash 稳定形成了对比。原因就是从远视的角度考虑联盟稳定性时，不但考虑到了某个参与人一步叛逃的结果，而且考虑到了这一步叛逃以后所引起的其他参与人的一系列的叛逃行为。也就是当 $0<b<0.555$ 时,零售商 3 发现一步叛逃后形成联盟结构 $\{(12),3\}$ 对自己是有利的，即从短视的角度看，$\{N\}$ 是不稳定的。但是这一步叛逃会引起联盟内的参与人 1 或者 2 的叛逃,因为这对 1 或者 2 是有利的,进一步的叛逃后联盟结构变成 $\{1,2,3\}$。最终所有的零售商发现，大家一起合作时的联盟结构 $\{N\}$ 对所有的参与人来说比 $\{(12),3\}$ 和 $\{1,2,3\}$ 都要有利，也就是最终来看，大联盟 $\{N\}$ 仍然是一系列叛逃以后的最好结果，从而从长远来看所有的参与人在大联盟 $\{N\}$ 内不会发生叛逃。而对于联盟结构 L_2^{S} 来说，当 $0<b<0.555$ 时，无论从短视的角度还是远视的角度都是稳定的；而当 $0.555<b<1$ 时，无论从短视角度还是远视角度都是不稳定的。这也就说明了，在三个零售商数量竞争下，所有零售商结盟总是有利的，而在竞争强度不太大（$0<b<0.555$）时，任意两个零售商结盟也是很有可能发生的，并且能够长期稳定。但是当竞争强度比较大（$0.555<b<1$）时，能够长期稳定的联盟是大联盟 $\{N\}$。

定理 5.2.5：在垂直 Nash 模型中，$L_3^{\mathrm{V}} \in \mathrm{LCS}$。

定理 5.2.6：在零售商 Stackelberg 模型中，当 $0<b<0.314$ 时，$L_2^{\mathrm{R}}, L_3^{\mathrm{R}} \in \mathrm{LCS}$；当 $0.314<b<1$ 时，$L_3^{\mathrm{R}} \in \mathrm{LCS}$。

从以上三个定理当中可以得到，在市场中无论哪一方具有统治力，数量竞争下的零售商所形成的大联盟从远视角度都稳定，这与短视中的 Nash 稳定性有很大不同，从短视的角度，大联盟只是在满足一定的竞争强度时才会稳定。这告诉我们，当市场上的零售商处于对称地位时，大家彼此合作构成大联盟是有利的。这也符合当今世界中的竞争与合作并存的局面。除了大联盟外，在制造商 Stackelberg 模型和零售商 Stackelberg 模型中，两人的联盟结构也远视稳定，只是存在区间的竞争强度不同。在制造商和零售商市场力量相当时，也就是垂直 Nash 模型中，只有大联盟远视稳定。

5.2.6 本部分小结

在零售商订货量竞争下，本部分利用合作博弈论中稳定性的概念，从零售商结盟合作联合订货的角度描述了联盟的短视稳定性和远视稳定性。从零售商的角度，无论在制造商 Stackelberg 模型、垂直 Nash 模型还是零售商 Stackelberg 模型中，短视的零售商在竞争强度相对比较小时，都会选择大联盟，但是当竞争强度相对比较大时，短视的零售商在大联盟中都会发生叛逃行为，也就是短视的零售商大联盟不稳定。但是从远视的角度来说，无论哪一种模型下大联盟都远视稳定。

本部分的结论对于三个竞争零售商结盟具有一些管理启示。对于一个大联盟中的零售商来说，有可能会因为叛逃而获得更高的利润。但是当零售商具有“远见”时会发现，不论哪种博弈框架，无论竞争强度是多少，这种叛逃很可能会带来联盟的不稳定，并且会降低自身的利润，在这种情形下，零售商不会“短视”地“叛逃”出联盟，而宁愿留在大联盟里。另外当竞争强度比较小时，对于两种 Stackelberg 模型，有“远见”的零售商也会留在两人联盟里。在本章引言部分曾经提到过很多现实生活中存在着数量竞争下的联盟合作，本章的研究结果也表明，对于“远视”零售商来说，这些结盟总是有好处的。这与一般采用静态稳定性讨论联盟合作稳定性有很大不同，也为现实生活中的结盟活动提供了理论基础。

当零售商是远视参与人时，无论在制造商 Stackelberg 模型、垂直 Nash 模型还是零售商 Stackelberg 模型中，随着零售商的结盟，制造商的利润都是降低的，所以进一步应该考虑制造商设计某种契约使得随着零售商的结盟，制造商的利润也会相应增加。另外在零售商结盟时，考虑联盟的运作费用也是值得研究的方向。当然本部分只是针对对称性的零售商和确定情形进行了讨论，进一步值得考虑的是不对称及随机情形下的零售商结盟的稳定性问题。

5.3 数量折扣契约下采购联盟的采购策略及稳定性研究

5.3.1 模型假设与记号

本部分考虑一个两层的供应链系统，上游的一个制造商向下游多个基于订货量竞争的零售商提供同质产品的同时，提供一定的数量折扣契约。此时单位产品的批发价格与其所收到订单信息中的采购量成反比，即订单信息中的采购量越高，则批发价格越低。供应链中的零售商可以形成多种不同结构的采购联盟，分别是各自独立采购、两个零售商的联合采购（以零售商 1 和零售商 2 结盟为例）及三个零售商的联合采购，如图 5-1 所示。

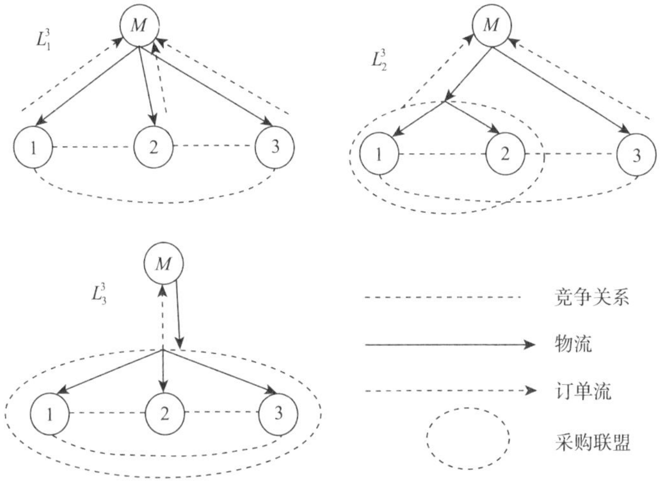

图 5-1 基于订货量竞争的三种零售商联合采购联盟结构

1. 竞争关系的描述

将制造商记为 0，三个基于订货量竞争的零售商集合记为 $N=\{1,2,3\}$。下游的三个零售商同时独立确定各自的采购量，设零售商 i 的采购量为 q_i，向量 $\boldsymbol{q}=\{q_1,q_2,q_3\}$ 为零售商采购量的一个组合，则零售市场中产品的总量为 $Q=\sum_{i\in N}q_i$。

如果零售市场上产品的供给和需求达到均衡，则产品以市场出清价格（可以将产品全部卖出去的价格）进行销售，不妨设产品的出清价格 P 与下游零售商的总订货量（即总销售量）为线性关系，即 $P=A-Q$[223,224]①。此时，零售商之间为数量竞争关系，零售商 i 的销售收益 $R_i(\boldsymbol{q})$ 不仅与自身的订货量 q_i 有关，而且还与其他零售商的订货量 q_j（$j\neq i$）有关。从而，零售商 i 的收益 $R_i(\boldsymbol{q})$ 为

$$R_i(\boldsymbol{q})=q_i(A-Q) \tag{5-39}$$

其中，A 为下游零售商的最大总订货量。

2. 合作关系的描述

在实际采购活动中，如果零售商的采购量越高，则制造商所提供的单位批发

① 这里研究在制造商所提供的不同批发价格折扣契约形式下，下游相互竞争的成员联合采购联盟的稳定结构，因此不考虑竞争强度对采购联盟结构的影响。

价格将越低。而每个零售商的采购能力有限，因此，下游零售商可以采用汇集各方采购量的方式进行联合采购，以降低各方的采购成本。

Schotanus 等[225]通过实证研究，提出了如下的数量折扣函数 $w(q)$来刻画实际中可能用到的不同折扣契约形式

$$W(q)=a+d/q^e \tag{5-40}$$

其中，a 表示产品的基本价格；d 表示折扣比例，$|d|$越大，则表示制造商提供的折扣契约对下游零售商的需求聚集效应越高；e 表示陡度（steepness），特别地，如果 e=1，即 $w(q)=a+d/q(d>0)$，则称制造商向零售商提供的批发价格契约是两部收费制折扣契约；如果 e=−1，即 $w(q)=a+dq$（其中，$d<0$），则称制造商向零售商提供的批发价格契约是线性折扣契约。Schotanus 等[225]指出当 e 的取值范围在−1~1.6 时，此数量折扣函数可以拟合实际中常见的 66 种折扣契约形式，因此，本章主要对以上两种折扣契约进行讨论[212,225,226]。

5.3.2 不同联合采购联盟结构下零售商的订货决策

本小节分别讨论在三个零售商独立采购、两个零售商形成联合采购联盟及三个零售商形成联合采购联盟三种不同的联合采购联盟结构下，下游零售商的最优订货量，并比较在不同的联盟结构下供应链中各成员的订货量和利润关系。

1. 单个参与人联盟

此时三个零售商之间没有形成任何联合采购联盟，记联盟结构为 L_1^3，并且零售商 1、2 和 3 进行数量竞争，因此三个零售商同时选择订货量作为其博弈策略展开竞争，即

$$\begin{gathered}\max_{q_i} \Pi_i = q_i\left(A-\left(q_1+q_2+q_3\right)\right)-\left(a+d/q_i^e\right)q_i \\ \text{s.t. } q_i \geqslant 0, \quad i=1,\ 2,\ 3\end{gathered} \tag{5-41}$$

可得均衡时零售商 i 的最优订货量满足如下的一阶条件：

$$A-a=\left(4+d\left(1-e\right)\left(q_i^{L_1^3*}\right)^{-e-1}\right)q_i^{L_1^3*},\ q_i^{L_1^3*} \geqslant 0,\ i=1,2,3 \tag{5-42}$$

2. 两个零售商结盟

不妨设零售商 1 和零售商 2 形成联合采购联盟 L_2^3，即将两者的需求汇集，向上游制造商统一采购，但是零售商 1、2 和 3 仍保持着数量竞争关系，则

$$\max_{q_1} \Pi_1 = q_1\left(A-\left(q_1+q_2+q_3\right)\right)-\left(a+d/\left(q_1+q_2\right)^e\right)q_1 \tag{5-43}$$

$$\max_{q_2} \Pi_2 = q_2\left(A-\left(q_1+q_2+q_3\right)\right)-\left(a+d/\left(q_1+q_2\right)^e\right)q_2 \tag{5-44}$$

$$\max_{q_3} \Pi_3 = q_3\left(A-\left(q_1+q_2+q_3\right)\right)-\left(a+d/q_3^e\right)q_3 \quad (5\text{-}45)$$

$$\text{s.t.}\ \ q_i \geqslant 0 \quad i=1,2,3$$

可得均衡时零售商 1、2 和 3 的最优订货量满足如下的一阶条件：

$$A-2q_1^{L_2^3*}-q_2^{L_2^3*}-q_3^{L_2^3*}-a-d\left(q_1^{L_2^3*}+q_2^{L_2^3*}\right)^{-e}+edq_1^{L_2^3*}\left(q_1^{L_2^3*}+q_2^{L_2^3*}\right)^{-e-1}=0 \quad (5\text{-}46)$$

$$A-2q_2^{L_2^3*}-q_1^{L_2^3*}-q_3^{L_2^3*}-a-d\left(q_1^{L_2^3*}+q_2^{L_2^3*}\right)^{-e}+edq_2^{L_2^3*}\left(q_1^{L_2^3*}+q_2^{L_2^3*}\right)^{-e-1}=0 \quad (5\text{-}47)$$

$$A-a=\left(2+d\left(1-e\right)\left(q_3^{L_2^3*}\right)^{-e-1}\right)q_3^{L_2^3*}+q_1^{L_2^3*}+q_2^{L_2^3*} \quad (5\text{-}48)$$

$$q_i^{L_2^3*} \geqslant 0 \quad i=1,2,3$$

3. 三个零售商结盟

此时零售商 1、2 和 3 形成的联合采购联盟 L_3^3 汇集了各零售商的需求，但是零售商 1、2 和 3 仍进行数量竞争，故：

$$\max_{q_i} \Pi_i = q_i\left(A-\left(q_1+q_2+q_3\right)\right)-\left(a+d/\left(q_1+q_2+q_3\right)^e\right)q_i \quad (5\text{-}49)$$

$$\text{s.t.}\ \ q_i \geqslant 0 \quad i=1,2,3$$

可得均衡时零售商 $i(i=1,2,3)$的最优订货量满足如下的一阶条件：

$$\begin{aligned}&A-a-q_i^{L_3^3*}-\left(q_1^{L_3^3*}+q_2^{L_3^3*}+q_3^{L_3^3*}\right)-d\left(q_1^{L_3^3*}+q_2^{L_3^3*}+q_3^{L_3^3*}\right)^{-e}-\\&ed\left(1-e\right)q_i^{L_3^3*}\left(q_1^{L_3^3*}+q_2^{L_3^3*}+q_3^{L_3^3*}\right)^{-e-1}=0\end{aligned} \quad (5\text{-}50)$$

$$q_i^{L_3^3*} \geqslant 0\text{；} \quad i=1,2,3$$

由于式（5-42）、式（5-46）~式（5-48）和式（5-50）仅在 $e=-1$ 和 $e=1$ 下，即线性折扣契约和两部收费制折扣契约处有显示解存在，所以，本章主要讨论 $e=-1$，$d=-b$ 和 $e=1$，$d=b$ 两种特殊的情形，并将相关的结果分别整理于本章附录的表 5-1 和表 5-2 中。而对于参数 e 和 d 的其他取值，则用数值例子进行了说明，见表 5-3~表 5-6。

5.3.3　不同联盟结构下的利润比较分析

本小节针对制造商可能提供的两种特殊数量折扣契约形式（即线性折扣契约和两部收费制折扣契约），在不同的联合采购联盟结构下，分别讨论供应链中零售商的利润关系。

1. 线性折扣契约 l

性质 5.3.1：制造商提供线性折扣契约时，在不同联盟结构下，三个零售商的订货量具有如下关系。

（1）当 $b\in[0,1/3]$时，对于零售商 1 或 2，

$$q_1^{L_1^3\_l}\left(q_2^{L_1^3\_l}\right)\leqslant q_1^{L_3^3\_l}\left(q_2^{L_3^3\_l}\right)\leqslant q_1^{L_2^3\_l}\left(q_2^{L_2^3\_l}\right)$$

对于零售商 3，$q_3^{L_1^3\_l}\leqslant q_3^{L_2^3\_l}\leqslant q_3^{L_3^3\_l}$。

（2）当 $b\in[1/3,1/2]$时，对于零售商 1 或 2，

$$q_1^{L_1^3\_l}\left(q_2^{L_1^3\_l}\right)\leqslant q_1^{L_3^3\_l}\left(q_2^{L_3^3\_l}\right)\leqslant q_1^{L_2^3\_l}\left(q_2^{L_2^3\_l}\right)$$

对于零售商 3，$q_3^{M\_l}\leqslant q_3^{I\_l}\leqslant q_3^{G\_l}$。

（3）当 $b\in[1/2,2/3]$时，对于零售商 1 或 2，

$$q_1^{L_2^3\_l}\left(q_2^{L_2^3\_l}\right)\leqslant q_1^{L_1^3\_l}\left(q_2^{L_1^3\_l}\right)\leqslant q_1^{L_3^3\_l}\left(q_2^{L_3^3\_l}\right)$$

对于零售商 3，$q_3^{L_1^3\_l}\leqslant q_3^{L_3^3\_l}\leqslant q_3^{L_2^3\_l}$。

（4）当 $b\in[2/3,1)$时，对于零售商 i=1 或 2，

$$q_1^{L_2^3\_l}\left(q_2^{L_2^3\_l}\right)\leqslant q_1^{L_1^3\_l}\left(q_2^{L_1^3\_l}\right)\leqslant q_1^{L_3^3\_l}\left(q_2^{L_3^3\_l}\right)$$

对于零售商 3，$q_3^{L_1^3\_l}\leqslant q_3^{L_2^3\_l}\leqslant q_3^{L_3^3\_l}$。

性质 5.3.1 说明，在线性折扣契约下，如果制造商提供的折扣比例较低（$b\in[0,1/2]$），零售商 1 和 2 在仅由它们二者联合采购形成的联盟结构中订货量最高，在大联盟中的订货量次之，而在三个零售商独立订货的联盟结构中订货量最低，而零售商 3 则总在大联盟中的订货量最高；但是，如果制造商提供的折扣比例较高（$b\in[1/2,1)$），零售商 1 和 2 在大联盟中的订货量最高，在三个零售商独立订货的联盟结构中订货量次之，而在仅由他们二者联合采购形成的联盟结构中订货量最低，此时，零售商 3 在三个零售商独立订货的联盟结构中订货量最低。

性质 5.3.2：制造商提供线性折扣契约时，在仅有两个零售商结盟的联盟结构中，联盟外零售商与联盟内零售商间的订货量关系如下：

（1）当 $b\in[0,1/2]$时，$q_3^{L_2^3\_l}\leqslant q_1^{L_2^3\_l}\left(q_2^{L_2^3\_l}\right)$；

（2）当 $b\in[1/2,1)$时，$q_1^{L_2^3\_l}\left(q_2^{L_2^3\_l}\right)\leqslant q_3^{L_2^3\_l}$。

性质 5.3.2 说明，当制造商提供线性折扣契约时，在零售商 1 和零售商 2 联合采购的联盟结构中，如果制造商提供的折扣比例较低（$b\in[0,1/2]$），则联盟内零售商的订货量高于联盟外零售商的订货量；如果制造商提供的折扣比例较高（$b\in[1/2,1)$），则联盟内零售商的订货量低于联盟外零售商的订货量。

性质 5.3.3：制造商提供线性折扣契约时，在三种不同联盟结构下，三个零售商的利润具有如下的关系：

（1）当 $b\in[0,1/2]$时，对于零售商 1 和 2，

$$\Pi_1^{L_1^3-l}\left(\Pi_2^{L_1^3-l}\right)\leqslant\Pi_1^{L_3^3-l}\left(\Pi_2^{L_3^3-l}\right)\leqslant\Pi_1^{L_2^3-l}\left(\Pi_2^{L_2^3-l}\right)$$

对于零售商 3，$\Pi_3^{L_2^3-l}\leqslant\Pi_3^{L_1^3-l}\leqslant\Pi_3^{L_3^3-l}$。

（2）当 $b\in[1/2,2/3]$时，对于零售商 1 和 2，

$$\Pi_1^{L_2^3-l}\left(\Pi_2^{L_2^3-l}\right)\leqslant\Pi_1^{L_1^3-l}\left(\Pi_2^{L_1^3-l}\right)\leqslant\Pi_1^{L_3^3-l}\left(\Pi_2^{L_3^3-l}\right)$$

对于零售商 3，$\Pi_3^{L_1^3-l}\leqslant\Pi_3^{L_2^3-l}\leqslant\Pi_3^{L_3^3-l}$。

（3）当 $b\in[2/3,1)$时，对于零售商 1 和 2，

$$\Pi_1^{L_2^3-l}\left(\Pi_2^{L_2^3-l}\right)\leqslant\Pi_1^{L_1^3-l}\left(\Pi_2^{L_1^3-l}\right)\leqslant\Pi_1^{L_3^3-l}\left(\Pi_2^{L_3^3-l}\right)$$

对于零售商 3，$\Pi_3^{L_1^3-l}\leqslant\Pi_3^{L_3^3-l}\leqslant\Pi_3^{L_2^3-l}$。

性质 5.3.3 说明，在线性折扣契约下：①如果制造商提供的折扣比例较低（$b\in[0,1/2]$），零售商 1 和 2 在仅由它们二者联合采购形成的联盟结构中利润最高，而零售商 3 则在大联盟中的利润最高；②如果制造商提供的折扣比例较高（$b\in[1/2,2/3]$），三个零售商均在大联盟（三个零售商的联合采购联盟）中利润达到最高，零售商 1 和 2 在二者联合采购之后的利润比三个零售商独立订货时的利润低，但是，零售商 3 在零售商 1 和 2 形成联合采购联盟之后的利润比三个零售商互不结盟时的利润高；③如果制造商提供的折扣比例很高（$b\in[2/3,1)$），零售商 1 和 2 的利润关系与 $b\in[1/2,2/3]$是一致的，但是，零售商 3 在零售商 1 和 2 结盟的联盟结构中利润最高，在大联盟中的利润次之，而在各自独立订货的联盟结构中最低。

这是因为：①如果制造商提供的折扣比例较低，零售商 1 和 2 加入大联盟使得订货成本降低的正效应，低于总订货量上升而使产品出清价格降低的负效应，因此，零售商 1 和 2 在大采购联盟中的利润比在仅由它们二者联合采购时的利润低，而零售商 3 的利润则相反；②如果制造商提供较高的折扣比例，零售商 1、2 和 3 在大联盟中订货成本降低带来的正效应，都高于总订货量上升使产品出清价格降低的负效应；③如果制造商提供的折扣比例很高，则零售商 3 加入大联盟虽然使订货量增加，但是却导致了零售市场上的竞争更加激烈，使得订货成本降低所带来的正效应，低于产品出清价格降低带来的负效应，因此零售商 3 在大联盟中的利润较低，而零售商 1 和 2 则相反。

性质 5.3.4：制造商提供线性折扣契约时，在仅有两个零售商结盟的联盟结构中，联盟外零售商与联盟内零售商间的利润关系如下：

（1）当 $b\in[0,1/2]$时，$\Pi_3^{L_2^3_l} \leqslant \Pi_1^{L_2^3_l}\left(\Pi_2^{L_2^3_l}\right)$；

（2）当 $b\in[1/2,1]$）时，$\Pi_1^{L_2^3\_l}\left(\Pi_2^{L_2^3\_l}\right) \leqslant \Pi_3^{L_2^3\_l}$。

性质 5.3.4 说明，在线性折扣契约下，当制造商提供线性折扣契约时，在零售商 1 和零售商 2 联合采购的联盟结构中，如果制造商提供的折扣比例较低（$b\in[0,1/2]$），则联盟内零售商的利润高于联盟外零售商的利润；如果制造商提供的折扣比例较高（$b\in[1/2,1]$），则联盟内零售商的利润低于联盟外零售商的利润。

2. 两部收费制折扣契约 t

由于仅零售商 1 和 2 形成采购联盟时，零售商 1、2 和 3 进行数量竞争存在两组不同的 Nash 均衡解，本小节将对这两种情况分别进行讨论。

首先，如果零售商 1、2 和 3 进行数量竞争的 Nash 均衡解为 $L_2^3\_3$，则与上面的讨论类似可以得到如下的性质 5.3.5~性质 5.3.9。

性质 5.3.5：制造商提供两部收费制折扣契约时，如果两个零售商的联合采购联盟的均衡解为 $L_2^3\_3$，则在三种不同联盟结构下，三个零售商的订货量具有如下的关系：

（1）对于零售商 1 和 2，$q_1^{L_2^3\_t1}\left(q_2^{L_2^3\_t1}\right) \leqslant q_1^{L_3^3\_t1}\left(q_2^{L_3^3\_t1}\right) \leqslant q_1^{L_1^3\_t1}\left(q_2^{L_1^3\_t1}\right)$；

（2）对于零售商 3，$q_3^{L_3^3\_t1} \leqslant q_3^{L_1^3\_t1} \leqslant q_3^{L_2^3\_t1}$。

性质 5.3.6：制造商提供两部收费制折扣契约时，如果两个零售商的联合采购联盟的均衡解为 $L_2^3\_3$，在仅有两个零售商结盟的联盟结构中，联盟外零售商与联盟内零售商间的利润关系为 $q_1^{L_2^3\_t1}\left(q_2^{L_2^3\_t1}\right) \leqslant q_3^{L_2^3\_t1}$。

性质 5.3.7：制造商提供两部收费制折扣契约时，如果两个零售商的联合采购联盟的均衡解为 $L_2^3\_3$，在三种不同联盟结构下，三个零售商的利润关系为 $\Pi_i^{L_1^3\_t1} \leqslant \Pi_i^{L_2^3\_t1} \leqslant \Pi_i^{L_3^3\_t1}$（$i$=1,2,3）。

性质 5.3.7 说明，制造商提供两部收费制折扣契约时，如果两个零售商的联合采购联盟的均衡解为 $L_2^3\_3$，无论制造商提供的折扣比例如何，三个零售商都在大联盟中的利润最高，在两个零售商结盟的利润次之，而在各自独立订货的联盟结构中最低。

性质 5.3.8：制造商提供两部收费制折扣契约时，如果两个零售商的联合采购联盟的均衡解为 $L_2^3\_3$，在仅有两个零售商结盟的联盟结构中，联盟外零售商与联盟内零售商间的利润关系为 $\Pi_1^{L_2^3\_t1}\left(\Pi_2^{L_2^3\_t1}\right) \leqslant \Pi_3^{L_2^3\_t1}$。

其次，如果零售商 1、2 和 3 进行数量竞争的 Nash 均衡解为 $L_2^3\_4$，则与上面的讨论类似可以得到如下的性质 5.3.9~性质 5.3.12。

性质 5.3.9：制造商提供两部收费制折扣契约时，如果两个零售商的联合采购联盟的均衡解为 $L_2^3\_4$，在三种不同联盟结构下，三个零售商的订货量具有如下的关系：

（1）对于零售商 1 和 2，$q_1^{L_2^3-t2}\left(q_2^{L_2^3-t2}\right) \leqslant q_1^{L_3^3-t2}\left(q_2^{L_3^3-t2}\right) \leqslant q_1^{L_1^3-t2}\left(q_2^{L_1^3-t2}\right)$；

（2）对于零售商 3，$q_3^{L_1^3-t2} \leqslant q_3^{L_3^3-t2} \leqslant q_3^{L_2^3-t2}$。

性质 5.3.10：制造商提供两部收费制折扣契约时，如果两个零售商的联合采购联盟的均衡解为 $L_2^3\_4$，在仅有两个零售商结盟的联盟结构中，联盟外零售商与联盟内零售商间的利润关系为 $q_1^{L_2^3-t2}\left(q_2^{L_2^3-t2}\right) \leqslant q_3^{L_2^3-t2}$。

性质 5.3.11：制造商提供两部收费制折扣契约时，如果两个零售商的联合采购联盟的均衡解为 $L_2^3\_4$，在三种不同联盟结构下，三个零售商的利润具有如下的关系：

（1）对于零售商 1 和 2，$\Pi_1^{L_2^3-t2}\left(\Pi_2^{L_2^3-t2}\right) \leqslant \Pi_1^{L_1^3-t2}\left(\Pi_2^{L_1^3-t2}\right) \leqslant \Pi_1^{L_3^3-t2}\left(\Pi_2^{L_3^3-t2}\right)$；

（2）对于零售商 3，$\Pi_3^{L_1^3-t2} \leqslant \Pi_3^{L_3^3-t2} \leqslant \Pi_3^{L_2^3-t2}$。

性质 5.3.11 说明，制造商提供两部收费制折扣契约时，如果两个零售商的联合采购联盟的均衡解为 $L_2^3\_4$，当零售商 1 和 2 结盟时，它们（零售商 1 和 2）各自的利润最低，而在大联盟中它们的利润达到最高，独立订货时的利润则介于两者之间。而对于零售商 3，则在仅零售商 1 和 2 结盟时的利润最高，而大联盟的利润次之，在各自独立订货时的利润最低。

性质 5.3.12：制造商提供两部收费制折扣契约时，如果两个零售商的联合采购联盟的均衡解为 $L_2^3\_4$，在仅有两个零售商结盟的联盟结构中，联盟外零售商与联盟内零售商间的利润关系为 $\Pi_1^{L_2^3-t2}\left(\Pi_2^{L_2^3-t2}\right) \leqslant \Pi_3^{L_2^3-t2}$。

5.3.4　联合采购联盟的稳定结构

1. 零售商对联盟结构的偏好顺序

本部分在不同的情形下，分别讨论零售商对联盟结构的偏好顺序，根据性质 5.3.3 和性质 5.3.4 可知，制造商提供线性折扣契约时有性质 5.3.13 成立。

性质 5.3.13：如果制造商提供线性折扣契约，则三个零售商对联盟结构的偏好顺序如下。

（1）当 $b\in[0,1/2]$时，

$\{(23),1\}\prec_1\{1,2,3\}\prec_1\{(123)\}\prec_1\{(12),3\}\sim_1\{(13),2\}$，

$\{(13),2\}\prec_2\{1,2,3\}\prec_2\{(123)\}\prec_2\{(12),3\}\sim_2\{(23),1\}$，

$$\{(12),3\}\prec_3\{1,2,3\}\prec_3\{(123)\}\prec_3\{(13),2\}\sim_3\{(23),1\}.$$

（2）当 $b\in[1/2,2/3]$时，

$$\{(12),3\}\sim_1\{(13),2\}\prec_1\{1,2,3\}\prec_1\{(23),1\}\prec_1\{(123)\},$$

$$\{(12),3\}\sim_2\{(23),1\}\prec_2\{1,2,3\}\prec_2\{(13),2\}\prec_2\{(123)\},$$

$$\{(13),2\}\sim_3\{(23),1\}\prec_3\{1,2,3\}\prec_3\{(12),3\}\prec_3\{(123)\}.$$

（3）当 $b\in[2/3,1)$时，

$$\{(12),3\}\sim_1\{(13),2\}\prec_1\{1,2,3\}\prec_1\{(123)\}\prec_1\{(23),1\},$$

$$\{(12),3\}\sim_2\{(23),1\}\prec_2\{1,2,3\}\prec_2\{(123)\}\prec_2\{(13),2\},$$

$$\{(13),2\}\sim_3\{(23),1\}\prec_3\{1,2,3\}\prec_3\{(123)\}\prec_3\{(12),3\}.$$

根据性质 5.3.7 和性质 5.3.8 可知，如果制造商提供两部收费制折扣契约，且两个零售商的联合采购联盟下的均衡解为 $L_2^3\_3$，则有性质 5.3.14 成立。

性质 5.3.14：如果制造商提供两部收费制折扣契约，且两个零售商的联合采购联盟下的均衡解为 $L_2^3\_3$，则三个零售商对联盟结构的偏好顺序如下。

$$\{1,2,3\}\prec_1\{(12),3\}\sim_1\{(13),2\}\prec_1\{(23),1\}\prec_1\{(123)\},$$

$$\{1,2,3\}\prec_2\{(12),3\}\sim_2\{(23),1\}\prec_2\{(13),2\}\prec_2\{(123)\},$$

$$\{1,2,3\}\prec_3\{(13),2\}\sim_3\{(23),1\}\prec_3\{(12),3\}\prec_3\{(123)\}.$$

根据性质 5.3.11 和性质 5.3.12 可知，如果制造商提供两部收费制折扣契约，且两个零售商的联合采购联盟下的均衡解为 $L_2^3\_4$，有性质 5.3.15 成立。

性质 5.3.15：如果制造商提供两部收费制折扣契约，且两个零售商的联合采购联盟下的均衡解为 $L_2^3\_4$，则三个零售商对联盟结构的偏好顺序如下。

$$\{(12),3\}\sim_1\{(13),2\}\prec_1\{1,2,3\}\prec_1\{(123)\}\prec_1\{(23),1\},$$

$$\{(12),3\}\sim_2\{(23),1\}\prec_2\{1,2,3\}\prec_2\{(123)\}\prec_2\{(13),2\},$$

$$\{(13),2\}\sim_3\{(23),1\}\prec_3\{1,2,3\}\prec_3\{(123)\}\prec_3\{(12),3\}.$$

2. 不同数量折扣契约下，联合采购联盟的稳定结构

本部分根据零售商对联盟结构的偏好，分析基于订货量竞争下零售商联合采购联盟在远视意义下的稳定结构，得到了定理 5.3.1 和定理 5.3.2。

定理 5.3.1：如果制造商提供线性折扣契约，则

（1）当 $b\in[0,1/2]$时，基于订货量竞争下零售商联合采购联盟的远视稳定结构为 L_2^3，即 $L_2^3\in\mathrm{LCS}$。

（2）当 $b\in[1/2,1)$时，基于订货量竞争下零售商联合采购联盟的远视稳定结构为 $L_3^3\in\mathrm{LCS}$。

证明：第一，当 $b\in[0,1/2]$时。

若联盟结构为 $L=L_1^3=\{1,2,3\}$，假设零售商 1 和 2 从该联盟结构中“叛逃”出去形成联盟结构 $V=L_2^3=\{(12),3\}$，即 $L=\{1,2,3\}\rightarrow_{1,2}\{(12),3\}=V$。因为$\{1,2,3\}\prec_{1,2}\{(12),3\}$，所以，当且仅当我们能找到一种联盟结构 $B\neq\{(12),3\}$，使得$\{(12),3\}\ll B$ 并且$\{1,2,3\}\not\prec_{1,2}B$ 时，$L_1^3=\{1,2,3\}\in \mathrm{LCS}$。由于$\{(123)\}\prec_{1,2}\{(12),3\}$，从而 B 不可能是$\{(123)\}$，此外，由于任意的零售商或零售商联盟从$\{(12),3\}$中“叛逃”出来，必定包含零售商 1 或 2，从而 $B=\{1,2,3\}$、$\{(13),2\}$或者$\{(23),1\}$都不能满足$\{(12),3\}\ll B$。因此，$L_1^3\notin \mathrm{LCS}$。

若联盟结构为 $L=L_3^3=\{(123)\}$，假设零售商 2 和 3 从大联盟 L_3^3中“叛逃”出去形成联盟结构$\{(23),1\}$，即 $L=\{(123)\}\rightarrow_{2,3}\{(23),1\}=V$。由于$\{1,2,3\}\prec_{1,2,3}\{(123)\}$和$\{(123)\}\prec_{2,3}\{(23),1\}$，所以，当且仅当我们能找到一个联盟结构 $B\neq\{1,2,3\}$和$\{(23),1\}$，使得$\{(23),1\}\ll B$ 并且$\{(123)\}\not\prec_{2,3}B$ 时，$\{(123)\}\in \mathrm{LCS}$。与上面的讨论相似，可知$\{(123)\}$、$\{(12),3\}$和$\{(13),2\}$都不能使得$\{(23),1\}\ll B$ 成立。因此，$L_3^3\notin \mathrm{LCS}$。

若联盟结构为 $L=L_2^3$，不妨假设 L 为$\{(12),3\}$，考虑如下几种情形：①零售商 1“叛逃”形成联盟结构$\{1,2,3\}$将不会发生；②零售商 1 和 3 结盟“叛逃”形成联盟结构$\{(13),2\}$，即$\{(12),3\}\rightarrow_{1,3}\{(13),2\}$，将会被 $B=V=\{(13),2\}$阻止，其他的两个零售商的联合“叛逃”也将被阻止；③所有零售商“叛逃”形成大联盟 L_3^3，$V=\{(123)\}$，将会被随后的一系列“叛逃”阻止，即$\{(12),3\}\rightarrow_{1,2,3}\{(123)\}\rightarrow_{1,2}\{(12),3\}$。而$\{(12),3\}\not\prec_{1,2,3}\{(12),3\}$，$\{(123)\}\rightarrow_{1,2}\{(12),3\}$，$\{(123)\}\prec_{1,2}\{(12),3\}$，因此，$L_2^3\in \mathrm{LCS}$。

第二，当 $b\in[1/2,2/3]$时。

若联盟结构为大联盟 $L=L_3^3$，如果任何零售商或者零售商结盟从大联盟中“叛逃”出去，形成联盟结构 $V=L_1^3$或者 L_2^3，则根据零售商对联盟结构的偏好，可知存在联盟结构 $B=L_3^3$使得 $V\ll B$ 且 $L\not\prec_S B$ 成立，即 $L_3^3\in \mathrm{LCS}$。

若联盟结构为 $L=L_2^3$，不妨以零售商 1 和 2 结盟为例，即 $L=\{(12),3\}$。若零售商 1、2 和 3 结成大联盟$\{(123)\}$，则不存在联盟结构 $B=L_3^3$使得 $V=B$ 或 $V\ll B$ 且 $L\not\prec_S B$ 成立。从而，$L_2^3\notin \mathrm{LCS}$。

最后，考虑联盟结构为 L_1^3，则与 $L=L_2^3$ 的讨论类似，可知 $L_1^3\notin \mathrm{LCS}$。

第三，当 $b\in[2/3,1)$ 时。

若联盟结构为大联盟$L_3^3=\{(123)\}$，则一个或两个零售商一步“叛逃”之后的联盟结构为$V=L_2^3$。

假设零售商3从大联盟L_3^3“叛逃”形成联盟结构$\{(12),3\}$，则零售商3的叛逃可能被如下一系列“叛逃”阻止：$\{(123)\}\rightarrow_3\{(12),3\}\rightarrow_1\{1,2,3\}\rightarrow_{1,2,3}\{(123)\}$。令$B=\{(123)\}$，由于$\{(12),3\}\prec_1\{(123)\}$，并且$\{1,2,3\}\prec_{1,2,3}\{(123)\}$，故$L_3^3\in$ LCS $V=\{(12),3\}<<B=\{(123)\}$，并且$L=\{(123)\}\not\prec_S\{(123)\}=B$。同理可证，零售商1和2从大联盟$L_3^3$中“叛逃”出来也会被阻止。

与以上的证明相似，可以知道其他一个零售商或两个零售商的结盟“叛逃”都将会被阻止，说明大联盟$L_3^3\in$LCS。

当联盟结构为L_2^3时，假设$L=\{(12),3\}$，零售商1从该联盟结构中“叛逃”出来形成联盟结构$\{1,2,3\}=V$，考虑以下几种情形：①$B=V=\{1,2,3\}$，但是$\{(12),3\}\prec_1\{(1,2,3)\}$，即$L\prec_1 B$；②$B=\{(12),3\}$，但是$\{1,2,3\}\setminus<<\{(12),3\}$，即$V\setminus<<B$，其他的两个零售商结盟的情况类似；③$B=\{(123)\}$，但是$\{(12),3\}\prec_1\{(123)\}$，即$L\prec_1 B$。

综上可知,不存在联盟结构B使得$V=B$或$V<<B$,且$L\not\prec_S B$,说明$L_2^3\notin$LCS。

若联盟结构为L_1^3，由于零售商1、2和3结盟“叛逃”出来形成大联盟L_3^3是稳定的联盟结构，并且$L_1^3\prec_{1,2,3}L_3^3$，所以，联盟结构$L_1^3\notin$LCS。

综上可知，当$b\in[0,1/2]$时，订货量竞争下零售商联合采购联盟的远视稳定结构为L_2^3，即$L_2^3\in$LCS；当$b\in[1/2,1)$时，订货量竞争下零售商联合采购联盟的远视稳定结构为$L_3^3\in$LCS。

与定理5.3.1的证明类似，在制造商提供两部收费制折扣契约的供应链中，我们可以得到零售商横向竞争下联合采购联盟的远视稳定结构（定理5.3.2）。

定理5.3.2：如果制造商提供两部收费制折扣契约，订货量竞争下零售商联合采购联盟的远视稳定结构为L_3^3。

此外，附录C中附表5.4和附表5.6中的数值例子表明，在由其他参数所构成的数量折扣契约情形下，供应链中零售商订货量竞争下联合采购联盟的稳定结构依然为L_3^3，说明对于制造商所提供的大多数数量折扣契约形式，零售商基本都会以联合采购的大联盟为稳定结构。

5.3.5 本部分小结

本部分针对实际中相互基于订货量竞争的相纸采购联盟，在由单一制造商和三个基于订货量竞争的零售商所组成的两层供应链系统中，采用合作博弈论中描述远视参与者的最大一致集概念，对于制造商所提供的不同数量折扣契约形式，分别研究了基于订货量竞争的零售商联合采购联盟的远视稳定结构。研究发现，如果制造商向零售商提供线性折扣契约，则根据制造商提供的折扣比例不同，基于订货量竞争的零售商联合采购联盟的稳定结构是不同的。当折扣比例较低（小于 0.5）时，基于订货量竞争的零售商会形成仅两个零售商联合采购的联盟结构，将第三个零售商排除在联盟之外；而当折扣比例较高（大于 0.5）时，基于订货量竞争的远视零售商将只会形成大联盟，以增强共同的竞争力。但是，当制造商向零售商提供两部收费制折扣契约时，无论制造商所提供的折扣比例如何变化，基于订货量竞争的零售商都以三个零售商联合采购的大联盟为稳定结构。此外，还通过数值例子表明，在大多数的数量折扣契约形式下，基于订货量竞争的零售商联合采购联盟都会以大联盟为稳定结构。本部分在上游制造商提供的不同折扣数量折扣契约形式下，为实际中基于订货量竞争的零售商形成联合采购联盟提供了可操作的结盟建议。

附录 A　三种博弈框架下订货量和批发价的求解

1. 制造商 Stackelberg 模型中订货量和批发价的求解

采用逆向归纳法进行求解。

（1）互不结盟时，求零售商 i 的利润函数 $\pi_i^{L_1^S}=\left(p_i^{L_1^S}-w^{L_1^S}\right)q_i^{L_1^S}$ 取最大值时的 $q_i^{L_1^S}$，有

$$q_i^{L_1^S}=(A-w^{L_1^S})/[2\beta(1+b)]$$

代入

$$\pi_0^{L_1^S}=\sum_{i=1}^{3}\left(w^{L_1^S}-c\right)q_i^{L_1^S}=3\left(w^{L_1^S}-c\right)(A-w^{L_1^S})/[2\beta(1+b)]$$

关于 $w^{L_1^S}$ 求导并令其等于 0，有 $w^{L_1^S}=(\alpha+c)/2$，从而 $q_i^{L_1^S}=(\alpha-c)/[4\beta(1+b)]$ $(i=1,2,3)$。

（2）两个零售商结盟时，对联盟利润 $\pi_C^{L_2^S}=\left(p_C^{L_2^S}-w^{L_2^S}\right)q_C^{L_2^S}$ 关于 $q_C^{L_2^S}$ 求导并令其等于 0，$\pi_{\bar{C}}^{L_2^S}=\left(p_{\bar{C}}^{L_2^S}-w^{L_2^S}\right)q_{\bar{C}}^{L_2^S}$ 关于 $q_{\bar{C}}^{L_2^S}$ 求导并令其等于 0，可以建立方程组

$$\begin{cases}-\beta(1+b)q_C^{L_2^S}+\left(p_C^{L_2^S}-w^{L_2^S}\right)=0\\ -\beta q_{\bar{C}}^{L_2^S}+\left(pq_{\bar{C}}^{L_2^S}-w^{L_2^S}\right)=0\end{cases}$$

求解方程组后有

$$q_C^{L_2^S}=(2-b)(A-w^{L_2^S})\big/\left[2\beta(2+2b-b^2)\right],\ q_{\bar{C}}^{L_2^S}=(A-w^{L_2^S})\big/\beta(2+2b-b^2)$$

从而

$$\pi_0^{L_2^S}=\left(w^{L_2^S}-c\right)\left(q_{\bar{C}}^{L_2^S}+2q_C^{L_2^S}\right)=\left(w^{L_2^S}-c\right)(2-b)(A-w^{L_2^S})\big/\left[2\beta(2+2b-b^2)\right]$$

关于 $w^{L_2^S}$ 求导并令其等于 0，有 $w^{L_2^S}=(\alpha+c)/2$，从而

$$q_C^{L_2^S}=(\alpha-c)(2-b)\big/\left[4\beta(2+2b-b^2)\right],q_{\bar{C}}^{L_2^S}=(\alpha-c)\big/\left[2\beta(2+2b-b^2)\right]$$

（3）三个零售商结盟时，对 $\pi_i^{L_3^S}=\left(p^{L_3^S}-w^{L_3^S}\right)q^{L_3^S}$ 关于 $q^{L_3^S}$ 求导并令其等于 0，从而可以得到 $q^{L_3^S}=A-w^{L_3^S}/2\beta(1+2b)$，代入后有 $\pi_0^{L_3^S}=3\left(w^{L_3^S}-c\right)q^{L_3^S}=3\left(w^{L_3^S}-c\right)\left(A-w^{L_3^S}\right)\big/\left[2\beta(1+2b)\right]$，对其关于 $w^{L_3^S}$ 求导，并令其等于 0，有 $w^{L_3^S}=(\alpha+c)/2$，从而 $q_i^{L_3^S}=(\alpha-c)\big/\left[4\beta(1+2b)\right]$。

2. 垂直 Nash 模型中订货量和批发价格的求解

记零售商 i 的边际收益为 m_i，即 $p_i^{L^V}=w^{L^V}+m_i$。

（1）互不结盟时，对零售商 i 的利润函数 $\pi_i^{L_1^V}=\left(p_i^{L_1^V}-w^{L_1^V}\right)q_i^{L_1^V}(i=1,2,3)$ 关于 $q_i^{L_1^V}$ 求导并令其等于0,同时对制造商的利润函数 $\pi_0^{L_1^V}=\sum_{i=1}^{3}\left(w^{L_1^V}-c\right)q_i^{L_1^V}$ 关于 $w^{L_1^V}$ 求导令其等于 0，有

$$\begin{cases}A-w^{L_1^V}=2\beta(1+b)q_i^{L_1^V},\ i=1,2,3\\ q_1^{L_1^V}+q_2^{L_1^V}+q_3^{L_1^V}-3\left(w^{L_1^V}-c\right)(1+b)\big/\left[\beta(1+2b)(1-b)\right]=0\end{cases}$$

其中，$\dfrac{\partial q_i^{L_1^V}}{\partial w^{L_1^V}}=\dfrac{\partial q_i^{L_1^V}}{\partial p_1^{L_1^V}}\cdot\dfrac{\partial p_1^{L_1^V}}{\partial w^{L_1^V}}+\dfrac{\partial q_i^{L_1^V}}{\partial p_2^{L_1^V}}\cdot\dfrac{\partial p_2^{L_1^V}}{\partial w^{L_1^V}}+\dfrac{\partial q_i^{L_1^V}}{\partial p_3^{L_1^V}}\cdot\dfrac{\partial p_3^{L_1^V}}{\partial w^{L_1^V}}=-\dfrac{1}{1+2b}$，求解上述方程组，可得

$$w^{L_1^V}=\left[(1+2b)\alpha+2(1+b)c\right]\big/(3+4b),q_i^{L_1^V}=(\alpha-c)\big/\left[\beta(3+4b)\right],i=1,2,3$$

（2）两个零售商结盟时，对 $\pi_{\bar{C}}^{L_2^V}=\left(p_{\bar{C}}^{L_2^V}-w^{L_2^V}\right)q_{\bar{C}}^{L_2^V}$ 关于 $q_{\bar{C}}^{L_2^V}$ 求导并令其等于 0，对 $\pi_C^{L_2^V}=\left(p_C^{L_2^V}-w^{L_2^V}\right)q_C^{L_2^V}$ 关于 $q_C^{L_2^V}$ 求导并令其等于 0，同时对 $\pi_0^{L_2^V}=\left(w^{L_2^V}-c\right)\left(q_{\bar{C}}^{L_2^V}+2q_C^{L_2^V}\right)$ 关于 $w^{L_2^V}$ 求导令其等于 0，建立方程组

$$\begin{cases}2q_C^{L_2^V}+q_{\bar{C}}^{L_2^V}+\left(w^{L_2^V}-c\right)\left(-3/(1+2b)\right)=0\\A-2\beta(1+b)q_C^{L_2^V}-\beta q_{\bar{C}}^{L_2^V}-w^{L_2^V}=0\\A-2\beta bq_C^{L_2^V}-2\beta q_{\bar{C}}^{L_2^V}-w^{L_2^V}=0\end{cases}$$

其中，$\dfrac{\partial q_C^{L_2^V}}{\partial w^{L_1^V}}=\dfrac{\partial q_C^{L_2^V}}{\partial p_{\bar{C}}^{L_2^V}}\dfrac{\partial p_{\bar{C}}^{L_2^V}}{\partial w^{L_1^V}}+\dfrac{\partial q_C^{L_2^V}}{\partial p_C^{L_2^V}}\dfrac{\partial p_C^{L_2^V}}{\partial w^{L_1^V}}=-\dfrac{1}{1+2b}$；$\dfrac{\partial q_{\bar{C}}^{L_2^V}}{\partial w^{L_1^V}}=\dfrac{\partial q_{\bar{C}}^{L_2^V}}{\partial p_{\bar{C}}^{L_2^V}}\dfrac{\partial p_{\bar{C}}^{L_2^V}}{\partial w^{L_1^V}}+\dfrac{\partial q_{\bar{C}}^{L_2^V}}{\partial p_C^{L_2^V}}\dfrac{\partial p_C^{L_2^V}}{\partial w^{L_1^V}}=-\dfrac{1}{1+2b}$。求解上述方程组有

$$w^{L_2^V}=\left[(3+5b-2b^2)\alpha+(6+6b-3b^2)c\right]\big/(9+11b-5b^2)$$

$$q_C^{L_2^V}=3(\alpha-c)(2-b)\big/\left[2\beta(9+11b-5b^2)\right],\quad q_{\bar{C}}^{L_2^V}=3(\alpha-c)\big/\left[\beta(9+11b-5b^2)\right]$$

（3）三个零售商结盟时，对制造商利润函数 $\pi_0^{L_3^V}=3\left(w^{L_3^V}-c\right)q^{L_3^V}$ 关于 $w^{L_3^V}$ 求导并令其等 0，同时对零售商利润函数 $\pi_i^{L_3^V}=\left(p^{L_3^V}-w^{L_3^V}\right)q^{L_3^V}$ 关于 $q^{L_3^V}$ 求导并令其等于 0，建立方程组

$$\begin{cases}q^{L_3^V}-\left(w^{L_3^V}-c\right)\big/[\beta(1+2b)]=0\\A-2\beta(1+b)q^{L_3^V}-w^{L_3^V}=0\end{cases}$$

其中，$\dfrac{\partial q^{L_3^V}}{\partial w^{L_3^V}}=-1/(1+2b)$，求解上述方程组有 $w^{L_3^V}=(\alpha+2c)/3$，$q_i^{L_3^V}=(\alpha-c)/\left[3\beta(1+2b)\right]$。

3. 零售商 Stackelberg 模型中订货量和批发价的求解

求解方法类似于前面两种模型，这里从略。

附录 B　定理 5.2.1 和定理 5.2.4 的证明

1. 定理 5.2.1 的证明

（1）先证明当 $0\leqslant b<0.555$ 时 L_1^S 和 L_3^S 都不是 Nash 稳定的。由性质 5.2.1 中的（3）可知，当联盟结构为 $L_1^S=\{1,2,3\}$ 时，由于 $\pi_i^{L_1^S}<\pi_C^{L_2^S}$，所以对 $L_1^S=\{1,2,3\}$ 内的任意两个零售商而言，结盟以后利润都会变大，也就是任意两个零售商都有结盟的动机，联盟结构此时变成 L_2^S，联盟结构 L_1^S 不是 Nash 稳定的；当联盟结构为 $L_3^S=\{N\}$ 时，由于 $\pi_i^{L_3^S}<\pi_{\bar{C}}^{L_2^S}$，所以大联盟内的某个零售商经过一步叛逃以后，联盟 $L_3^S=\{N\}$ 变成 L_2^S 时对联盟外的零售商更有利，联盟结构 L_3^S 不是 Nash 稳定

的。当零售商联盟结构为 $L_2^{\mathrm{S}}=\{(12),3\},\{(13),2\},\{(23),1\}$ 时，不论是联盟内的零售商或者是联盟外的零售商，一步“叛逃”以后都不能使得利润增加，因此零售商联盟结构 L_2^{S} 是 Nash 稳定的；

（2）当 $0<b<0.555$ 时，由性质 5.2.1 中的 $\pi_C^{L_2^{\mathrm{S}}}<\pi_i^{L_1^{\mathrm{S}}}<\pi_i^{L_3^{\mathrm{S}}}<\pi_{\bar{C}}^{L_2^{\mathrm{S}}}$ 知：首先 $L_1^{\mathrm{S}}=\{1,2,3\}$ 不是 Nash 稳定的，因为从 $\pi_i^{L_1^{\mathrm{S}}}<\pi_i^{L_3^{\mathrm{S}}}$ 中我们知道三个零售商有结盟的动机；其次 L_2^{S} 不是 Nash 稳定的，因为从 $\pi_C^{L_2^{\mathrm{S}}}<\pi_i^{L_1^{\mathrm{S}}}$ 中很容易看出联盟内的零售商有“叛逃”的动机；最后 L_3^{S} 都不是 Nash 稳定的，这与（1）中的类似。

2. 定理 5.2.4 的证明

（1）当 $0<b<0.555$ 时，由性质 5.2.4 可知，零售商 i 的联盟偏好关系是

$$L_1^{\mathrm{S}} \prec_i L_2^{\mathrm{S}} \prec_C L_3^{\mathrm{S}} \prec_{\bar{C}} L_2^{\mathrm{S}}$$

首先，考虑当前的联盟结构为 $L=L_2^{\mathrm{S}}$，不妨假设 $L_2^{\mathrm{S}}=\{(12),3\}$，则参与人一步“叛逃”之后的联盟结构为 $V=L_1^{\mathrm{S}}$ 或者 L_3^{S}。

如果 $V=L_1^{\mathrm{S}}$，则 $S=\{1\}$ 或者 $S=\{2\}$。考虑如下的叛逃过程：$\{1,2,3\}\rightarrow_{1,2}\{(12),3\}$，由于 $\{1,2,3\}\prec_{1,2}\{(12),3\}$，如果记 $B=\{(12),3\}$，则有 $V<<B$，但是 $L\nprec_S B$；如果 $V=L_3^{\mathrm{S}}$，则 $S=\{1,2,3\}$，令 $B=L_3^{\mathrm{S}}$，我们有 $V=B$，但是 $L\nprec_S B$。

综合以上，根据最大一致集的定义我们有 $L_2^{\mathrm{S}}\in \mathrm{LCS}$。

其次，考虑联盟结构为大联盟 $L=L_3^{\mathrm{S}}=\{N\}$，则任意一个或两个参与人一步“叛逃”之后的联盟结构为 $V=L_2^{\mathrm{S}}$。不妨假设 $L_2^{\mathrm{S}}=\{(12),3\}$，则 $S=\{1,2\}$ 或者 $S=\{3\}$。考虑如下的叛逃过程：$\{(12),3\}\rightarrow_1\{1,2,3\}\rightarrow_{1,2,3}\{N\}$，由于 $\{(12),3\}\prec_1\{N\}$ 并且 $\{1,2,3\}\prec_{1,2,3}\{N\}$，如果记 $B=\{N\}$，则有 $V=\{(12),3\}<<\{N\}=B$，但是显然 $L\nprec_S B$，根据最大一致集的定义我们有 $\{(012)\}\in \mathrm{LCS}$。

最后，若联盟结构为 $L=L_1^{\mathrm{S}}$，则一步“叛逃”之后的联盟结构为 $V=L_2^{\mathrm{S}}$ 或者 L_3^{S}，可以发现不能找到联盟结构 B 满足 $V=B$ 或者 $V<<B$，使得 $L\nprec_S B$。因此 $L_1^{\mathrm{S}}\notin \mathrm{LCS}$。

（2）当 $0.555<b<1$ 时，由性质 5.2.4 可知，零售商 i 的联盟偏好关系是

$$L_2^{\mathrm{S}} \prec_C L_1^{\mathrm{S}} \prec_i L_3^{\mathrm{S}} \prec_{\bar{C}} L_2^{\mathrm{S}}$$

$L_3^{\mathrm{S}}\in \mathrm{LCS}$ 和 $L_1^{\mathrm{S}}\notin \mathrm{LCS}$ 的证明与（1）中的类似。下面证明当 $0.555<b<1$ 时 $L_2^{\mathrm{S}}\notin \mathrm{LCS}$。

当联盟结构为 $L=L_2^{\mathrm{S}}$，不妨假设 $L_2^{\mathrm{S}}=\{(12),3\}$，则参与人一步“叛逃”之后的联盟结构为 $V=L_1^{\mathrm{S}}$ 或者 L_3^{S}。

如果 $V=L_1^{\mathrm{S}}$，则 $S=\{1\}$ 或者 $S=\{2\}$，令 $B=L_1^{\mathrm{S}}$，我们有 $V=B$，并且 $L\prec_S B$；如果 $V=L_3^{\mathrm{S}}$，则 $S=\{1,2,3\}$，令 $B=L_3^{\mathrm{S}}$，我们有 $V=B$，并且 $L\prec_{1,2} B$。

综合以上，根据最大一致集的定义有 $L_2^{\mathrm{S}}\notin \mathrm{LCS}$。

采用类似于定理 5.2.1 和定理 5.2.4 中的方法可以证明定理 5.2.2、定理 5.2.3、定理 5.2.5、定理 5.2.6。

附录 C　不同联盟结构下的最优订货量和利润

附表 5-1　线性折扣契约下（$e=-1$，$d=-b$），联合采购联盟中零售商的订货量和利润

联盟结构		L_1^3	L_2^3		L_3^3
b		[0,1)	[0,1/3]∪[1/2,1)	[1/3,1/2]	[0,1)
			$L_2^3\_1$	$L_2^3\_2$	
$q_i^{(\ )\_l}$	1,2	$\frac{A-a}{4-2b}$	$\frac{(A-a)(1-2b)}{6b^2-12b+4}$	$\frac{A-a}{3-3b}$	$\frac{A-a}{4-4b}$
	3	$\frac{A-a}{4-2b}$	$\frac{(A-a)(1-3b)}{6b^2-12b+4}$	0	$\frac{A-a}{4-4b}$
$\Pi_i^{(\ )\_l}$	1,2	$\frac{(A-a)^2(1-b)}{4(b-2)^2}$	$\frac{(A-a)^2(1-2b)^2(1-b)}{4(3b^2-6b+2)^2}$	$\frac{(A-a)^2}{9(1-b)}$	$\frac{(A-a)^2}{16(1-b)}$
	3	$\frac{(A-a)^2(1-b)}{4(b-2)^2}$	$\frac{(A-a)^2(1-3b)^2(1-b)}{4(3b^2-6b+2)^2}$	0	$\frac{(A-a)^2}{16(1-b)}$

注：$0\leqslant b<1$ 且 $A>a>Ab$

附表 5-2　两部收费制折扣契约下（$e=1$，$d=b$），联合采购联盟中零售商的订货量和利润

联盟结构		L_1^3	L_2^3		L_3^3
			$L_2^3\_3$	$L_2^3\_4$	
$q_i^{(\ )\_l}$	1,2	$\frac{A-a}{4}$	$\frac{(A-a)+\sqrt{(A-a)^2-8b}}{8}$	$\frac{(A-a)-\sqrt{(A-a)^2-8b}}{8}$	$\frac{3(A-a)+\sqrt{9(A-a)^2-32b}}{24}$
	3	$\frac{A-a}{4}$	$\frac{3(A-a)-\sqrt{(A-a)^2-8b}}{8}$	$\frac{3(A-a)+\sqrt{(A-a)^2-8b}}{8}$	$\frac{3(A-a)+\sqrt{9(A-a)^2-32b}}{24}$
$\Pi_i^{(\ )\_l}$	1,2	$\frac{(A-a)^2}{16}-b$	$\frac{(A-a)^2+(A-a)\sqrt{(A-a)^2-8b}}{32}-\frac{3b}{8}$	$\frac{(A-a)^2-(A-a)\sqrt{(A-a)^2-8b}}{32}-\frac{3b}{8}$	$\frac{(A-a)\sqrt{9(A-a)^2-32b}}{96}+\frac{(A-a)^2}{32}-\frac{b}{6}$
	3	$\frac{(A-a)^2}{16}-b$	$\frac{5(A-a)^2-3(A-a)\sqrt{(A-a)^2-8b}}{32}-\frac{9b}{8}$	$\frac{5(A-a)^2+3(A-a)\sqrt{(A-a)^2-8b}}{32}-\frac{9b}{8}$	$\frac{(A-a)\sqrt{9(A-a)^2-32b}}{96}+\frac{(A-a)^2}{32}-\frac{b}{6}$

注：$b>0$，$A>a$ 且 $(A-a)^2>16b$

附表 5-3 当 e=0.1~1，d=10 时，联合采购联盟中零售商的最优订货量

q		0.1	0.2	0.3	0.4	0.5	0.6	0.7	0.8	0.9	1.0
$q_i^{L_1^3}$ (i=1,2,3)		23.358 1	23.940 2	24.328 3	24.583 3	24.748 7	24.854 5	24.921 0	24.961 9	24.986 2	25.000 0
$q_i^{L_2^3}$	i=1,2	23.408 9	23.985 2	24.347 1	24.574 4	24.717 8	24.809 0	24.867 9	24.906 5	24.932 2	24.949 9
	i=3	23.306 7	23.894 5	24.309 1	24.592 3	24.780 0	24.900 4	24.974 4	25.017 4	25.040 2	25.050 1
q_i^G (i=1,2,3)		23.316 2	23.879 3	24.260 9	24.516 1	24.685 3	24.796 6	24.869 3	24.916 5	24.947 0	24.966 6

附表 5-4 当 e=0.1~1，d=10 时，联合采购联盟中零售商的最大利润

$\Pi_i^{(\,)}$		0.1	0.2	0.3	0.4	0.5	0.6	0.7	0.8	0.9	1.0
Π_i^I (i=1,2,3)		528.557 4	547.764 7	563.848 4	577.020 4	587.625 8	596.055 2	602.689 5	607.870 9	611.893 1	615.000 0
$\Pi_i^{L_2^3}$	i=1,2	540.008 5	564.228 0	581.398 2	593.550 6	602.178 8	608.337 6	612.761 8	615.961 3	618.290 6	619.997 5
	i=3	526.189 0	545.616 5	562.930 9	577.458 8	589.160 0	598.319 0	605.341 1	610.641 0	614.592 0	617.507 5
Π_i^G (i=1,2,3)		548.217 6	575.642 4	593.282 7	604.555 2	611.753 6	616.363 7	619.331 4	621.253 9	622.508 1	623.332 2

附表 5-5 当 e= –1~–0.1，d=–0.3 时，联合采购联盟中零售商的最优订货量

q		0.1	0.2	0.3	0.4	0.5	0.6	0.7	0.8	0.9	1.0
q_i^I (i=1,2,3)		25.113 9	25.171 6	25.256 9	25.382 8	25.568 9	25.844 5	26.255 9	26.878 7	27.845 0	29.411 8
q_i^M	i=1,2	25.119 1	25.189 8	25.303 1	25.485 2	25.779 9	26.264 4	27.085 8	28.571 9	31.700 7	42.553 2
	i=3	25.108 6	25.153 3	25.210 4	25.279 3	25.353 0	25.407 5	25.366 2	24.970 6	23.110 8	10.638 3
q_i^G (i=1,2,3)		25.111 3	25.163 8	25.239 0	25.344 9	25.491 9	25.691 4	25.954 0	26.283 8	26.664 5	27.027 0

附表 5-6 当 e= –1~–0.1，d=–0.3 时，联合采购联盟中零售商的最大利润

$\Pi_i^{(\,)}$		0.1	0.2	0.3	0.4	0.5	0.6	0.7	0.8	0.9	1.0
Π_i^I (i=1,2,3)		629.667 0	630.728 6	631.920 9	633.182 6	634.373 2	635.199 7	635.061 2	632.692 1	625.244 7	605.536 3
Π_i^M	i=1,2	630.413 7	632.871 9	636.551 1	642.124 9	650.719 2	664.356 8	687.128 7	729.116 1	825.753 2	1 267.541 9
	i=3	629.402 9	629.81	629.588 4	627.998 5	623.627 4	613.681 8	592.221 3	544.901 9	428.763 7	79.221 4
Π_i^G (i=1,2,3)		631.003 5	634.653 1	640.610 4	650.391 4	666.557 0	693.482 1	738.724 6	815.435 2	946.325 0	1 168.736 3

第 6 章　装配供应链中的联盟定价策略及稳定性研究

6.1　引　　言

一个两层的装配供应链系统包含 n 个独立的上游供应商 $U_1, U_2, \cdots, U_n$ 和一个下游制造商（也称作组装商）D，D 从上游 n 个上游供应商购买完全互补（或者部分竞争、部分互补）的原材料或者半成品进行生产，并最终在市场上销售。这种供应链系统在现实的很多行业中普遍存在，如机械行业、汽车工业、高新技术行业和各种服务行业[227]。另外，这些装配供应链系统生产出的最终产品将面临市场上由同类产品的竞争。例如，当下非常火热的共享单车行业中，摩拜单车整合了自行车、智能开锁、GPS 定位，为广大消费者提供服务，但同时也面临着诸如哈罗单车等其他单车的竞争。面对行业的激烈竞争，摩拜单车积极寻求与上游组件供应商企业的合作，在 2017 年分别与富士康、陶氏化学、汉能移动电源、中再生等各领域顶尖企业达成战略合作。

Granot 和 Yin[146]曾经指出，在分散的装配供应链系统中存在两种低效率。一种是供应商和制造商之间的垂直低效率（也就是平常所说的双边际效益），另外一种是由独立的互补供应商所引起的水平低效率。为了消除这种由于垂直分散所引起的双边际效用从而提高供应链的竞争优势，已经有大量的文献研究了上下游之间的合作及相应的契约设计（参见文献[62]）。最近几年，有部分文献利用博弈论的方法讨论了如何消除组件供应商间的水平低效率问题。例如，Granot 和 Yin[146]假设供应商是远视参与人时，这些组件供应商将通过形成大联盟的形式消除这种低效率。供应商联盟结盟的案例和动机有很多，Nagarajan 和 Sošić[147]做了具体的阐述，相关的文献还有[148]和[227]。但是这些文献仅仅是从单方面考虑如何消除垂直低效率或者水平低效率。

实际上，这种合作不仅仅体现在单方面的垂直合作或者水平合作上，而是两种合作兼而有之。例如，华为手机有很多核心部件的供应商，为了在市场上取得与其他手机（如苹果、三星）的竞争优势，华为公司在不断强化与供应商之间的合作。所以在面临同类产品的竞争时，这种两个维度的合作既能消除横向的低效率，又能消除纵向的低效率。本章要研究的问题涉及以下两个方面：

（1）如果允许装配供应链系统中的成员能够自由结盟，每一种联盟结构下，上游供应商的最优批发价格及下游组装商的最优零售价格分别是多少？

（2）当装配供应链系统中的成员能够自由结盟时，什么样的联盟最稳定？稳定的联盟结构下相应的利润如何分配？当大联盟形成时，如何设定系统内部的转移价格？

事实上，装配供应链系统中的成员参与联盟合作的原因有很多，如节省成本、缓解违约风险、增加谈判能力等[148]。在本章的分析中，我们不考虑这些因素，仅仅考虑供应链系统中的成员结盟合作以消除两种装配供应链系统中的低效率。为了研究联盟合作消除这种低效率的效果，本章从以下几个方面研究相应的联盟策略：

（1）装配供应链系统成员彼此之间没有任何合作，此时不但存在水平的低效率，而且存在垂直的低效率，称其为单个参与人联盟。

（2）装配供应链系统中的某些上游供应商之间合作，此时能够部分消除供应商成员间的水平低效率，但是仍然存在垂直低效率，称其为上游供应商联盟。

（3）装配供应链系统中不仅仅有某些上游供应商之间的合作，同时还有组装商和部分供应商之间的合作，此时不但能够部分消除供应商成员间的水平低效率，还能消除组装商与部分供应商之间的垂直低效率，我们称其为组装联盟（其中组装商属于某个联盟）。

为了描述上述供应链环境和相应的联盟策略，这里用了三层的方法进行分析。首先装配供应链系统内部的参与人自由结盟；其次在给定的联盟结构下，组装商与市场上生产同类产品的企业竞争，决策产品的最优零售价格；最后在分散的供应链系统中，供应商（供应商联盟）决策其给予的组装商（组装商联盟）批发价格。特别要提及的是，在分散的装配供应链系统中，与 Nagarajan 和 Sošić[227] 的做法一样，这里也假设供应商（或者供应商联盟）提供给下游组装商（组装商联盟）一个批发价格契约。另外，我们假设装配供应链系统中的组装商势力更强，在与上游供应商的博弈中作为 Stacklberg 博弈的领导者，这在装配供应链中很常见，如航空业和汽车行业[228]。当装配供应链系统内的成员都参与合作形成一个大联盟时，大联盟只需决策产品的最优零售价格使得系统利润最大即可。

结果显示，所有的成员都有动机参与大联盟的合作，即大联盟稳定。为了证明联盟的稳定性，本章构造了一个特征函数型的（n+1）人合作博弈，并证明了其核是非空的；基于 Shapley 值给出了大联盟结构下相应的利润分配方案；最后，给出了大联盟结构下组装商与上游供应商之间的转移定价策略。

本章的贡献有两个方面：首先考虑在存在竞争性的环境下装配供应链系统内成员间的联盟合作，从而消除了成员内部间水平及垂直的低效率；其次基于合作博弈的方法探讨了装配供应链系统内部的转移价格。据我们所知，很少有文献利用合作博弈理论计算转移价格。目前仅有文献[132]和[135]有涉及，但是它们分别讨论的是 n 层供应链和两层的分销链。

本章先探讨垄断环境下装配供应链的联盟合作，接着研究在双寡头竞争环境下装配供应链的联盟合作策略及相应的稳定性问题。

6.2　垄断情形下装配供应链联盟合作及稳定性研究

本部分先研究垄断环境下装配供应链的联盟合作策略及相应的稳定性问题。假设装配供应链系统包含 n 个上游供应商（上游子公司）$U_1, U_2, \cdots, U_n$ 和一个下游组装商（下游子公司）D，D 从上游 n 个子公司购买完全互补的产品进行生产，并最终在市场上销售。与大多数文献中市场需求与价格无关的假设不同（如文献[229]、[230]等），本小节假设产品的最终需求与零售价格相关，以此来反映顾客对于零售价格的敏感度。当所有成员都合作时，供应链是一个整合的系统，制造商选择最优的零售价格使得系统利润最大，与文献[146]、[147]中仅有供应商联盟不同的是，本章中的供应商和制造商之间也可以自由联盟。

6.2.1　模型描述和记号

假设最终产品在市场上面临的指数需求为 $q(p) = ae^{-bp}$，其中 $a > 0, b > 0$。每一个上游供应商 U_i（$i = 1, 2, \cdots, n$）的边际成本为 c_i，记 $c = \sum_{i=1}^{n} c_i$ 为所有供应商的成本总和。假设制造商的组装成本为 0，这与文献[146]、[147]中的假设一致，实际上当组装成本不是 0 时，其对本书的结果没有影响。同时在没有联盟或者部分联盟的情形下，对于零售价格和批发价格的决策，这里都假设组装商是 Stacklberg 博弈的领导者。为了给出合作博弈的特征值，这里先给出不同联盟合作情形下的均衡解。

6.2.2 不同联盟结构下的决策

1. 单个参与人联盟

在互不结盟，即单个参与人联盟的情况下，组装商 D 作为 Stacklberg 博弈的领导者，先决策最优的零售价格 p，n 个上游供应商作为 Stacklberg 博弈的跟随者，同时决策各自的最优批发价格 $w_i\ (i=1,2,\cdots,n)$。用 $\prod_0^0$ 表示组装商的利润，$\prod_i^0\ (i=1,2,\cdots,n)$ 表示第 i 个供应商利润，整个装配供应链系统在互不结盟情况下的决策问题为

$$\begin{cases}\underset{p}{\text{Max}}\prod_0^0=(p-\sum_{i=1}^{n}w_i)ae^{-bp}\\ \underset{w_i}{\text{Max}}\prod_i^0=\left(w_i-c_i\right)ae^{-bp},i=1,2,\cdots,n\end{cases} \tag{6-1}$$

利用逆向递归法求解上述优化问题，可以得到 Stacklberg 均衡解为

$$w_i=c_i+1/b,\ \ p=c+(n+1)/b,\ \ q=ae^{-(bc+n+1)} \tag{6-2}$$

从而可以计算出供应商 U_i 的利润 $\prod_i^0$ 和组装商 D 的利润 $\prod_0^0$ 为

$$\prod_i^0=\prod_0^0=ae^{-(bc+n+1)}/b \tag{6-3}$$

整个供应链系统的利润为

$$\prod^0=\sum_{i=0}^{n}\prod_i^0=a(n+1)e^{-(bc+n+1)}/b \tag{6-4}$$

2. 供应商结盟

下面接着讨论供应商联盟结构下的决策问题。先引入一些记号，$N=\{1,2,\cdots,n\}$ 表示 n 个供应商的集合。子集 $S\subset N$ 称作联盟，表示某些供应商自由形成的联盟集合。一种供应商合作联盟结构是对供应商集合 N 的一种分割，即 $L=\{Z_1,Z_2,\cdots,Z_l\}$，其中 $l\leqslant n,\ \cup_{i=1}^{l}Z_i=N,\ Z_i\cap Z_j=\varnothing,\ i\neq j$，特别地，全体供应商结盟形成的联盟结构称为大联盟 $\{N\}$。博弈分成三个阶段，首先供应商之间自由形成联盟 $L=\{Z_1,Z_2,\cdots,Z_l\}$；其次组装商 D 作为 Stacklberg 博弈的领导者，在看到供应商形成联盟后，决策最优的零售价格 $p^{(N,k)}$；最后供应商联盟 $L=\{Z_1,Z_2,\cdots,Z_l\}$ 作为 Stacklberg 博弈的跟随者，同时决策联盟各自的最优批发价格 $w_{Z_i},(i=1,2,\cdots,l)$。用 $\prod_0^{(N,l)}$ 表示组装商的利润函数，$\prod_{z_i}^{(N,l)}$ 表示联盟 Z_i 的利润函数，此决策问题可以表示为

$$\begin{cases}\underset{p^{(N,l)}}{\text{Max}}\prod_0^{(N,l)}=(p^{(N,l)}-\sum_{i=1}^{l}w_{z_i}^{(N,l)})ae^{-bp^{(N,l)}}\\ \text{s.t. }\underset{w_{z_i}^{(N,l)}}{\text{Max}}\prod_{z_i}^{(N,l)}=\left(w_{z_i}^{(N,l)}-c_{z_i}\right)ae^{-bp^{(N,l)}},\ i=1,2,\cdots,l\end{cases} \tag{6-5}$$

其中，$c_{z_i}=\sum_{j\in z_i}c_j$。利用逆向递归法求解上述优化问题，可以得到其 Stacklberg 均衡解为

$$w_{z_i}^{(N,l)}=c_{z_i}+1/b,\ p^{(N,l)}=c+(l+1)/b,\ q^{(N,l)}=ae^{-(bc+l+1)} \tag{6-6}$$

可以计算出供应商联盟 Z_i 的利润为

$$\prod_{z_i}^{(N,l)}=ae^{-(bc+l+1)}/b \tag{6-7}$$

组装商的利润为

$$\prod_0^{(N,l)}=ae^{-(bc+l+1)}/b \tag{6-8}$$

整个供应链系统总的利润为

$$\prod^{(N,l)}=\sum_{i=1}^{l}\prod_{z_i}^{(N,l)}+\prod_0^{(N,l)}=a(l+1)e^{-(bc+l+1)}/b \tag{6-9}$$

注：联盟结构为 $L=\{Z_1,Z_2,\cdots,Z_l\}$ 时，不论联盟 Z_i 中的供应商个数几何，每个联盟获得的利润都是相同的，且与组装商所获得的利润相同。联盟 Z_i 中的供应商所获得利润为 $(1/|z_i|)\prod_{z_i}^{(N,l)}=(1/|z_i|)ae^{-(bc+l+1)}/b$，当 $|z_i|=1$ 时，Z_i 内唯一的供应商获得的利润最大。当 $l=1$，也就是所有的供应商结成大联盟 $\{N\}$ 时，组装商获得的利润最大，为 $\prod_0^{(N,1)}=ae^{-(bc+2)}/b$，此时整个系统的利润为 $\prod^{(N,1)}=\prod_N^{(N,1)}+\prod_0^{(N,1)}=2ae^{-(bc+2)}/b$。

3. 组装商结盟

若组装商参与联盟合作，不妨假设组装商 D 和供应商联盟 Z_j 合作，联盟 Z_j 和组装商 D 形成一个整体，记此时形成的联盟为 $Z_{j0}=Z_j\cup\{0\}$，则包含组装商的联盟结构为 $L_0=\{Z_1,Z_2,\cdots,Z_{j-1},Z_{j0},Z_{j+1,}\cdots Z_l\}$，此联盟结构是对供应商与组装商集合 $N_0=\{0,1,2\cdots,n\}$ 的一种分割，即其中 $l\leqslant n$，$\bigcup_{i\neq j0}Z_i\cup Z_{j0}=N_0$，$Z_i\cap Z_j=\varnothing$，$i\neq j$，特别地，全体供应商 $U_1,U_2,\cdots,U_n$ 和组装商 D 结盟形成的联盟结构称为大联盟 $\{N_0\}$。这里的博弈分成三个阶段，首先供应商与组装商自由形成联盟 $L_0=\{Z_1,Z_2,\cdots,Z_{j-1},Z_{j0},Z_{j+1,}\cdots Z_l\}$；其次组装商 D 所在的联盟 Z_{j0} 在看到所形成的联盟结构后，决策最优的零售价格 $p^{(N_0,l)}$；最后供应商联盟 $Z_1,Z_2,\cdots,Z_{j-1},Z_{j+1,}\cdots,Z_k$ 作为 Stacklberg 博弈的跟随者，同时决策联盟各自的最优批发价格 $w_{Z_i}^{(N_0,k)}$。用 $\prod_{z_{i0}}^{(N_0,l)}$ 表示联盟 Z_{j0} 的利润函数，$\prod_{z_i}^{(N_0,l)}$（$i=1,2,\cdots,l,\ i\neq j$）表示联盟 Z_i 的利润函数，此决策问题可以表示为

$$\begin{cases}\underset{p^{(N_0,l)}}{\text{Max}}\prod_{z_{i0}}^{(N_0,l)}=(p^{(N_0,l)}-\sum_{i=1}^{j-1}w_{z_i}^{(N_0,l)}-\sum_{i=j+1}^{l}w_{z_i}^{(N_0,l)}-c_{z_j})ae^{-bp^{(N_0,l)}}\\ \text{s.t.}\ \underset{w_{z_i}^{(N_0,l)}}{\text{Max}}\prod_{z_i}^{(N_0,l)}=\left(w_{z_i}^{(N_0,l)}-c_{z_i}\right)ae^{-bp^{(N_0,l)}},i=1,2,\cdots,l,\ i\neq j\end{cases} \tag{6-10}$$

其中，$c_{z_i}=\sum_{j\in z_i}c_j$，利用逆向递归法求解上述优化问题，可以得到 Stacklberg 均衡解为

$$w_{z_i}^{(N_0,l)}=c_{z_i}+1/b,(i=1,2,\cdots,l,\ i\neq j),\ p^{(N_0,l)}=c+l/b,\ q^{(N_0,l)}=ae^{-(bc+l)} \quad (6\text{-}11)$$

可以计算出供应商联盟 Z_i 的利润为

$$\prod_{z_i}^{(N_0,l)}=ae^{-(bc+l)}/b,(i=1,2,\cdots,l,\ i\neq j) \quad (6\text{-}12)$$

联盟 Z_{j0} 的利润是

$$\prod_{z_{j0}}^{(N_0,l)}=ae^{-(bc+l)}/b \quad (6\text{-}13)$$

此时整个供应链系统总的利润是

$$\prod^{(N_0,l)}=ale^{-(bc+l)}/b \quad (6\text{-}14)$$

注：当联盟结构为 $L_0=\{Z_1,Z_2,\cdots,Z_{j-1},Z_{j0},Z_{j+1},\cdots Z_l\}$，并且供应商在联盟 Z_{j0} 内时，所有供应商联盟的利润都等于 $ae^{-(bc+l)}/b$，并且供应商联盟 $Z_i(i=1,2,\cdots,l,i\neq j)$ 中的供应商所获得的利润为 $\left(1/|z_i|\right)\prod_{z_i}^{(N_0,l)}=\left(1/|z_i|\right)ae^{-(bc+l)}/b$，当 $|z_i|=1$ 时，Z_i 内唯一的供应商获得的利润最大。当 $l=1$，也就是所有的供应商和组装商结成大联盟 $\{N_0\}$ 时，整个系统的利润为 $\prod^{(N_0,1)}=ae^{-(bc+1)}/b$。从以上分析的结果中我们很容易得到下述结论。

性质 6.2.1：所有参与人结成大联盟时整个供应链系统的利润最高，零售价格最低，需求最大。

6.2.3 合作博弈模型

现在利用多人合作博弈理论求解组装商 D 与其 n 个上游供应商 $U_1,U_2,\cdots,U_n$ 间的转移价格。先构造特征函数型的合作博弈模型 (N_0,v)，这里我们采用最小最大值方法[72]定义联盟的特征值。

如果供应商和组装商 i（称为参与人 $i=D,U_1,U_2,\cdots,U_n$）不与任何其他参与人合作，则 i 形成单个参与人联盟，参与人 i 的特征值 $v(i)$ 有如下结论。

性质 6.2.2：对于 $n+1$ 人合作博弈 (N_0,v)，有 $v(i)=ae^{-(bc+n+1)}/b$，$\left(i=D,U_1,U_2,\cdots,U_n\right)$。

证明：因为参与人 i 的特征值 $v(i)$ 是其在各种不同的联盟结构下所能获得的最少利润，根据前面分析，当所有的参与人都不合作时利润最少，从而有

$$v(i)=ae^{-(bc+n+1)}/b,\ (i=D,U_1,U_2,\cdots,U_n) \quad (6\text{-}15)$$

接着计算 r 个参与人联盟 $\mathcal{C}_r(r=2,3,\cdots,n+1)$ 的特征值，其中联盟 $\mathcal{C}_r$ 内包含有 r 个参与人。当 $r=n+1$ 时即为大联盟，也就是所有的部门 $D,U_1,U_2,\cdots,U_n$ 彼此合作成为一个整合的系统。联盟 $\mathcal{C}_r(r=2,3,\cdots,n+1)$ 可能包含组装商 D，也可能不包

含组装商 D。如果联盟包含组装商 D，则联盟 $\mathbb{C}_r$ 内含有 $r-1$ 个上游供应商；若联盟不含组装商 D，则联盟 $\mathbb{C}_r$ 含有 r 个上游供应商。

性质 6.2.3：对于 n+1 人合作博弈 (N_0,v)，有 $v(\mathbb{C}_r)=\dfrac{a}{b}e^{-(bc+n-r+2)}$。

证明：当 r 个参与人构成联盟时，其相应的特征值是其在各种不同的联盟结构下所能获得的最少的利润，即剩下的参与人不构成任何联盟时相应的利润值。

当 $D\in\mathbb{C}_r$ 时，$\mathbb{C}_r$ 内含有 $r-1$ 个上游的供应商，共有 $n+2-r$ 个联盟，从而

$$v(\mathbb{C}_r)=\prod_{z_i}^{(N_0,\,n+2-r)}=ae^{-(bc+n-r+2)}/b \tag{6-16}$$

当 $D\notin\mathbb{C}_r$ 时，$\mathbb{C}_r$ 内含有 r 个上游的供应商，共有 $n+1-r$ 个联盟，从而

$$v(\mathbb{C}_r)=\prod_{z_i}^{(N,\,n+1-r)}=ae^{-(bc+n-r+2)}/b \tag{6-17}$$

综合以上得知无论 $D\in\mathbb{C}_r$ 是否成立，都有 $v(\mathbb{C}_r)=ae^{-(bc+n-r+2)}/b$。

性质 6.2.4：特征值函数 $v(\mathbb{C}_r)$ 是关于 r 的增函数。

定理 6.2.1：合作博弈 (N_0,v) 是超模博弈。

证明：要证明 (N_0,v) 是超模博弈，只需证明对任意的 $S_1\subseteq S_2\subseteq\mathbb{C}_{n+1}\setminus\{i\}$ 都有以下不等式成立：

$$v(S_2\cup\{i\})-v(S_2)\geqslant v(S_1\cup\{i\})-v(S_1) \tag{6-18}$$

由性质 6.2.3 可知

$$\begin{aligned}\left[v(S\cup\{i\})-v(S)\right]&=ae^{-(bc+n-|S|+1)}/b-ae^{-(bc+n-|S|+2)}/b\\&=a(e-1)e^{-(bc+n-|S|+2)}/b\end{aligned} \tag{6-19}$$

从而

$$\left[v(S_2\cup\{i\})-v(S_2)\right]-\left[v(S_1\cup\{i\})-v(S_1)\right]=ae^{-(bc+n+2)}\left[e-1\right]\left[|S_2|-|S_1|\right]/b \tag{6-20}$$

由 $S_1\subseteq S_2$ 知

$$v(S_2\cup\{i\})-v(S_2)\geqslant v(S_1\cup\{i\})-v(S_1) \tag{6-21}$$

因此合作博弈 (N_0,v) 是超模博弈。

由于 n+1 人合作博弈 (N_0,v) 是超模博弈，所以存在非空的核。另外超模博弈的一个良好性质在于其 Shapley 值是在核中的。下面给出合作博弈 (N_0,v) 的 Shapley 值，进而给出系统内部的转移价格。

定理 6.2.2：参与人 i 的 Shapley 值是 $\phi_i^S(v)=ae^{-(bc+1)}/b(n+1)$（$i=D,U_1,U_2,\cdots,U_n$），并且其转移价格是 $T_i=1/b(n+1)+c_i$（$i=U_1,U_2,\cdots,U_n$）。

证明：参与人 i 不论是组装商 D 还是供应商 U_i，都有

$$
\begin{aligned}
\phi_i^S(v) &= \sum_{S\subseteq N}\frac{|S|!(n-|S|)!}{(n+1)!}\left(v(S\cup\{i\})-v(S)\right)\\
&=\sum_{|S|=0}^{n}C_n^{|S|}\frac{|S|!(n-|S|)!}{(n+1)!}\left(v(S\cup\{i\})-v(S)\right)\\
&=\sum_{|S|=0}^{n}\left\{\frac{n!}{|S|!(n-|S|)!}\times\frac{|S|!(n-|S|)!}{(n+1)!}\times\left(v\left(\mathcal{C}_{|S|+1}\right)-v\left(\mathcal{C}_{|S|}\right)\right)\right\}\\
&=\frac{1}{n+1}\sum_{|S|=0}^{n}\left(v\left(\mathcal{C}_{|S|+1}\right)-v\left(\mathcal{C}_{|S|}\right)\right)\\
&=\frac{1}{n+1}v\left(\mathcal{C}_{n+1}\right)\\
&=\frac{a}{b(n+1)}e^{-(bc+1)}
\end{aligned}
\tag{6-22}
$$

由于在大联盟下的需求量$q=ae^{-(bc+1)}$，所以对于供应商U_i（$i=1,2,\cdots,n$）有

$$
\left(T_i-c_i\right)q=\phi_i^S(v) \tag{6-23}
$$

即

$$
\left(T_i-c_i\right)ae^{-(bc+1)}=\frac{a}{b(n+1)}e^{-(bc+1)} \tag{6-24}
$$

从而$T_i=1/b(n+1)+c_i$。

从转移价格的结果中能够看到，基于 Shapley 值的转移定价等于供应商的成本c_i加上$1/[b(n+1)]$，即用成本加成法计算。为了说明以上分析的结果，下面给出一个数值例子。

例 6.2.1：假设装配供应链系统包含一个组装商 D 和三个上游供应商U_i（$i=1,2,3$），三个上游供应商的成本分别是$c_1=5,c_2=3,c_3=2$，需求函数为$q(p)=1\,000e^{-0.2p}$，可以计算出大联盟下的特征值分别是

$$v(\varnothing)=0\,,v(D)=v(U_i)=5\,000e^{-6}\,,v(D\cup U_i)=v(U_i\cup U_j)=5\,000e^{-5}$$

$$v(D\cup U_i\cup U_j)=v(U_1\cup U_2\cup U_3)=5\,000e^{-4}\,,v(D\cup U_1\cup U_2\cup U_3)=5\,000e^{-3}$$

则各个参与人的 Shapley 值是$\phi_i^S(v)=1\,250e^{-3}\ (i=D,U_1,U_2,U_3)$，系统内部的转移价格为

$$T_1=1/[b(n+1)]+c_1=6.25\,,T_2=1/[b(n+1)]+c_1=4.25\,,T_3=1/[b(n+1)]+c_3=3.25$$

6.2.4 本部分小结

在需求函数为指数函数$q(p)=ae^{-bp}$并且组装商作为 Stacklberg 博弈领导者情形下，本部分利用合作博弈方法研究了装配供应链系统的转移定价策略。结果表

明，基于 Shapley 值的分配与大联盟结构下对参与人进行利润均分是等价的。也就是说对整个系统内的参与人按照均分原则分配利润，符合核分配中很多好的性质，如个体理性、集体理性和有效性等。当然，这里我们忽略了联盟形成时的费用和维持联盟运营的费用等，这些都是值得进一步考虑的。

6.3　双寡头竞争下装配供应链联盟合作及稳定性研究

6.2 小节研究了垄断环境下装配供应链产品的联盟合作策略以及联盟稳定性问题，这一节将考虑装配供应链面对同质产品竞争时相应的联盟运作策略和稳定性问题。

6.3.1　问题描述和模型假设

考虑完全信息下两个生产同类产品的装配供应链系统 A 和公司 B。其中装配供应链系统 A（为方便，后面称为公司 A）由 n 个供应零部件产品的上游供应商 $U_1, U_2, \cdots, U_n$ 和一个下游组装产品的组装商 D 构成，组装商 D 先向 n 个供应商购买零部件产品，组装成最终的产品并在市场上销售。组装公司 A 和公司 B 分别用符号 i、j 表示。公司（供应链系统）i 的产品在市场上的需求与产品的自身价格 p_i 负相关，而与对手的价格 p_j 正相关，假设 i 的产品需求为如下线性形式

$$q_i = a - p_i + \theta\left(p_j - p_i\right),\quad i \neq j;\, i, j \in \{A, B\} \tag{6-25}$$

其中，a 表示当两个公司的价格都为 0 时的产品的需求，反映了市场的最大可能需求量，也反映了顾客对公司 i 生产的产品的忠诚度；$\theta \geqslant 0$ 反映了两个公司产品的可替代程度，同时也反映了其竞争程度。上述需求函数在经济和营销文献中比较常见（参见文献[15]、[211]、[231]）。

本小节假设公司 A 的 n 个上游供应商 $U_1, U_2, \cdots, U_n$ 提供完全互补的产品 $I_1, I_2, \cdots, I_n$ 给下游组装商 D，组装商生产产品并在市场上销售。假设每一个上游供应商 U_k $(k=1,2,\ldots,n)$ 提供的产品的单位生产成本是常数 c_k，并且每个单位的产品在下游的组装成本是 c_0，记 $c_A = \sum_{k=0}^{n} c_k$，公司 B 产品的边际生产成本是 c_B。为了计算及表示上的方便，与 Wang 和 Gerchak[228]的做法一样，这里也假设两个公司产品的成本为 $c_A = c_B = 0$。下面先给出公司 A 中各成员之间在不同的合作模式下的运作决策。

6.3.2 一般联盟结构

1. 单个参与人联盟

用 $N_0=\{0,1,2,\cdots,n\}$ 表示公司 A 中所有成员，其中 0 表示组装商 D, $N=\{1,2,\cdots,n\}$ 表示所有上游子公司的集合（上游子公司 U_j 用 j 表示）。当公司 A 中的所有成员 $k\in\{0,1,2,\cdots,n\}$ 彼此不合作时，有单个参与人的联盟 $\{k\}$($k\in\{0,1,2,\cdots,n\}$)形成，如图 6-1 所示。

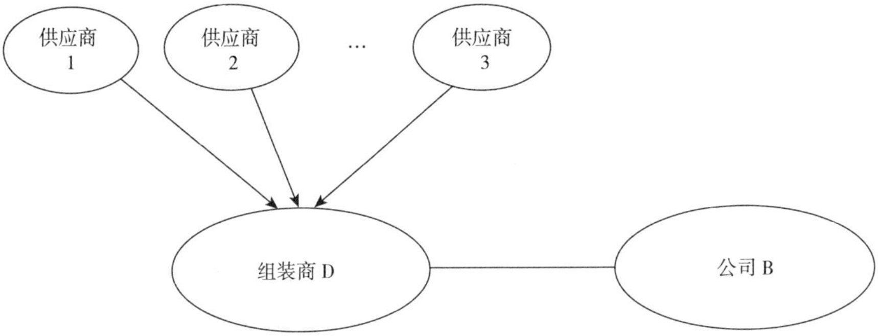

图 6-1 单个参与人联盟

下面使用两阶段决策方法求解公司的最优决策问题：第一阶段，公司 A 的组装子公司 D 与公司 B 在市场上竞争决策各自的最优零售价格；第二阶段，公司 A 的上游 n 个子公司 $U_1,U_2,\cdots,U_n$ 作为 Stacklberg 博弈的跟随者，同时各自独立决策给下游组装子公司的最优的批发价格。假设下游组装公司 D 的产品边际利润为 m，公司 B 的产品零售价格记为 p_B^0，上游子公司 $U_i(i=1,2,\cdots,n)$ 的产品批发价格记为 w_A^i，记 $W=\sum_{i=1}^n w_A^i$，则组装公司 D 的产品零售价格可以记为 $p_A^0=W+m$，从而上游子公司 $U_i(i=1,2,\cdots,n)$ 的利润函数可以表示为

$$\pi_A^i=w_A^i\left(a-p_A^0+\theta(p_B^0-p_A^0)\right) \tag{6-26}$$

上述利润函数 π_A^i 最优的一阶条件为

$$\frac{\partial\pi_A^i}{\partial w_A^i}=a-p_A^0+\theta(p_B^0-p_A^0)-w_A^i(1+\theta)=0 \tag{6-27}$$

由于 π_A^i 关于 w_A^i 的二阶导数满足 $-2(1+\theta)<0$，从而可以求得最优批发价格为

$$w_A^i=\frac{a-p_A^0+\theta(p_B^0-p_A^0)}{1+\theta} \tag{6-28}$$

利用上述反应函数 w_A^i，我们可以求出组装公司 D 的最优利润为

$$\begin{aligned}\pi_A^0 &= \left(p_A^0 - \sum_{i=1}^{n} w_A^i\right)\left(a - p_A^0 + \theta\left(p_B^0 - p_A^0\right)\right)\\ &= \left(p_A^0 - \frac{n\left(a - p_A^0 + \theta\left(p_B^0 - p_A^0\right)\right)}{1+\theta}\right)\left(a - p_A^0 + \theta\left(p_B^0 - p_A^0\right)\right)\end{aligned} \tag{6-29}$$

公司 B 的利润函数为

$$\pi_B^0 = p_B^0\left(a - p_B^0 + \theta(p_A^0 - p_B^0)\right) \tag{6-30}$$

π_A^0 关于 p_A^0 和 π_B^0 关于 p_B^0 的一阶导数分别为

$$\frac{\partial \pi_A^0}{\partial p_A^0} = (2n+1)a - 2(1+n)(1+\theta)p_A^0 + (2n+1)\theta p_B^0 \tag{6-31}$$

$$\frac{\partial \pi_B^0}{\partial p_B^0} = a + \theta p_A^0 - 2(1+\theta)p_B^0 \tag{6-32}$$

π_A^0 关于 p_A^0 和 π_B^0 关于 p_B^0 的二阶导数分别为

$$\frac{\partial^2 \pi_A^0}{\partial\left(p_A^0\right)^2} = -2(1+n)(1+\theta) < 0, \quad \frac{\partial^2 \pi_B^0}{\partial\left(p_B^0\right)^2} = -2(1+\theta) < 0 \tag{6-33}$$

从而可以求出公司 A 和 B 的最优均衡价格及产量为

$$p_A^0 = \frac{f_1(n)}{g(n)}, p_B^0 = \frac{f_2(n)}{g(n)}, q_A^0 = \frac{M}{g(n)}, q_B^0 = (1+\theta)\frac{f_2(n)}{g(n)} \tag{6-34}$$

其中,

$$f_1(n) = (1+2n)(2+3\theta)a\,, f_2(n) = (2+2n+3\theta+4n\theta)a \tag{6-35}$$

$$g(n) = (2n+3)\theta^2 + 8(n+1)\theta + 4(n+1)\,, M = (2+5\theta+3\theta^2)a \tag{6-36}$$

根据上述均衡结果，可以计算出上游子公司 U_i 的最优批发价格和利润分别为

$$w_A^i = \frac{1}{1+\theta}\cdot\frac{M}{g(n)} \tag{6-37}$$

上游子公司 U_i 的利润为

$$\pi_A^i = \frac{1}{1+\theta}\left(q_A^0\right)^2 = \frac{1}{1+\theta}\left(\frac{M}{g(n)}\right)^2 \tag{6-38}$$

下游组装公司的利润为

$$\pi_A^0 = \frac{1+n}{1+\theta}\left(q_A^0\right)^2 = \frac{1+n}{1+\theta}\left(\frac{M}{g(n)}\right)^2 \tag{6-39}$$

从而公司 A 的利润为

$$\pi_A = \sum_{i=0}^{N}\pi_A^i = \frac{2n+1}{1+\theta}\left(\frac{M}{g(n)}\right)^2 \tag{6-40}$$

公司 B 的利润为

$$\pi_B = (1+\theta)\left(\frac{f_2(n)}{g(n)}\right)^2 \tag{6-41}$$

根据上述均衡结果，可以得到下述性质。

性质 6.3.1：

（1）w_A^i 随着竞争强度 θ 的增大而减小；

（2）p_A^0 和 p_B^0 都随着竞争强度 θ 的增大而减小，两个公司 A 和 B 的产品的产量 q_A^0 和 q_B^0 都随着竞争强度 θ 的增大而增大；

（3）对于任意 $n=1,2,\cdots,$ 定义 $\theta_1(n)$ 和 $\theta_2(n)$ 如下：

$$\theta_1(n) = \frac{-6+2\sqrt{9+3(n-1)(2n+3)}}{3(2n+3)} \tag{6-42}$$

$$\theta_2(n) = \frac{2}{3}\cdot\frac{2n^2-5n-6+2\sqrt{100n^4+268n^3+247n^2+87n+9}}{8n^2+18n+9} \tag{6-43}$$

当 $0\leqslant\theta\leqslant\theta_1(n)$ 时，$\pi_A^i\ (i=1,2,\cdots,n)$ 和 π_A^0 都随着竞争强度 θ 增大而增大；当 $\theta>\theta_1(n)$ 时，$\pi_A^i\ (i=1,2,\cdots,n)$ 和 π_A^0 都随着竞争强度 θ 增大而减小；当 $0\leqslant\theta\leqslant\theta_2(n)$ 时，π_B^0 随着竞争强度 θ 增大而增大；当 $\theta>\theta_2(n)$ 时，π_B^0 随着竞争强度 θ 增大而减小；

$\theta_1(n)$ 和 $\theta_2(n)$ 都是关于 n 的上凸函数，如图 6-2 所示。

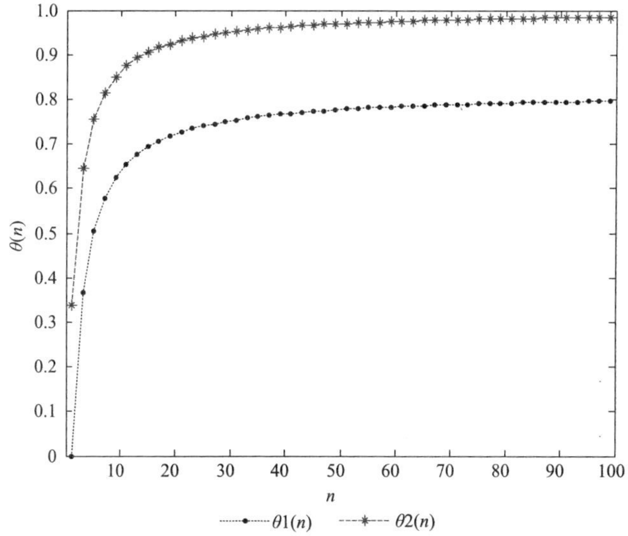

图 6-2　$\theta_1(n)$ 和 $\theta_2(n)$

图 6-2 给出了 $\theta_1(n)$ 和 $\theta_2(n)$ 随 n 变化的情况。当 n 比较小时，$\theta_1(n)$ 和 $\theta_2(n)$ 都

快速增大，但是随着 n 的增大，$\theta_1(n)$ 和 $\theta_2(n)$ 增大幅度越来越小，并且对于所有的 n，$\theta_1(n)$ 和 $\theta_2(n)$ 的值都不超过 1。图 6-3 和图 6-4 给出了竞争强度对于两个公司的利润的影响。其中公司 A 中包含 10 个上游子公司，市场规模 $a=100$。从图 6-3 中可以得到，当 $0 \leqslant \theta < 0.641$ 时公司 A 的利润随 θ 增大而增加，但是当 $\theta > 0.641$ 时，公司 A 的利润随 θ 增大而减小。分析其原因，是当 $0 \leqslant \theta < 0.641$ 时，公司 A 的生产量 q_A^0 的增加比其价格 p_A^0 的下降要快得多，而当 $\theta > 0.641$ 时，公司 A 的生产量 q_A^0 的增加比其价格 p_A^0 的下降要慢。

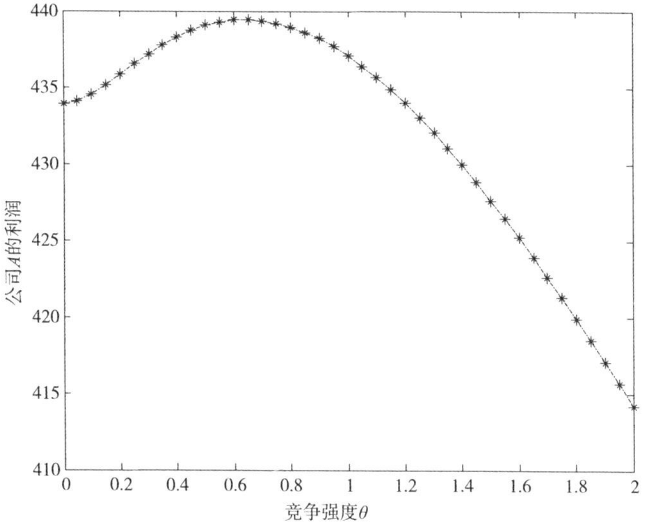

图 6-3　θ 对公司 A 的利润影响

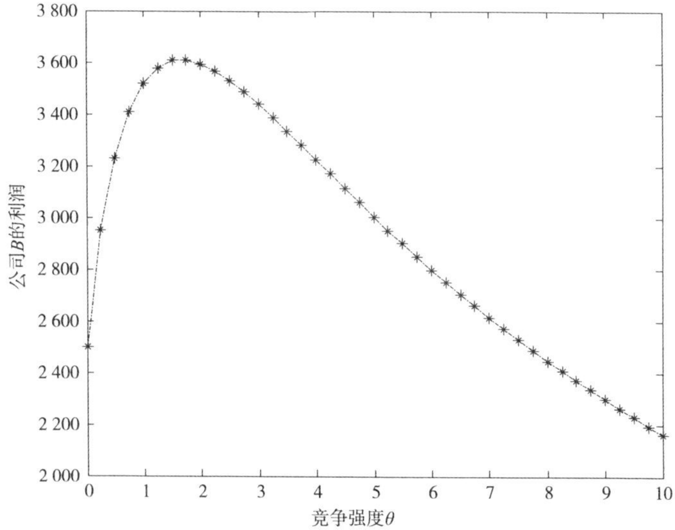

图 6-4　θ 对公司 B 的利润影响

从性质 6.3.1 中可以得到：公司 A 中的上游子公司的批发价格和另一个公司产品的零售价格都随着竞争强度的增大而减小，但是最优生产量是随着竞争强度的增大而增大的；当竞争强度 θ 相对较低时，两个公司 A 和 B 的利润都随着竞争强度 θ 的增大而增大，但是当竞争强度 θ 比较大时，利润反而随着竞争强度 θ 的增大而减小。这意味着增加两个公司之间的竞争强度，可以降低两个公司产品的零售价格和上游分公司的批发价格，增加消费者的剩余。因此竞争可以增加市场上对产品的消费需求，提高公司的产量，增加公司的利润，但是当竞争特别激烈时，公司的利润会降低，而适度的竞争显然对公司具有正面的影响，能够使得公司的利润达到最大值。

2. 子公司联盟（组装子公司不在联盟内）

先给出本小节模型中需要用到的合作博弈理论中的一些记号。$N=\{1,2,\cdots,n\}$ 表示 n 个上游子公司的集合。子集 $S\subset N$ 称作联盟，表示某些上游子公司自由形成的联盟集合。一种上游子公司合作联盟结构是对集合 N 的一种分割，即 $L=\{Z_1,Z_2,\cdots,Z_l\}$，满足 $l\leqslant n$，$\cup_{i=1}^{l} Z_i=N$，$Z_i\cap Z_j=\varnothing$，$i\neq j$。特别地，全体上游子公司结盟形成的联盟结构称为大联盟 $\{N\}$，联盟结构如图 6-5 所示。

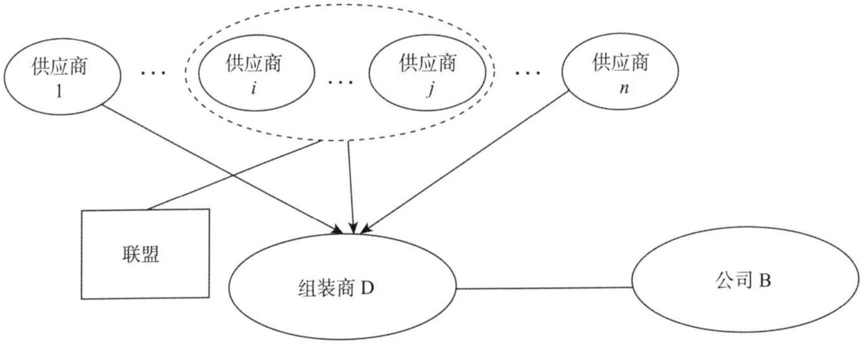

图 6-5　上游子公司联盟

这里采用三阶段的方法求解上游子公司合作联盟问题。第一阶段，上游子公司彼此合作形成联盟结构 $L=\{Z_1,Z_2,\cdots,Z_k\}$；第二阶段，对于给定的联盟结构 $L=\{Z_1,Z_2,\cdots,Z_k\}$，组装子公司 D 和公司 B 在市场上进行 Nash 博弈确定各自均衡价格 $p_A^{(N,k)}$ 和 $p_B^{(N,k)}$；第三阶段，每一个联盟作为 Stacklberg 博弈的跟随者，确定联盟最优的批发价格 $w_{Z_i}^{(N,k)}$（$i\in\{1,2,\cdots,k\}$）。下面采用逆向递归法求解上述博弈问题。

联盟 Z_i 的利润可以表示为

$$\pi_{Z_i}^{(N,k)}=w_{Z_i}^{(N,k)}\left(a-p_A^{(N,k)}+\theta\left(p_B^{(N,k)}-p_A^{(N,k)}\right)\right),i=1,2,\cdots,k \qquad (6\text{-}44)$$

使得 $\pi_{Z_i}^{(N,k)}$ 取得最优值的一阶条件是 $\dfrac{\partial \pi_{Z_i}^{(N,k)}}{\partial w_{Z_i}^{(N,k)}}=0$。求解此问题的一阶优化条件，可以得到联盟 Z_i 的最优批发价格 $w_{Z_i}^{(N,k)}$ 为

$$w_{Z_i}^{(N,k)}=\frac{a-p_A^{(N,k)}+\theta\left(p_B^{(N,k)}-p_A^{(N,k)}\right)}{1+\theta} \tag{6-45}$$

因此，组装子公司 D 的利润函数可以表示为

$$\pi_0^{(N,k)}=\left(p_A^{(N,k)}-\sum_{i=1}^{k}w_{Z_i}^{(N,k)}\right)\left(a-p_A^{(N,k)}+\theta\left(p_B^{(N,k)}-p_A^{(N,k)}\right)\right) \tag{6-46}$$

公司 B 的利润函数为

$$\pi_B^{(N,k)}=p_B^{(N,k)}\left(a-P_B^{(N,k)}+\theta\left(p_A^{(N,k)}-P_B^{(N,k)}\right)\right) \tag{6-47}$$

组装子公司 D 和公司 B 进行 Nash 博弈，同时决策各自的零售价格，从而可以得到以下均衡结果：

$$p_A^{(N,k)}=\frac{f_1(k)}{g(k)},\ p_B^{(N,k)}=\frac{f_2(k)}{g(k)},\ q_A^{(N,k)}=\frac{M}{g(k)},\ q_B^{(N,k)}=(1+\theta)\frac{f_2(k)}{g(k)} \tag{6-48}$$

其中，

$$f_1(k)=(1+2k)(2+3\theta)a,\ f_2(k)=(2+2k+3\theta+4k\theta)a \tag{6-49}$$

$$g(k)=(2k+3)\theta^2+8(k+1)\theta+4(k+1),\ M=(2+5\theta+3\theta^2)a \tag{6-50}$$

将其代入上述公式中，可以得到联盟 Z_i 的批发价格为

$$w_{Z_i}^{(N,k)}=\frac{1}{1+\theta}\cdot\frac{M}{g(k)} \tag{6-51}$$

从而可以计算出联盟 Z_i 的利润为

$$\pi_{Z_i}^{(N,k)}=\frac{1}{1+\theta}\left(q_A^{(N,k)}\right)^2=\frac{1}{1+\theta}\left(\frac{M}{g(k)}\right)^2,(i=1,2,\cdots,k) \tag{6-52}$$

组装子公司 D 的利润为

$$\pi_0^{(N,k)}=\frac{1+k}{1+\theta}\left(q_A{}^{(N,k)}\right)^2=\frac{1+k}{1+\theta}\left(\frac{M}{g(k)}\right)^2 \tag{6-53}$$

公司 A 的利润为

$$\pi_A^{(N,k)}=\pi_0^{(N,k)}+\sum_{i=1}^{k}\pi_{Z_i}^{(N,k)}=\frac{1+2k}{1+\theta}\left(\frac{M}{g(k)}\right)^2 \tag{6-54}$$

公司 B 的利润为

$$\pi_B^{(N,k)}=(1+\theta)\left(\frac{f_2(k)}{g(k)}\right)^2 \tag{6-55}$$

上述均衡结果具有以下性质。

性质 6.3.2：

（1）$w_{Z_i}^{(N,k)}$ 随着上游子公司联盟个数 k 和竞争强度 θ 的增大而减小；

（2）两个公司的零售价格 $p_A^{(N,k)}$ 和 $p_B^{(N,k)}$ 都随着竞争强度 θ 的增大而减小；产量 $q_A^{(N,k)}$ 和 $q_B^{(N,k)}$ 都随着竞争强度 θ 的增大而增大；

（3）对于任意 $k\in\{1,2,\cdots,n\}$ ，都有如下定义的 $\theta_A^{(N,k)}$ 和 $\theta_B^{(N,k)}$

$$\theta_A^{(N,k)}=\frac{-6+2\sqrt{9+3(k-1)(2k+3)}}{3(2k+3)} \tag{6-56}$$

$$\theta_B^{(N,k)}=\frac{2}{3}\cdot\frac{2k^2-5k-6+2\sqrt{100k^4+268k^3+247k^2+87k+9}}{8k^2+18k+9} \tag{6-57}$$

满足当 $0\leqslant\theta\leqslant\theta_A^{(N,k)}$ 时，$\pi_{Z_i}^{(N,k)}$ 和 $\pi_0^{(N,k)}$ 都随着竞争强度的增大而增大；当 $\theta\geqslant\theta_A^{(N,k)}$ 时，$\pi_{Z_i}^{(N,k)}$ 和 $\pi_0^{(N,k)}$ 都随着竞争强度的增大而减小；当 $0\leqslant\theta\leqslant\theta_B^{(N,k)}$ 时，$\pi_B^{(N,k)}$ 随着竞争强度的增大而增大；当 $\theta\geqslant\theta_B^{(N,k)}$ 时，$\pi_B^{(N,k)}$ 随着竞争强度的增大而减小；

（4）零售价格 $p_A^{(N,k)}$ 和 $p_B^{(N,k)}$ 都随着上游子公司联盟个数 k 的增大而增大；$q_A^{(N,k)}$ 随 k 的增大而减小，但是 $q_B^{(N,k)}$ 随着 k 的增大而增大；$\pi_{Z_i}^{(N,k)}$ 和 $\pi_0^{(N,k)}$ 都随着 k 的增大而减小，但是 $\pi_B^{(N,k)}$ 随着 k 的增大而增大。

性质 6.3.2 中的（1）、（2）和（3）与性质 6.3.1 的结论非常相似。性质 6.3.1 可以看成性质 6.3.2 的特殊情形，也就是 k 取值为 n 。从（4）中可以看出，当上游子公司联盟的个数 k 减少时，公司 A 中的参与人的利润是增加的，但是公司 B 的利润却在减少，从而公司 A 中的上游子公司具有形成大联盟的动机。

3. 子公司联盟（组装子公司在联盟内）

如果组装子公司参与联盟合作，不妨假设组装子公司 D 和上游子公司 Z_j 合作，联盟 Z_j 和组装子公司 D 结成一个新的联盟，记包含 D 的联盟为 $Z_{j0}=Z_j\cup\{0\}$ ，其中 0 表示组装子公司。此时的联盟结构为 $L_0=\{Z_1,Z_2,\cdots,Z_{j-1},Z_{j0},Z_{j+1,}\cdots Z_l\}$ 。联盟结构 L_0 可以看成对公司 A 中所有成员（包含所有上游子公司和下游组装公司）$N_0=\{0,1,2,\cdots,n\}$ 的一种分割，满足 $l\leqslant n$ ，$\bigcup\limits_{i\neq j0}Z_i\cup Z_{j0}=N_0$ ，$Z_i\cap Z_j=\varnothing$ ，$i\neq j$ 。特别地，全体上游子公司 $U_1,U_2,\cdots,U_n$ 和组装公司 D 结盟形成的联盟结构称为大联盟 $\{N_0\}$ ，联盟结构如图 6-6 所示。

这里仍然采用三阶段的方法：第一阶段，公司 A 中的所有子公司自由形成联盟 $L_0=\{Z_1,Z_2,\cdots,Z_{j-1},Z_{j0},\ Z_{j+1,}\cdots Z_l\}$ ；第二阶段，组装子公司 D 所在的联盟 Z_{j0} 在看到所形成的联盟结构后，和公司 B 同时决策各自最优的零售价格 $p_A^{(N_0,k)}$ 和

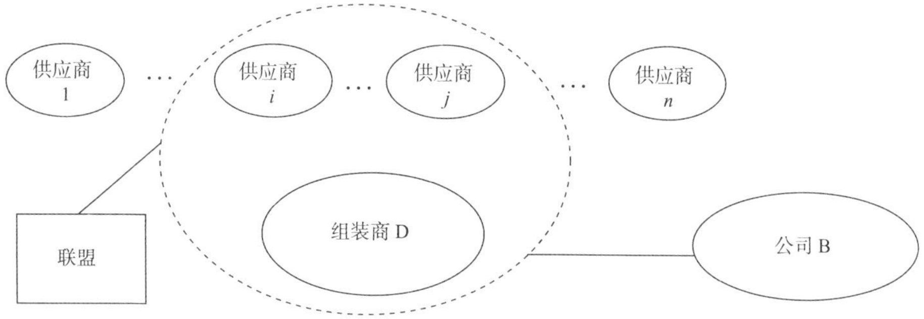

图 6-6　包含组装子公司的联盟

$p_B^{(N_0,k)}$；第三阶段，对于每一个 $i\in\{1,2,\cdots,k\}$，$i\neq j$，联盟 Z_i 作为与联盟 Z_{j0} Stacklberg 博弈的跟随者，同时决策每一个联盟 Z_i 各自的最优批发价格 $w_{Z_i}^{(N_0,k)}$ $(i=1,2,\cdots,k;\ i\neq j)$。下面使用逆向递归法求解此类合作博弈问题。

联盟 Z_i $(i=1,2,\cdots,k;\ i\neq j)$ 的利润函数可以表示为

$$\pi_{Z_i}^{(N_0,k)}=w_{Z_i}^{(N_0,k)}\left(a-p_A^{(N_0,k)}+\theta\left(p_B^{(N_0,k)}-p_A^{(N_0,k)}\right)\right) \tag{6-58}$$

使 $\pi_{Z_i}^{(N_0,k)}$ 最大化，可以得到联盟 Z_i $(i=1,2,\cdots,k;\ i\neq j)$ 的批发价格 $w_{Z_i}^{(N_0,k)}$ 为

$$w_{Z_i}^{(N_0,k)}=\frac{a-p_A^{(N_0,k)}+\theta\left(p_B^{(N_0,k)}-p_A^{(N_0,k)}\right)}{1+\theta} \tag{6-59}$$

所以得到联盟 Z_{jo} 的利润函数为

$$\pi_{Z_{j0}}^{(N_0,k)}=\left(p_A^{(N_0,k)}-\sum_{i\neq j}w_{Z_i}^{(N_0,k)}\right)\left(a-p_A^{(N_0,k)}+\theta\left(p_B^{(N_0,k)}-p_A^{(N_0,k)}\right)\right) \tag{6-60}$$

公司 B 的利润函数为

$$\pi_B^{(N_0,k)}=p_B^{(N_0,k)}\left(a-p_B^{(N_0,k)}+\theta\left(p_A^{(N_0,k)}-p_B^{(N_0,k)}\right)\right) \tag{6-61}$$

联盟 Z_{j0} 和公司 B 进行 Nash 博弈，同时决策各自最优的零售价格，求解此决策问题

$$p_A^{(N_0,k)}=\frac{f_1(k-1)}{g(k-1)},\ p_B^{(N_0,k)}=\frac{f_2(k-1)}{g(k-1)} \tag{6-62}$$

两个公司的均衡产量分别为

$$q_A^{(N_0,k)}=\frac{M}{g(k-1)},\quad q_B^{(N_0,k)}=(1+\theta)\frac{f_2(k-1)}{g(k-1)} \tag{6-63}$$

从而可以计算出联盟 Z_i 的批发价格为

$$w_{Z_i}^{(N_0,k)}=\frac{1}{1+\theta}\cdot\frac{M}{g(k-1)} \tag{6-64}$$

利用上述均衡解，计算出联盟 $Z_i\left(i=1,2,\cdots,k;\ i\neq j\right)$ 的利润

$$\pi_{Z_i}^{(N_0,k)}=\frac{1}{1+\theta}\left(q_A^{(N_0,k)}\right)^2=\frac{1}{1+\theta}\left(\frac{M}{g(k-1)}\right)^2 \tag{6-65}$$

联盟 Z_{j0} 的利润为

$$\pi_{Z_{j0}}^{(N_0,k)}=\frac{k}{1+\theta}\left(q_A^{(N_0,k)}\right)^2=\frac{k}{1+\theta}\left(\frac{M}{g(k-1)}\right)^2 \tag{6-66}$$

公司 A 的利润为

$$\pi_A^{(N_0,k)}=\frac{2k-1}{1+\theta}\left(q_A^{(N_0,k)}\right)^2=\frac{2k-1}{1+\theta}\left(\frac{M}{g(k-1)}\right)^2 \tag{6-67}$$

特别当 $k=1$ 时，公司 A 的所有子公司形成大联盟 $\{N_0\}$，利润为

$$\pi_A^{(N_0,1)}=\frac{1}{1+\theta}\left(q_A^{(N_0,1)}\right)^2=\frac{1}{1+\theta}\left(\frac{M}{g(0)}\right)^2 \tag{6-68}$$

公司 B 的利润为

$$\pi_B^{(N_0,k)}=(1+\theta)\left(\frac{f_2(k-1)}{g(k-1)}\right)^2 \tag{6-69}$$

性质 6.3.3：

（1）$w_{Z_i}^{(N_0,k)}$ 随着联盟个数 k 和竞争强度 θ 的增大而减小；

（2）两个公司的零售价格 $p_A^{(N_0,k)}$ 和 $p_B^{(N_0,k)}$ 都随竞争强度 θ 的增大而减小；产量 $q_A^{(N_0,k)}$ 和 $q_B^{(N_0,k)}$ 都随竞争强度 θ 的增大而增大；

（3）对任意 $k\in\{2,3,\cdots,n\}$，都有如下定义的 $\theta_A^{(N_0,k)}$ 和 $\theta_B^{(N_0,k)}$

$$\theta_A^{(N_0,k)}=\frac{-6+2\sqrt{9+3(k-2)(2k+1)}}{3(2k+1)} \tag{6-70}$$

$$\theta_B^{(N_0,k)}=\frac{2}{3}\cdot\frac{2k^2-5k-6+2\sqrt{100k^4-132k^3+43k^2-3k+1}}{8k^2+2k-1} \tag{6-71}$$

满足当 $0\leqslant\theta\leqslant\theta_A^{(N_0,k)}$ 时，$\pi_{Z_i}^{(N_0,k)}$ 和 $\pi_{Z_{j0}}^{(N_0,k)}$ 都随着竞争强度的增大而增大；当 $\theta\geqslant\theta_A^{(N_0,k)}$ 时，$\pi_{Z_i}^{(N_0,k)}$ 和 $\pi_{Z_{j0}}^{(N_0,k)}$ 都随着竞争强度的增大而减小；当 $0\leqslant\theta\leqslant\theta_B^{(N_0,k)}$ 时，$\pi_B^{(N_0,k)}$ 随着竞争强度的增大而增大；当 $\theta\geqslant\theta_B^{(N_0,k)}$ 时，$\pi_B^{(N_0,k)}$ 随着竞争强度的增大而减小；特别地，当 $k=1$ 时，$\pi_A^{(N_0,1)}$ 和 $\pi_B^{(N_0,1)}$ 都随着竞争强度 θ 的增大而减小。

（4）$p_A^{(N_0,k)}$ 和 $p_B^{(N_0,k)}$ 都随 k 的增大而增大；$q_A^{(N_0,k)}$ 随 k 的增大而减小；$q_B^{(N_0,k)}$ 随 k 的增大而增大；$\pi_{Z_i}^{(N_0,k)}$ 和 $\pi_{Z_{j0}}^{(N_0,k)}$ 随 k 的增大而减小；$\pi_B^{(N_0,k)}$ 随 k 的增大而增大。

性质 6.3.3 与性质 6.3.1 和 6.3.2 类似。以上组装公司作为联盟成员在现实中非常普遍，如在汽车工业中，许多上游的关键供应商都与汽车制造企业有深入的合作关系，甚至属于汽车制造企业的子公司。

6.3.3　合作博弈模型

1. 单个参与人联盟的特征值

如果公司 A 中的所有的参与人彼此不合作，即联盟结构为 $\{\{0\},\{1\},\cdots,\{n\}\}$，采用文献[135]中的方法，可以得到如下单个参与人联盟的特征值。

定理 6.3.1：对于任意子公司 $j\in N_0$，单个参与人联盟 $\{j\}$ 的特征值 $v(j)$ 为

$$v(0)=\frac{M^2}{1+\theta}\cdot\frac{1+n}{\left(g(n)\right)^2},v(i)=\frac{M^2}{1+\theta}\cdot\frac{1}{\left(g(n)\right)^2},\ i=1,2,\cdots,n \tag{6-72}$$

证明：从性质 6.3.1 中的（2）可以知道，对于给定的单个参与人联盟 $\{j\}$，联盟 $\{j\}$ 的利润随着其余子公司形成联盟个数的增多而减少，因此其余子公司的联盟合作决策将会影响联盟 $\{j\}$ 的利润水平。另外，当所有的参与人彼此不合作时，联盟 $\{j\}$ 获得的利润最少。因此根据联盟特征值的定义及 6.3.2 中的分析，我们有

$$v(0)=\pi_A^0=\frac{1+n}{1+\theta}\left(q_A\right)^2=\frac{M^2}{1+\theta}\cdot\frac{1+n}{\left(g(n)\right)^2} \tag{6-73}$$

$$v(i)=\pi_A^i=\frac{1}{1+\theta}\left(q_A\right)^2=\frac{M^2}{1+\theta}\cdot\frac{1}{\left(g(n)\right)^2},i=1,2,\cdots,n \tag{6-74}$$

证明完毕。

2. 含有 r 个子公司联盟的特征值

含有 r 个子公司的联盟 $\mathbb{C}_r(r=2,3,\cdots,n+1)$ 是指一个联盟中含有公司 A 中的 r 个子公司，联盟 $\mathbb{C}_r$ 可能包含组装子公司 D，也可能不包含组装子公司。如果联盟 $\mathbb{C}_r$ 包含组装公司 D，则在联盟 $\mathbb{C}_r$ 中含有 $r-1$ 个上游子公司，否则联盟 $\mathbb{C}_r$ 中所有的成员都是上游子公司。下面通过定理 6.3.2 给出联盟 $\mathbb{C}_r(r=2,3,\cdots,n+1)$ 的特征值。

定理 6.3.2：对于任意的 $r(r=2,3,\cdots,n+1)$ 和任意的联盟 $\mathbb{C}_r\subseteq N_0$，联盟 $\mathbb{C}_r(r=2,3,\cdots,n+1)$ 的特征值为

$$v(\mathbb{C}_r)=\begin{cases}\dfrac{M^2}{1+\theta}\cdot\dfrac{n-r+2}{\left(g(n-r+1)\right)^2},\ 0\in\mathbb{C}_r\\[2ex]\dfrac{M^2}{1+\theta}\cdot\dfrac{1}{\left(g(n-r+1)\right)^2},\ 0\notin\mathbb{C}_r\end{cases} \tag{6-75}$$

证明：对于任意的$r(r=2,3,\cdots,n+1)$和任意的$\mathbb{C}_r\subseteq N_0$，有$0\in\mathbb{C}_r$或者$0\notin\mathbb{C}_r$。

（1）当$0\in\mathbb{C}_r$，也就是给定的联盟$\mathbb{C}_r$包含公司D时，公司A中有$n-r+1$个上游子公司不在联盟$\mathbb{C}_r$中，在这种情况下，公司A中公司合作结成联盟的最大个数是$n-r+2$，即此时的联盟结构与剩下的$n-r+1$个公司彼此都不合作。根据性质6.3.2中的（4）可以知道，联盟$\mathbb{C}_r$的利润是随着公司中的联盟的个数的增大而减小的，所以当剩下的$n-r+1$个子公司彼此都不合作时，联盟$\mathbb{C}_r$获取的利润最少，即此时的联盟结构中含有$n-r+2$个联盟。因此根据联盟特征值的定义和6.2小节的分析，有

$$v(\mathbb{C}_r)=\frac{n-r+2}{1+\theta}\left(q_A^{(N_0,n-r+2)}\right)^2=\frac{M^2}{1+\theta}\cdot\frac{n-r+2}{\left(g(n-r+1)\right)^2} \tag{6-76}$$

（2）当$0\notin\mathbb{C}_r$，也就是给定的联盟$\mathbb{C}_r$不包含公司组装公司D时，公司A中剩下$n-r$个上游子公司不在联盟$\mathbb{C}_r$中，在这种情况下，公司A中n个子公司形成联盟的最大个数是$n-r+1$，此时的联盟结构中包括一个含r个子公司的联盟，并且剩下的$n-r+1$个子公司彼此独立。根据性质6.3.3中的（2）可以知道，联盟$\mathbb{C}_r$的利润是随着公司中的联盟的个数的增大而减小的，所以当剩下的$n-r$个子公司彼此都不合作时，联盟$\mathbb{C}_r$获取的利润最少，即此时的联盟结构中含有$n-r+1$个联盟。因此根据联盟特征值的定义和6.2小节的分析，有

$$v(\mathbb{C}_r)=\frac{1}{1+\theta}\cdot\left(q_A^{(N,n-r+1)}\right)^2=\frac{M^2}{1+\theta}\cdot\frac{1}{\left(g(n-r+1)\right)^2} \tag{6-77}$$

综合以上两种情况，我们有

$$v(\mathbb{C}_r)=\begin{cases}\dfrac{M^2}{1+\theta}\cdot\dfrac{n-r+2}{\left(g(n-r+1)\right)^2}, & 0\in\mathbb{C}_r,\\[2ex] \dfrac{M^2}{1+\theta}\cdot\dfrac{1}{\left(g(n-r+1)\right)^2}, & 0\notin\mathbb{C}_r,\end{cases}\quad r=2,3,\cdots,n+1 \tag{6-78}$$

证明完毕。

上面给出了含有$n+1$个参与人的合作博弈(N_0,v)的特征值，下面探讨合作博弈(N_0,v)的一些性质。

定理 6.3.3：合作博弈(N_0,v)是严格递增的，即特征值$v(\mathbb{C}_r)$是关于r的一个递增函数。

证明：如果$0\in\mathbb{C}_r$，则

$$\frac{\mathrm{d}v(\mathbb{C}_r)}{\mathrm{d}r}=\frac{M^2}{(1+\theta)}\cdot\frac{(2n-2r+3)\theta^2+8(n-r+2)\theta+4(n-r+2)}{\left((2n-2r+5)\theta^2+8(n-r+2)\theta+4(n-r+2)\right)^3} \tag{6-79}$$

由于 $r \leqslant n$，故 $\dfrac{\mathrm{d}v(\mathbb{C}_r)}{\mathrm{d}r} > 0$，即 $v(\mathbb{C}_r) = \dfrac{M^2}{1+\theta} \cdot \dfrac{n-r+2}{(g(n-r+1))^2}$ 是关于 r 的一个递增函数。

如果 $0 \notin \mathbb{C}_r$，则

$$v(\mathbb{C}_r) = \frac{M^2}{1+\theta} \cdot \frac{1}{(g(n-r+1))^2} \tag{6-80}$$

显然 $g(n-r+1)$ 是关于 r 的一个递减函数，即 $v(\mathbb{C}_r)$ 是关于 r 的递增函数。

引理 6.3.1：对于 $\forall S \subseteq N_0$ 和 $i \in \{1,2,\cdots,n\}$，

（1）当 $0 \in S$ 时，$v(S \cup \{i\}) - v(S)$ 是关于 $|S|$ 的一个增函数；

（2）当 $0 \notin S$ 时，$v(S \cup \{i\}) - v(S)$ 是关于 $|S|$ 的一个减函数。

证明：当 $0 \in S$ 时，假设 $|S| = r$，对于任意的 $i \in \{1,2,\cdots,n\}$，有

$$v(S \cup \{i\}) - v(S) = v(\mathbb{C}_{r+1}) - v(\mathbb{C}_r) = \frac{M^2}{1+\theta} \cdot \left(\frac{n-r+1}{(g(n-r))^2} - \frac{n-r+2}{(g(n-r+1))^2} \right) \tag{6-81}$$

令

$$f(r) = \frac{n-r+1}{(g(n-r))^2} - \frac{n-r+2}{(g(n-r+1))^2} \tag{6-82}$$

则能证明 $f(r)$ 是关于 r 的一个增函数，实际上我们有

$$\frac{\mathrm{d}f(r)}{\mathrm{d}r} = h(r+1) - h(r) \tag{6-83}$$

其中，

$$h(r) = \frac{(2n-2r+3)\theta^2 + 8(n-r+2)\theta + 4(n-r+2)}{\left((2n-2r+5)\theta^2 + 8(n-r+2)\theta + 4(n-r+2)\right)^3} \tag{6-84}$$

可以计算出 $h(r)$ 关于 r 的一阶导数为

$$\frac{\mathrm{d}h(r)}{\mathrm{d}r} = \frac{8\left(\theta^2 + 4\theta + 2\right)\left((n-r+1)\theta^2 + 4(n+2-r)\theta + 2(n+2-r)\right)}{\left((2n-2r+5)\theta^2 + 8(n+2-r)\theta + 4(n+2-r)\right)^4} \tag{6-85}$$

很容易看出当 $r \leqslant n$ 时 $\dfrac{\mathrm{d}h(r)}{\mathrm{d}r} > 0$，从而有 $h(r+1) - h(r) > 0$，所以 $\dfrac{\mathrm{d}f(r)}{\mathrm{d}r} > 0$，$v(S \cup \{i\}) - v(S)$ 是关于 $|S|$ 的一个增函数。

当 $0 \notin S$ 时，

$$v(S \cup \{i\}) - v(S) = v(\mathbb{C}_{r+1}) - v(\mathbb{C}_r) = \frac{M^2}{1+\theta} \cdot \left(\frac{1}{(g(n-r))^2} - \frac{1}{(g(n-r+1))^2} \right) \tag{6-86}$$

同理能够证明出 $v(S \cup \{i\}) - v(S)$ 是关于 $|S|$ 的一个递减函数。

定理 6.3.3 表明合作博弈(N_0,v)的特征值随着联盟中参与人数目的增加而增大，这也意味着在合作博弈中所有的子公司都有加入大联盟$\mathbb{C}_{n+1}$的动机。因此，对于所有参与人合作形成的大联盟来说，只要大联盟的特征值$\mathbb{C}_{n+1}$分配合理，联盟就具有稳定性。引理 6.3.1 表明当联盟 S 包含组装公司时，上游供应子公司的边际贡献随着$|S|$的增大而增加，但是当联盟 S 不包含组装公司时，上游供应子公司的边际贡献随着$|S|$的增大而减小。

3. Shapley 值和转移定价决策

在合作博弈(N_0,v)中，最重要的一点在于其是否有非空的核。如果其拥有非空的核，则核中的任意一点都代表了一个合理的分配规则。因此为了寻找合理的分配规则，本小节将先计算合作博弈(N_0,v)的 Shapley 值，然后证明 Shapley 值在合作博弈(N_0,v)的核中，基于所给的合作博弈(N_0,v)的 Shapley 值，给出公司 A 联盟内部的转移价格。

定理 6.3.4：

（1）对于下游的组装子公司 D 来说，其 Shapley 值Y_0^n为

$$Y_0^n=\frac{M^2}{1+\theta}\cdot\frac{1}{n+1}\left(\frac{1}{(g(0))^2}+\sum_{j=1}^{n}\frac{j}{(g(j))^2}\right) \tag{6-87}$$

（2）对于上游组装子公司$U_i\ (i=1,2,\cdots,n)$来说，其 Shapley 值Y_i^n为

$$Y_i^n=\frac{M^2}{1+\theta}\cdot\frac{1}{n(n+1)}\left(\frac{n}{(g(0))^2}-\sum_{j=1}^{n}\frac{j}{(g(j))^2}\right),i=1,2,\cdots,n \tag{6-88}$$

证明：根据 Shapley 值的定义，合作博弈(N_0,v)中下游组装子公司的 Shapley 值为

$$\begin{aligned}
Y_0^n&=\sum_{S\subseteq N_0\backslash D}\frac{|S|!(|N_0|-|S|-1)!}{|N_0|!}\big(v(S\cup\{D\})-v(S)\big)\\
&=\sum_{r=1}^{n}C_n^r\frac{r!\cdot(n-r)!}{(n+1)!}\big(v(\mathbb{C}_r\cup\{D\})-v(\mathbb{C}_r)\big)+C_n^0\frac{0!\cdot n!}{(n+1)!}\big(v(D)-v(\varnothing)\big)\\
&=\sum_{r=1}^{n}\frac{1}{n+1}\cdot\big(v(\mathbb{C}_r\cup\{D\})-v(\mathbb{C}_r)\big)+\frac{1}{n+1}v(D)\\
&=\frac{M^2}{1+\theta}\cdot\frac{1}{n+1}\sum_{r=1}^{n}\left(\frac{n-r+1}{(g(n-r))^2}-\frac{1}{(g(n-r+1))^2}\right)+\frac{M^2}{1+\theta}\cdot\frac{1}{n+1}\cdot\frac{1+n}{(g(n))^2}\\
&=\frac{M^2}{1+\theta}\cdot\frac{1}{n+1}\left(\frac{1}{(g(0))^2}+\sum_{j=1}^{n}\frac{j}{(g(j))^2}\right)
\end{aligned}$$

由于上游子公司的对称性，上游子公司的 Shapley 值必然满足 $Y_1^n=Y_2^n,\cdots,=Y_n^n$，根据大联盟的收益 $v(N_0)=\dfrac{M^2}{1+\theta}\cdot\dfrac{1}{\left(g(0)\right)^2}$，有

$$Y_i^n=\frac{v(N_0)-Y_0^n}{n}=\frac{M^2}{1+\theta}\cdot\frac{1}{n(n+1)}\left(\frac{n}{\left(g(0)\right)^2}-\sum_{j=1}^{n}\frac{j}{\left(g(j)\right)^2}\right),i=1,2,\cdots,n \quad (6\text{-}89)$$

证明完毕。

定理 6.3.5：合作博弈(N_0,v)中的 Shapley 值$\{Y_i^n,i=0,1,2,\cdots,n\}$在博弈的核中。

证明见附录。

定理 6.3.5 表明所构造的合作博弈(N_0,v)具有非空的核，因此大联盟的利润按照 Shapley 值规则进行分配是合理的，基于计算出的 Shapley 值，下面给出公司 A 内部上游子公司和下游组装子公司内部间的转移价格。

定理 6.3.6：下游组装商 D 与上游供应子公司 U_i $(i=1,2,\cdots,n)$间的转移价格为

$$T_i=\frac{g(0)}{n(n+1)}\cdot\frac{M}{1+\theta}\left(\frac{n}{\left(g(0)\right)^2}-\sum_{j=1}^{n}\frac{j}{\left(g(j)\right)^2}\right),i=1,2,\cdots,n \quad (6\text{-}90)$$

证明：当公司 A 中所有的成员，包括组装公司 D 和上游子公司 $U_1,U_2,\cdots,U_n$ 彼此合作形成大联盟$\{N_0\}$时，公司 A 中的产品的产量为 $q=q_A^{(N_0,1)}=\dfrac{M}{g(0)}$。因此对 $\forall i\in\{1,2,\cdots,n\}$，上游子公司 U_i 需要供应给下游子公司 D 的部件数量为 $q=q_A^{(N_0,1)}=\dfrac{M}{g(0)}$，转移定价 T_i 需要满足 $Y_i=q_A^{(N_0,1)}T_i$，根据定理 6.3.4 中计算出的 Shapley 值，我们有

$$T_i=\frac{g(0)}{n(n+1)}\cdot\frac{M}{1+\theta}\left(\frac{1}{\left(g(0)\right)^2}-\sum_{j=1}^{n}\frac{j}{\left(g(j)\right)^2}\right).i=1,2,\cdots,n \quad (6\text{-}91)$$

证明完毕。

下面通过一个数值例子给出上面关于合作博弈的结果及公司内部的转移价格。

例 6.3.1：考虑市场上销售同类产品的两个公司 A 和 B。其中公司 A 包含 3 个上游子公司 U_1,U_2,U_3 和一个下游组装商 D，下游组装商 D 从上游子公司购买互补的产品组装生产，与公司 B 生产的同类产品在市场上竞争。公司 i 的需求 $q_i=a-p_i+\theta\left(p_j-p_i\right)$ 中的参数 $a=100$，$\theta=0.5$ $(i\neq j;i,j\in\{A,B\})$。根据分析，计算出不同联盟结构下的最优决策如表 6-1 所示。

表 6-1 不同联盟结构下的最优决策

联盟结构	最优决策						
	w_1	w_2	w_3	p_A	p_B	q_A	q_B
$L_1=\{\{1\},\{2\},\{3\},\{0\}\}$	10.21	10.21	10.21	71.53	45.26	15.33	67.88
$L_2=\{\{12\},\{3\},\{0\}\}$	—	—	13.59	67.96	44.66	20.39	66.99
$L_3=\{\{13\},\{2\},\{0\}\}$	—	13.59	—	67.96	44.66	20.39	66.99
$L_4=\{\{1\},\{23\},\{0\}\}$	13.59	—	—	67.96	44.66	20.39	66.99
$L_5=\{\{01\},\{2\},\{3\}\}$	—	13.59	13.59	67.96	44.66	20.39	66.99
$L_6=\{\{02\},\{1\},\{3\}\}$	13.59	—	13.59	67.96	44.66	20.39	66.99
$L_7=\{\{03\},\{1\},\{2\}\}$	13.59	13.59	—	67.96	44.66	20.39	66.99
$L_8=\{\{01\},\{23\}\}$	—	—	—	60.86	43.48	30.43	65.22
$L_9=\{\{02\},\{13\}\}$	—	—	—	60.86	43.48	30.43	65.22
$L_{10}=\{\{03\},\{12\}\}$	—	—	—	60.86	43.48	30.43	65.22
$L_{11}=\{\{012\},\{3\}\}$	—	—	20.29	65.30	43.48	30.43	65.22
$L_{12}=\{\{013\},\{2\}\}$	—	20.29	—	65.30	43.48	30.43	65.22
$L_{13}=\{\{023\},\{1\}\}$	20.29	—	—	65.30	43.48	30.43	65.22
$L_{14}=\{\{123\},\{0\}\}$	—	—	—	60.86	43.48	30.43	65.22
$L_{15}=\{0123\}$	—	—	—	40.00	40.00	60.00	60.00

根据不同联盟结构下的均衡结果，可以计算出所有可能联盟的特征值如下：

$v(\varnothing)=0$, $v(1)=v(2)=v(3)=156.64$, $v(0)=626.57$, $v(12)=v(23)=v(13)=277.12$, $v(123)=617.51$, $v(012)=v(013)=v(023)=1\,235.03$, $v(01)=v(02)=v(03)=831.37$, $v(0123)=2\,400$.

根据定理 6.3.4，计算出 Shapley 值 $Y_0^*=1\,010.42$，$Y_1^*=Y_2^*=Y_3^*=463.19$，很容易验证其核是非空的，根据定理 6.3.6 可以计算出相应的转移定价 $T_1^*=7.72$, $T_2^*=7.72$, $T_3^*=7.72$。

表 6-1 表明 A 中的子公司形成的联盟个数越少，公司 A 在市场上销售的产品零售价格越低，销量越高，但是上游子公司的批发价格变高，影响到竞争公司 B 的零售价格和销量，使得其都变小。这也意味着公司 A 中的上游子公司如果保持一定的竞争，只有较少的公司参与联盟合作，消费者的剩余和市场需求将会减少，而这与市场上下游公司直接的竞争的结论正好相反。

竞争强度 θ 对 Shapley 值及转移价格的影响反映在图 6-7 和图 6-8 中。图 6-7 和图 6-8 表明 Shapley 值和转移价格随着竞争强度 θ 的增大而减少，原因在于公司 A 的利润随着竞争强度的增大而减小，在这种情况下，即使公司 A 的所有参与人都彼此合作，分配给每个参与人的利润还是相应地减少，从而 Shapley 值和转移价格都降低了。

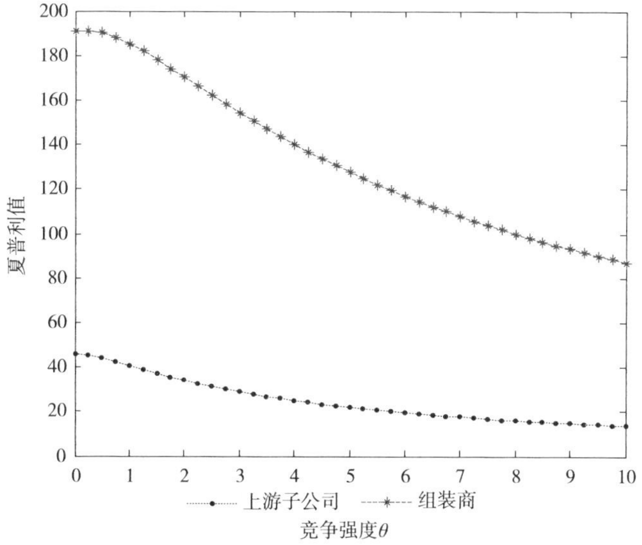

图 6-7　θ对 Shapley 值的影响(a=100,n=3)

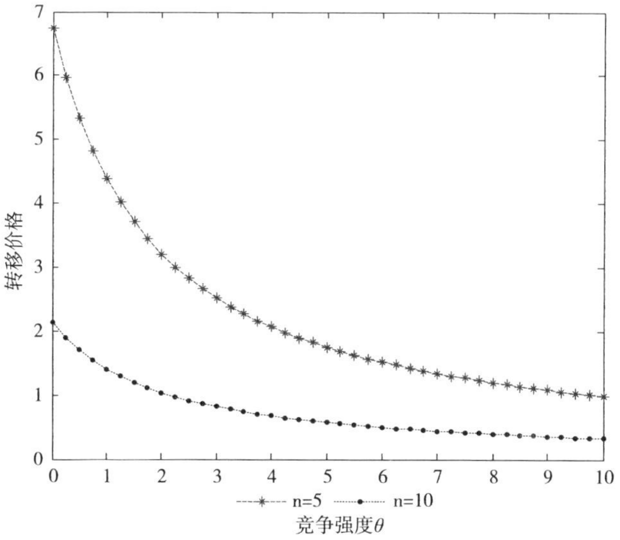

图 6-8　θ对转移价格的影响(a=100,n=3)

6.3.4　本部分小结

本部分针对竞争环境下的一个装配供应链系统，利用合作博弈方法探讨了联盟合作的稳定性，并利用 Shapley 值分配了大联盟的利润，证明了核是非空的。这里假设需求是确定并且是线性的，进一步可以考虑更符合实际情形的随机需求，并考虑装配供应链系统是面临的一个国际环境，以及税收的影响因素等。

附录 定理 6.3.5 的证明

为了证明定理 6.3.5，下面先给出几个引理。

引理 6.3.2：对于任意的 $S \subseteq N$ 并且 $0 \notin S$，记

$$|S| = r, \varphi_1(r,n) = \sum_{i \in S} Y_i^n - \frac{M^2}{1+\theta} \cdot \frac{1}{\left(g(n-r+1)\right)^2}, \varphi_2(r,n) = Y_0^n + \sum_{i \in S} Y_i^n - \frac{M^2}{1+\theta} \cdot \frac{n-r+1}{\left(g(n-r)\right)^2}$$

则

（1）$\phi_1(r,n) = \varphi_1(r+1,n) - \varphi_1(r,n)$ 是关于 r 的增函数；

（2）$\phi_2(r,n) = \varphi_2(r+1,n) - \varphi_2(r,n)$ 是关于 r 的减函数。

证明：根据 φ_1（r,n）的定义有

$$\phi_1(r,n) = \varphi_1(r+1,n) - \varphi_1(r,n) = Y_i^n - \frac{M^2}{1+\theta} \cdot \left(\frac{1}{\left(g(n-r)\right)^2} - \frac{1}{\left(g(n-r+1)\right)^2} \right)$$

根据引理 6.3.1 中的（2）可知 $\frac{1}{\left(g(n-r)\right)^2} - \frac{1}{\left(g(n-r+1)\right)^2}$ 关于 r 递减，所以 $\phi_1(r,n)$ 是关于 r 的增函数。

根据 φ_2（r,n）的定义有

$$\begin{aligned}
\phi_2(r,n) &= \varphi_2(r+1,n) - \varphi_2(r,n) \\
&= \frac{M^2}{1+\theta} \cdot \left(\frac{r+2}{n+1} \cdot \frac{1}{\left(g(0)\right)^2} + \frac{n-r-1}{n(n+1)} \cdot \sum_{i=1}^{n} \frac{j}{\left(g(j)\right)^2} - \frac{n-r}{\left(g(n-r-1)\right)^2} \right) \\
&\quad - \frac{M^2}{1+\theta} \cdot \left(\frac{r+1}{n+1} \cdot \frac{1}{\left(g(0)\right)^2} + \frac{n-r}{n(n+1)} \cdot \sum_{i=1}^{n} \frac{j}{\left(g(j)\right)^2} - \frac{n-r+1}{\left(g(n-r)\right)^2} \right) \\
&= \frac{M^2}{1+\theta} \cdot \frac{1}{n(n+1)} \left(\frac{n}{\left(g(0)\right)^2} - \sum_{j=1}^{n} \frac{j}{\left(g(j)\right)^2} \right) - \frac{M^2}{1+\theta} \cdot \left(\frac{n-r}{\left(g(n-r-1)\right)^2} - \frac{n-r+1}{\left(g(n-r)\right)^2} \right) \\
&= Y_i^n - \frac{M^2}{1+\theta} \cdot \left(\frac{n-r}{\left(g(n-r-1)\right)^2} - \frac{n-r+1}{\left(g(n-r)\right)^2} \right)
\end{aligned}$$

根据引理 6.3.1 中的（1）可知，$\phi_2(r,n)$ 是关于 r 的一个递减函数。

注：从上面的分析中可以看出，$\frac{M^2}{1+\theta} \cdot \left(\frac{1}{\left(g(n-r)\right)^2} - \frac{1}{\left(g(n-r+1)\right)^2} \right)$ 是联盟

$S(0\notin S)$ 中子公司 i 的边际贡献，$\dfrac{M^2}{1+\theta}\cdot\left(\dfrac{n-r}{\left(g(n-r-1)\right)^2}-\dfrac{n-r+1}{\left(g(n-r)\right)^2}\right)$ 是联盟 $S(0\in S)$ 中子公司 i 的边际贡献，Y_i^n 是子公司 i 的 Shapley 值。因此，引理 6.3.2 中的（1）表明，当 $0\notin S$ 时子公司 i 的 Shapley 值与其边际贡献的差值随着联盟 S 的增大而增大，当 $0\in S$ 时子公司 i 的 Shapley 值与其边际贡献的差值随着联盟 S 的增大而减小。

引理 6.3.3：

（1）$\varphi_1(1,n)\geqslant 0$（$n=2,3,\cdots$）；

（2）$\phi_1(1,n)=\varphi_1(2,n)-\varphi_1(1,n)\geqslant 0$（$n=2,3,\cdots$）；

（3）$\varphi_1(r,n)\geqslant 0$（$r=2,3,\cdots,n$；$n=2,3,\cdots$）。

证明：

（1）先证明 $\varphi_1(1,n)=Y_i^n-\dfrac{M^2}{1+\theta}\cdot\dfrac{1}{\left(g(n)\right)^2}\geqslant 0$（$n=2,3,\cdots$）。当 n=2 时，

$$
\begin{aligned}
\varphi_1(1,2)&=Y_i^2-\frac{M^2}{1+\theta}\cdot\frac{1}{\left(g(2)\right)^2}\\
&=\frac{1}{6}\frac{M^2}{1+\theta}\cdot\left(\frac{2}{\left(g(0)\right)^2}-\frac{1}{\left(g(1)\right)^2}-\frac{2}{\left(g(2)\right)^2}\right)-\frac{M^2}{1+\theta}\cdot\frac{1}{\left(g(2)\right)^2}\\
&=\frac{M^2}{1+\theta}\cdot\frac{K}{6\left(g(0)\right)^2\cdot\left(g(1)\right)^2\cdot\left(g(2)\right)^2}
\end{aligned}
$$

其中，$K=7\,936+63\,488\theta+206\,336\theta^2+349\,184\theta^3+328\,512\theta^4+171\,264\theta^5+47\,280\theta^6+5\,984\theta^7+209\theta^8$，很显然有 $\varphi_1(1,2)\geqslant 0$，也就是当 n=2 时，引理 6.2.3 中的（1）成立。假设结论对于 n=m 时成立，下面证明 n=m+1 时也成立。根据假设有

$$
\begin{aligned}
\varphi_1(1,m)&=Y_i^m-\frac{M^2}{1+\theta}\cdot\frac{1}{\left(g(m)\right)^2}\\
&=\frac{M^2}{1+\theta}\cdot\frac{1}{m(m+1)}\left(\frac{m}{\left(g(0)\right)^2}-\sum_{j=1}^{m}\frac{j}{\left(g(j)\right)^2}\right)-\frac{M^2}{1+\theta}\cdot\frac{1}{\left(g(m)\right)^2}\\
&\geqslant 0
\end{aligned}
$$

也就是

$$
-\sum_{j=1}^{m}\frac{j}{\left(g(j)\right)^2}\geqslant\left(\frac{m(m+1)}{\left(g(m)\right)^2}-\frac{m}{\left(g(0)\right)^2}\right)
$$

当 n=m+1 时，我们有

$$\varphi_1(1,m+1)=Y_i^{m+1}-\frac{M^2}{1+\theta}\cdot\frac{1}{\left(g(m+1)\right)^2}$$

$$=\frac{M^2}{1+\theta}\cdot\frac{1}{(m+1)(m+2)}\left(\frac{m+1}{\left(g(0)\right)^2}-\sum_{j=1}^{m+1}\frac{j}{\left(g(j)\right)^2}\right)-\frac{M^2}{1+\theta}\cdot\frac{1}{\left(g(m+1)\right)^2}$$

$$=\frac{M^2}{1+\theta}\cdot\frac{1}{(m+1)(m+2)}\cdot\frac{m+1}{\left(g(0)\right)^2}-\frac{M^2}{1+\theta}\cdot\frac{1}{\left(g(m+1)\right)^2}$$

$$+\frac{M^2}{1+\theta}\cdot\frac{1}{(m+1)(m+2)}\cdot\left(-\sum_{j=1}^{m}\frac{j}{\left(g(j)\right)^2}-\frac{m+1}{\left(g(m+1)\right)^2}\right)$$

$$\geqslant\frac{M^2}{1+\theta}\cdot\frac{1}{(m+1)(m+2)}\cdot\frac{m+1}{\left(g(0)\right)^2}-\frac{M^2}{1+\theta}\cdot\frac{1}{\left(g(m+1)\right)^2}$$

$$+\frac{M^2}{1+\theta}\cdot\frac{1}{(m+1)(m+2)}\cdot\left(\frac{m(m+1)}{\left(g(m)\right)^2}-\frac{m}{\left(g(0)\right)^2}-\frac{m+1}{\left(g(m+1)\right)^2}\right)$$

$$=\frac{M^2}{1+\theta}\cdot\frac{1}{(m+1)(m+2)\left(g(0)\right)^2}+\frac{M^2}{1+\theta}\cdot\frac{m}{(m+2)}\cdot\frac{1}{\left(g(m)\right)^2}-\frac{M^2}{1+\theta}$$

$$\cdot\frac{m+3}{(m+2)}\cdot\frac{1}{\left(g(m+1)\right)^2}=\frac{M^2}{1+\theta}\cdot\frac{F_1m^4+F_2m^3+F_3m^2+F_4m+F_5}{(m+1)(m+2)\left(g(0)\right)^2\cdot\left(g(m)\right)^2\cdot\left(g(m+1)\right)^2}$$

$$\geqslant 0$$

其中，$F_1=256+2\,048\theta+6\,656\theta^2+11\,264\theta^3+10\,624\theta^4+5\,632\theta^5+1\,664\theta^6+256\theta^7+16\theta^8$；$F_2=1\,280+10\,240\theta+33\,408\theta^2+57\,088\theta^3+54\,832\theta^4+29\,888\theta^5+9\,104\theta^6+1\,440\theta^7+92\theta^8$；$F_3=2\,304+18\,432\theta+60\,288\theta^2+103\,680\theta^3+100\,704\theta^4+55\,680\theta^5+17\,072\theta^6+2\,656\theta^7+160\theta^8$；$F_4=1\,536+12\,288\theta+40\,192\theta^2+69\,120\theta^3+67\,024\theta^4+36\,672\theta^5+10\,784\theta^6+1\,472\theta^7+57\theta^8$；$F_5=256+2\,048\theta+6\,656\theta^2+11\,264\theta^3+10\,544\theta^4+5\,312\theta^5+1\,240\theta^6+48\theta^7-18\theta^8$。

因此，根据数学归纳法有 $\varphi_1(1,n)\geqslant 0$（$n=2,3,\cdots$）。

（2）对于 n=2，

$$\phi_1(1,2)=\varphi_1(2,2)-\varphi_1(1,2)$$

$$=\frac{M^2}{1+\theta}\cdot\frac{1}{6}\left(\frac{1}{\left(g(0)\right)^2}-\frac{1}{\left(g(1)\right)^2}-\frac{2}{\left(g(2)\right)^2}\right)-\frac{M^2}{1+\theta}\cdot\left(\frac{1}{\left(g(1)\right)^2}-\frac{1}{\left(g(2)\right)^2}\right)$$

$$=\frac{M^2}{1+\theta}\cdot\frac{\left(\begin{array}{l}6\,400+51\,200\theta+166\,400\theta^2+2\,816\,000\theta^3+265\,152\theta^4\\+139\,008\theta^5+39\,312\theta^6+5\,408\theta^7+263\theta^8\end{array}\right)}{6\left(g(0)\right)^2\cdot\left(g(1)\right)^2\cdot\left(g(2)\right)^2}$$

显然有 $\phi_1(1,2)\geqslant 0$。

对于 $n=3,4,\cdots$，很容易有

$$\phi_1(1,n)=\varphi_1(2,n)-\varphi_1(1,n)=Y_i^n-\frac{M^2}{1+\theta}\cdot\left(\frac{1}{\left(g(n-1)\right)^2}-\frac{1}{\left(g(n)\right)^2}\right)$$

因为

$$\left(\frac{1}{\left(g(n-1)\right)^2}-\frac{1}{\left(g(n)\right)^2}\right)-\frac{1}{\left(g(n)\right)^2}$$

$$=-\frac{16(n-1)^2+64(n-1)^2\theta+8(10n^2-19n-11)\theta^2+16(2n^2-3n-3)\theta^3+(4n^2-4n-7)\theta^4}{\left(g(n-1)\right)^2\cdot\left(g(n)\right)^2}$$

$\leqslant 0$

也就是

$$\left(\frac{1}{\left(g(n-1)\right)^2}-\frac{1}{\left(g(n)\right)^2}\right)\leqslant\frac{1}{\left(g(n)\right)^2}$$

从而

$$\phi_1(1,n)=\varphi_1(2,n)-\varphi_1(1,n)\geqslant 0$$

综合以上有 $\phi_1(1,n)\geqslant 0$（$n=2,3,\cdots$）。

（3）根据 $\varphi_1(1,n)\geqslant 0$，$\phi_1(1,n)\geqslant 0$（$n=2,3,\cdots$）和引理 6.3.2 中的（1），很容易得到 $\varphi_1(r,n)\geqslant 0$（$r=1,2,\cdots,n,\ n=2,3,\cdots$）。

注：引理 6.3.3 表明，对任意的 $S\subseteq N$，$\sum_{i\in S}Y_i^n-\frac{M^2}{1+\theta}\cdot\frac{1}{\left(g(n-r+1)\right)^2}\geqslant 0$（$r=1,2,\cdots,n,n=2,3,\cdots$），这意味着对任意的联盟 S（$0\notin S$），其 r 个成员的 Shapley 值之和大于其对应的特征值。所以对于任意给定的 $r\in\{1,2,\cdots,n\}$，公司 A 中任意 r 个上游子公司都没有从大联盟中叛逃形成 r 个成员的联盟的动机，也就是大联盟是稳定的。

引理 6.3.4：

（1）$\varphi_2(1,n)\geqslant 0$（$n=2,3,\cdots$）；

（2）$\varphi_2(n-1,n)\geqslant 0$（$n=2,3,\cdots$）。

证明：下面用数学归纳法进行证明。

（1）当 $n=2$ 时，

$$\varphi_2(1,2)=Y_0^2+\sum_{i\in S}Y_i^2-\frac{M^2}{1+\theta}\cdot\frac{2}{(g(1))^2}$$
$$=\frac{M^2}{1+\theta}\cdot\left(\frac{2}{3}\frac{1}{(g(0))^2}+\frac{1}{6}\left(\frac{1}{(g(1))^2}+\frac{2}{(g(2))^2}\right)-\frac{2}{(g(1))^2}\right)$$
$$=\frac{M^2}{1+\theta}\cdot\frac{H}{6(g(0))^2\cdot(g(1))^2\cdot(g(2))^2}$$

其中，$H=23\,808+190\,464\theta+626\,688\theta^2+1\,093\,632\theta^3+1\,092\,704\theta^4+635\,264\theta^5+37\,504\theta^7+2\,749\theta^8$，很显然有 $\varphi_2(1,2)\geqslant 0$，也就是当 n=2 时引理 6.3.4 中的（1）成立。下面假设 n=m 时结论也是成立的，即

$$\varphi_2(1,m)=Y_0^m+\sum_{i\in S}Y_i^m-\frac{M^2}{1+\theta}\cdot\frac{m}{(g(m-1))^2}$$
$$=\frac{M^2}{1+\theta}\cdot\left(\frac{2}{m+1}\cdot\frac{1}{(g(0))^2}+\frac{m-1}{m(m+1)}\cdot\sum_{i=1}^{m}\frac{j}{(g(j))^2}-\frac{m}{(g(m-1))^2}\right)$$
$$\geqslant 0$$

也就是有

$$\sum_{i=1}^{m}\frac{j}{(g(j))^2}\geqslant\frac{m(m+1)}{m-1}\cdot\left(\frac{m}{(g(m-1))^2}-\frac{2}{m+1}\cdot\frac{1}{(g(0))^2}\right)$$

当 n=m+1 时，

$$\varphi_2(1,m+1)=Y_0^{m+1}+\sum_{i\in S}Y_i^{m+1}-\frac{M^2}{1+\theta}\cdot\frac{m+1}{(g(m))^2}$$
$$=\frac{M^2}{1+\theta}\cdot\left\{\frac{2}{m+2}\cdot\frac{1}{(g(0))^2}+\frac{m}{(m+1)(m+2)}\cdot\left(\sum_{i=1}^{m}\frac{j}{(g(j))^2}+\frac{m+1}{(g(m+1))^2}\right)\right.$$
$$\left.-\frac{m+1}{(g(m))^2}\right\}\geqslant\frac{M^2}{1+\theta}\cdot\left\{\frac{2}{m+2}\cdot\frac{1}{(g(0))^2}+\frac{m}{(m+1)(m+2)}\right.$$
$$\left.\cdot\left[\frac{m(m+1)}{m-1}\cdot\left(\frac{m}{(g(m-1))^2}-\frac{2}{m+1}\cdot\frac{1}{(g(0))^2}\right)+\frac{m+1}{(g(m+1))^2}\right]-\frac{m+1}{(g(m))^2}\right\}$$
$$=\frac{M^2}{1+\theta}\cdot\left(\frac{-2}{(m^2-1)(m+2)}\cdot\frac{1}{(g(0))^2}+\frac{m^3}{(m-1)(m+2)}\right.$$

$$\cdot\frac{1}{\left(g(m-1)\right)^2}+\frac{m}{m+2}\cdot\frac{1}{\left(g(m+1)\right)^2}-\frac{m+1}{\left(g(m)\right)^2}\Bigg)=\frac{M^2}{1+\theta}\cdot\frac{m}{(m+1)(m+2)}$$

$$\cdot\frac{A_1m^5+A_2m^4+A_3m^3+A_4m^2+A_5m+A_6}{\left(g(0)\right)^2\cdot\left(g(m-1)\right)^2\cdot\left(g(m)\right)^2\cdot\left(g(m+1)\right)^2}$$

$$\geqslant 0$$

其中，

$$A_1=4\,096+49\,152\theta+260\,096\theta^2+798\,720\theta^3+1\,577\,216\theta^4+2\,099\,200\theta^5$$
$$+1\,922\,560\theta^6+1\,217\,536\theta^7+529\,024\theta^8+154\,112\theta^9+28\,672\theta^{10}$$

$$A_2=12\,288+147\,456\theta+786\,432\theta^2+2\,457\,600\theta^3+4\,994\,304\theta^4+6\,924\,288\theta^5$$
$$+6\,683\,264\theta^6+4\,501\,248\theta^7+2\,090\,304\theta^8+651\,520\theta^9+129\,504\theta^{10}$$
$$+14\,784\theta^{11}+736\theta^{12}$$

$$A_3=12\,288+147\,456\theta+800\,768\theta^2+2\,600\,960\theta^3+5\,607\,680\theta^4$$
$$+8\,390\,656\theta^5+8\,832\,768\theta+6\,502\,912\theta^7+3\,283\,456\theta^8+1\,101\,824\theta^9$$
$$+233\,152\theta^{10}+28\,032\theta^{11}+1\,456\theta^{12}$$

$$A_4=4\,096+49\,152\theta+284\,672\theta^2+1\,044\,480\theta^3+2\,630\,144\theta^4+4\,624\,384\theta^5$$
$$+5\,644\,032\theta^6+4\,708\,864\theta^7+2\,626\,992\theta^8+949\,952\theta^9+211\,368\theta^{10}$$
$$+26\,064\theta^{11}+1\,352\theta^{12}$$

$$A_5=10\,240\theta^2+102\,400\theta^3+441\,088\theta^4+1\,071\,104\theta^5+1\,611\,904\theta^6$$
$$+1\,557\,248\theta^7+968\,320\theta^8+378\,368\theta^9+87\,792\theta^{10}+10\,720\theta^{11}+503\theta^{12}$$

$$A_6=1\,280\theta^4+10\,240\theta^5+33\,280\theta^6+56\,320\theta^7+52\,912\theta^8+27\,328\theta^9$$
$$+7\,240\theta^{10}+784\theta^{11}+6\theta^{12}$$

引理 6.3.4 中的（1）得证。

当 n=2 时，根据引理 6.3.4 中的（1）可以得到引理 6.3.4 中的（2）。下面仍然采用数字归纳法进行证明。假设 n=m 时结论也是成立的，即

$$\varphi_2(m-1,m)=Y_0^m+\sum_{i\in S}Y_i^m-\frac{M^2}{1+\theta}\cdot\frac{2}{\left(g(1)\right)^2}$$
$$=\frac{M^2}{1+\theta}\cdot\left(\frac{m}{m+1}\cdot\frac{1}{\left(g(0)\right)^2}+\frac{1}{m(m+1)}\cdot\sum_{i=1}^{m}\frac{j}{\left(g(j)\right)^2}-\frac{2}{\left(g(1)\right)^2}\right)$$
$$\geqslant 0$$

也就是

$$\sum_{i=1}^{m}\frac{j}{\left(g(j)\right)^2}\geqslant m(m+1)\cdot\left(\frac{2}{\left(g(1)\right)^2}-\frac{m}{m+1}\cdot\frac{1}{\left(g(0)\right)^2}\right)$$

当 $n=m+1$ 时，

$$\varphi_2(m, m+1) = Y_0^{m+1} + \sum_{i\in S} Y_i^{m+1} - \frac{M^2}{1+\theta}\cdot\frac{2}{\left(g(1)\right)^2}$$

$$= \frac{M^2}{1+\theta}\cdot\left(\frac{m+1}{m+2}\cdot\frac{1}{\left(g(0)\right)^2} + \frac{1}{(m+1)(m+2)}\cdot\left(\sum_{i=1}^{m}\frac{j}{\left(g(j)\right)^2}\right.\right.$$

$$\left.\left. + \frac{m+1}{\left(g(m+1)\right)^2}\right) - \frac{2}{\left(g(1)\right)^2}\right) \geqslant \frac{M^2}{1+\theta}\cdot\left(\frac{m+1}{m+2}\cdot\frac{1}{\left(g(0)\right)^2} + \frac{1}{(m+1)(m+2)}\right.$$

$$\left.\cdot\left(m(m+1)\cdot\left(\frac{2}{\left(g(1)\right)^2} - \frac{m}{m+1}\cdot\frac{1}{\left(g(0)\right)^2}\right) + \frac{m+1}{\left(g(m+1)\right)^2}\right) - \frac{2}{\left(g(1)\right)^2}\right)$$

$$= \frac{M^2}{1+\theta}\cdot\frac{1}{m+2}\cdot\left(\frac{(m+1)^3 - m}{(m+1)^2}\cdot\frac{1}{\left(g(0)\right)^2} + \frac{1}{\left(g(m+1)\right)^2} - \frac{4}{\left(g(1)\right)^2}\right)$$

$$= \frac{M^2}{1+\theta}\cdot\frac{B_1 m^5 + B_2 m^4 + B_3 m^3 + B_4 m^2 + B_5 m + B_6}{(m+2)(m+1)^2\cdot\left(g(0)\right)^2\cdot\left(g(1)\right)^2\cdot\left(g(m+1)\right)^2}$$

$$\geqslant 0$$

其中，

$$B_1 = 2\,304 + 18\,432\theta + 60\,288\theta^2 + 103\,680\theta^3 + 100\,816\theta^4 + 56\,128\theta^5 + 17\,648\theta^6 + 2\,912\theta^7 + 196\theta^8$$

$$B_2 = 15\,104 + 120\,832\theta + 396\,032\theta^2 + 684\,544\theta^3 + 671\,984\theta^4 + 379\,840\theta^5 + 121\,848\theta^6 + 20\,592\theta^7 + 1\,424\theta^8$$

$$B_3 = 35\,328 + 282\,624\theta + 927\,616\theta^2 + 1\,608\,960\theta^3 + 1\,589\,552\theta^4 + 907\,456\theta^5 + 294\,768\theta^6 + 50\,528\theta^7 + 3\,549\theta^8$$

$$B_4 = 37\,376 + 299\,008\theta + 981\,888\theta^2 + 1\,705\,216\theta^3 + 1\,688\,352\theta^4 + 966\,784\theta^5 + 314\,888\theta^6 + 54\,032\theta^7 + 3\,788\theta^8$$

$$B_5 = 19\,968 + 159\,744\theta + 523\,904\theta^2 + 907\,008\theta^3 + 892\,576\theta^4 + 5\,054\,772\theta^5 + 161\,528\theta^6 + 26\,864\theta^7 + 1\,792\theta^8$$

$$B_6 = 7\,424 + 59\,392\theta + 195\,328\theta^2 + 340\,480\theta^3 + 339\,312\theta^4 + 196\,032\theta^5 + 64\,344\theta^6 + 11\,056\theta^7 + 766\theta^8$$

由数学归纳法知 $\varphi_2(n-1,n) \geqslant 0$ ($n = 2,3,\cdots$)成立。

注：因为

$$\varphi_2(1,n) = Y_0^n + Y_i^n - \frac{M^2}{1+\theta}\cdot\frac{n}{\left(g(n-1)\right)^2} \geqslant 0,\ \varphi_2(n-1,n) = Y_0^n + (n-1)Y_i^n - \frac{M^2}{1+\theta}\cdot\frac{2}{\left(g(1)\right)^2} \geqslant 0,$$

引理 6.3.4 说明组装子公司 D 和任意一个上游子公司 i 的 Shapley 值之和总是大于两个参与人合作的特征值，并且组装子公司 D 和任意（n–1）个上游子公司的 Shapley 值之和总是大于其合作时的特征值，这也意味着组装子公司和任意一个（或者 n–1）上游子公司都没从大联盟叛逃形成两个（或者 n）参与人的联盟的动机。

下面证明定理 6.3.5。

根据核的定义，这里只需证明对于 $\forall S\subseteq N_0,\sum\limits_{i\in S}Y_i^n\geqslant v(S)$，也就是个体理性和集体理性成立，因为 Shapley 值 Y_i^n 已经满足有效性$\left[\sum\limits_{i\in N_0}Y_i^n=v(N_0)\right]$。

实际上，对于任意的 $S\subseteq N_0$，组装子公司 0 只有两种情况：$0\notin S$ 或者 $0\in S$。

当 $0\notin S$ 时，如果 $|S|=1$，则引理 6.3.3 中的（1）已经说明 $\sum\limits_{i\in S}Y_i^n\geqslant v(S)$；如果 $n\geqslant|S|>1$，则由引理 6.3.3 中的（3）可以直接得到 $\sum\limits_{i\in S}Y_i^n\geqslant v(S)$。

当 $0\in S$ 时，如果 $|S|=1$，则需要证明 $Y_0^n\geqslant v(\{0\})$，也就是需要证明下式成立

$$\frac{1}{n+1}\left(\frac{1}{(g(0))^2}+\sum_{i=1}^{n}\frac{j}{(g(j))^2}\right)\geqslant\frac{1+n}{(g(n))^2}$$

下面用数学归纳法证明。

当 n=2 时，

$$Y_0^2-v(\{0\})=\frac{1}{3}\left(\frac{1}{(g(0))^2}+\frac{1}{(g(1))^2}+\frac{2}{(g(2))^2}\right)-\frac{3}{(g(2))^2}$$

$$=\frac{L}{3(g(0))^2\cdot(g(1))^2\cdot(g(2))^2}$$

其中，$L=4\,352+34\,816\theta+113\,152\theta^2+191\,488\theta^3+180\,096\theta^4+93\,696\theta^5+25\,632\theta^6+3\,136\theta^7+91\theta^8$，很显然当 n=2 时结论成立。下面假设 $n=m$ 时结论成立，即

$$\frac{1}{m+1}\left(\frac{1}{(g(0))^2}+\sum_{i=1}^{m}\frac{j}{(g(j))^2}\right)\geqslant\frac{m+1}{(g(m))^2}$$

也就是

$$\frac{1}{(g(0))^2}+\sum_{j=1}^{m}\frac{j}{(g(j))^2}\geqslant\frac{(m+1)^2}{(g(m))^2}$$

当 $n=m+1$ 时，

$$\frac{1}{m+2}\left(\frac{1}{\left(g(0)\right)^2}+\sum_{i=1}^{m}\frac{j}{\left(g(j)\right)^2}+\frac{m+1}{\left(g(m+1)\right)^2}\right)-\frac{m+2}{\left(g(m+1)\right)^2}$$

$$\geqslant \frac{1}{m+2}\left(\frac{(m+1)^2}{\left(g(m)\right)^2}+\frac{m+1}{\left(g(m+1)\right)^2}\right)-\frac{m+2}{\left(g(m+1)\right)^2}$$

$$=\frac{1}{m+2}\left(\frac{(m+1)^2}{\left(g(m)\right)^2}-\frac{m^2+3m+3}{\left(g(m+1)\right)^2}\right)$$

$$=\frac{G_1m^3+G_2m^2+G_3m+G_4}{(m+2)\cdot\left(g(m)\right)^2\cdot\left(g(m+1)\right)^2}$$

$$\geqslant 0$$

其中，$G_1=16+64\theta+80\theta^2+32\theta^3+4\theta^4$；$G_2=48+192\theta+240\theta^2+96\theta^3+12\theta^4$；$G_3=48+192\theta+232\theta^2+80\theta^3+7\theta^4$；$G_4=16+64\theta+72\theta^2+16\theta^3-2\theta^4$。

因此根据数学归纳法有 $Y_0^n\geqslant v(\{0\})$。

如果 $n+1\geqslant|S|>1$，则需要证明 $Y_0^n+\sum_{i\in S\setminus\{0\}}Y_i^n\geqslant v(S)$，令 $|S|=r+1$，只需证明

$$\frac{1}{n+1}\left(\sum_{i=1}^{n}\frac{j}{\left(g(j)\right)^2}+\frac{1}{\left(g(0)\right)^2}\right)+\frac{r}{n(n+1)}\left(\frac{n}{\left(g(0)\right)^2}-\sum_{i=1}^{n}\frac{j}{\left(g(j)\right)^2}\right)\geqslant\frac{n-r+1}{\left(g(n-r)\right)^2}$$

也就是$\varphi_2(r,n)\geqslant 0$即可。由引理 6.3.2 可知，$\phi_2(r,n)$是关于$r$的一个递减函数，因此$\phi_2(r,n)$有三种可能情况：① $\phi_2(r,n)\geqslant 0$，$\forall r=1,2,\cdots,n$；② $\phi_2(r,n)\leqslant 0$，$\forall r=1,2,\cdots,n$；③ $\exists r^*\in\{1,2,\cdots,n\}$，使得当 $r=1,2,\cdots,r^*$ 时 $\phi_2(r,n)\geqslant 0$；$r=r^*$, $r^*+1,\cdots,n$ 时 $\phi_1(r,n)\leqslant 0$。针对以上三种情况，根据 6.3.2 中的（1）和（2）及 $\varphi_2(n,n)=0$ 可知，对于任意的$r=1,2,\cdots,n$，$n=2,3,\cdots$，总是有$\varphi_2(r,n)\geqslant 0$成立，所以得到

$$Y_0^n+\sum_{i\in S\setminus\{0\}}Y_i^n\geqslant v(S)$$

综合以上，我们有 Shapley 值{ $Y_i^n, i=0,1,2,\cdots,n$ }在合作博弈(N_0,v)的核中。

第 7 章　合作研发联盟的研发投入策略及稳定性研究

7.1 引　　言

调查显示，1993~1998 年，美国研发联盟的数量以每年 39%~52%的速度增长，[20]。据统计，21 世纪初全球总共出现了 300 多万个联盟，而其中 90%以上都是技术联盟[21]，而研发合作大都发生在一些技术含量高的产业。2016 年，丰田汽车与美国芯片制造商高通及其他 25 家企业一起组成全球汽车联盟，以期将自动驾驶技术带入现实。该联盟中共有 12 家来自汽车行业的企业，包括丰田、日产汽车、通用汽车、大众、宝马、现代汽车和沃尔沃等。百度在 2017 年发布了 Apollo 计划，此计划通过建立生态合作伙伴联盟，鼓励合作伙伴在各专业领域实现资源优势互补，其中包括奇瑞汽车、长安汽车、长城汽车、福田汽车、江淮汽车、金龙客车等众多汽车企业。而早在 2014 年，谷歌就成立了包括通用、本田、奥迪、现代等汽车企业的开放汽车联盟。

新技术的发展使得即使一些很大的企业都很难单方面从事研发投入[158]，因此研发合作已经成为企业创新和保持竞争力的一种重要方式。研发企业之间的共担风险、利益共享和优势互补等合作方式，成为技术革新和发展的新趋势。比较著名的研发联盟案例有 IBM、Apple 和 Motorola 在 1991 年成立的联盟[185]。

企业的研发不可避免会发生溢出而使得竞争对手受益，这种溢出与以下几个方面有关[175]：产权制度（property rights regime）、逆向工程（reverse-engineering）、标杆管理及共享技术（benchmarking and sharing techniques）、产业内的人员流动（mobility of people within the industry）等。研发合作能够使溢出影响内化（internalize the spillover effect），避免了重复性的投入，使企业获得规模经济效应[158]。

然而联盟中的企业作为利益个体，加入联盟的根本目的是获取经济收益。因此对于联盟而言，如何评价成员企业对联盟的贡献，并以此为依据进行利益分配决定了联盟合作的成败及持续性。Wang 和 Zajac[26]对 800 多家联盟组织进行了实证分析，统计结果表明只有 45%的人认为联盟合作是成功的。而自 20 世纪 90 年代以来，能够持续 4 年以上的研发联盟只有 40%[27]。因此需要考虑以下问题：

（1）如果允许企业可以自由结盟合作开展研发活动，稳定的联盟结构是什么样的?

（2）研发溢出率及研发难度会对联盟结构的稳定性有什么样的影响?

为了回答上述问题，本章使用了内生联盟形成来描述企业的研发合作行为。因为每一个研发企业都可以自由加入或者离开一个联盟，或者与别的企业合作结成新的联盟，我们要确定的是稳定的联盟结构中没有任何企业改变其决策。这个决策基于企业通过研发活动取得的收益，同时还要考虑别的企业的研发活动对其影响。为了描述这种相互之间的影响，这里我们采用最大一致集来刻画研发联盟的远视稳定性。

本章将利用三阶段博弈的方法，探讨不同合作模式下的联盟研发策略及联盟稳定性。第一阶段 n 个企业（不妨记为 $\{1,2,\cdots,n\}$ ）自由结盟，记联盟结构为 $L=\{Z_1,Z_2,\cdots,Z_m\}$ ；第二阶段联盟 $Z_k(k=1,2,\cdots,m)$ 中的成员企业选择研发合作；第三阶段是生产阶段，所有企业在市场进行数量竞争或者选择产量合作。根据前人的研究，现实产业中的研发联盟合作主要有三种形式[158, 176]：①联盟型研发卡特尔。在这种合作模式下，联盟成员协调研发活动以使得在研发阶段联盟卡特尔的利润达到最大，此时卡特尔联盟内部成员之间没有信息溢出。②联盟型 RJVs。在这种合作模式下，联盟 RJVs 中的成员共享研发信息。③联盟型 RJVs 卡特尔。在这种合作模式下，联盟内的成员一方面共享研发信息，另外一方面还通过协调研发活动使得联盟利润达到最大。本章主要基于 RJVs 卡特尔合作模式，探讨研发联盟的最佳研发投入策略及联盟稳定性。首先介绍研发阶段和生产阶段都没有合作时的基本模型，其次研究研发阶段采用 RJVs 卡特尔合作模式时，产量竞争和产量合作情形下的两种最优研发投入策略及相应的联盟短视稳定性和远视稳定性。

7.2 模型描述和记号

7.2.1 模型假设

假设有 n 个生产同质产品的企业，面临如下线性逆需求函数

$$p=A-Q \tag{7-1}$$

其中，$Q=\sum_{i=1}^{n}q_i$ 为市场上 n 个企业产品的数量，每个企业的单位生产成本为 c_i，其成本不但受到企业自身 R&D 投入的影响，也受到竞争企业 R&D 投入的影响，假设：

（1）企业通过研发投入、从事研发活动来降低其边际生产成本，这里假设企业 i 的产品的单位成本为

$$c_i = C - x_i - \beta\sum_{i\neq j}x_j \tag{7-2}$$

其中，$0<C<A$，因为成本的减少量不可能超过初始的成本 C，所以这里假设 $x_i+\beta\sum_{i\neq j}x_j<C$，$C$ 表示所有企业在没有研发支出时的单位成本；x_i 表示企业 i 自身研发投入带来的成本减少量；$x_j(j\neq i)$ 表示企业 j 的研发投入引起的企业 j 产品的单位成本减少量；$\beta(0\leqslant\beta\leqslant1)$刻画了企业之间信息溢出的程度。

（2）企业 i 的研发 R&D 成本为 $\eta x_i^2/2$，其中 $\eta>0$，反映了研发支出对成本减少的效果呈递减效应。

7.2.2　研发基本模型

先介绍在研发和生产阶段都没有合作的情形，此时博弈分为两个阶段：第一阶段，n 个企业决策各自最优的研发水平；第二阶段，n 个企业进行数量竞争决策各自最优的产量。下面使用逆向递推法求解出两阶段的完美子博弈均衡解。

在第二阶段，企业 i 的利润为

$$\pi_i=(p-c_i)q_i-\eta x_i^2/2 \tag{7-3}$$

在给定研发水平 $(x_1,x_2,\cdots,x_n)$ 的条件下，企业 i 的最大利润的一阶条件为

$$\frac{\mathrm{d}\pi_i}{\mathrm{d}q_i}=A-\sum_{j=1}^{n}q_j-c_i-q_i=0 \tag{7-4}$$

由于其二阶条件−2<0，所以 π_i 存在最大值，并有下述条件成立

$$A-\sum_{j=1}^{n}q_j-c_i-q_i=0,\ i=1,2,\cdots.n \tag{7-5}$$

市场上产品总的数量为

$$Q=\sum_{i=1}^{n}q_i=\frac{n(A-C)+\left(1+(n-1)\beta\right)\sum_{j=1}^{n}x_j}{n+1} \tag{7-6}$$

从而有

$$q_i=\frac{A-C+(2\beta-1)\sum_{j\neq i}x_j+(n-(n-1)\beta)x_i}{n+1} \tag{7-7}$$

根据上述反应函数$q_i(x_1,x_2,\cdots,x_n)$，企业i的利润可以表示为

$$\pi_i=(p-c_i)q_i-\eta x_i^2/2=\left[\frac{A-C+(2\beta-1)\sum_{j\neq i}x_j+(n-(n-1)\beta)x_i}{n+1}\right]^2-\eta x_i^2/2 \tag{7-8}$$

企业i（$i=1,2,\cdots,n$）的均衡研发水平可以由其一阶导数得到

$$\frac{\mathrm{d}\pi_i}{\mathrm{d}x_i}=\frac{2\big(n-(n-1)\beta\big)\left[A-C+(2\beta-1)\sum_{j\neq i}x_j+\big(n-(n-1)\beta\big)x_i\right]}{(n+1)^2}-\eta x_i=0 \tag{7-9}$$

求解式（7-9），可以得到企业i的均衡研发水平①

$$x_i=\frac{2(A-C)[n-(n-1)\beta]}{\eta(n+1)^2-2[n-(n-1)\beta][1+(n-1)\beta]} \tag{7-10}$$

从而得到企业i的产量及利润为

$$q_i=\frac{\eta(n+1)}{2[n-(n-1)\beta]}x_i,\pi_i=\eta\left[\frac{\eta(n+1)^2}{4\big(n-(n-1)\beta\big)^2}-\frac{1}{2}\right]x_i^2 \tag{7-11}$$

对此结果的分析可以参考 Poyago-Theotoky[159]的文章，特别要提及的是，溢出率的大小对研发支出有重要影响：当$\beta\in[0,0.5)$时，企业间的研发支出是战略替代的，而当$\beta\in(0.5,1]$时，研发支出战略互补。

下面考虑企业自由合作结成联盟进行研发合作时的情形。先给出n个企业在研发阶段自由结盟时的一些记号：$N=\{1,2,\cdots,n\}$表示所有企业的集合，子集$S\subseteq N$称为研发联盟，并且把N称为大联盟，$L=\{Z_1,Z_2,\cdots,Z_m\}$是大联盟的任意一种分割，其中包含m($m\leqslant n$)个成员，满足$\cup_{i=1}^m Z_i=N$和$Z_i\cap Z_j=\varnothing$（$i\neq j$），用s_j表示研发联盟Z_j中包含的成员数目。

7.3 产量竞争及产量合作两种模式下的研发投入策略

7.3.1 产量竞争情形下的研发合作模型及相应的研发投入策略

考虑第一阶段所有企业自由结盟并且联盟内企业进行研发合作，第二阶段所有的企业进行产量竞争。也就是对于给定的联盟结构$L=\{Z_1,Z_2,\cdots,Z_m\}$，联盟Z_k内

① 对$\forall\beta\in[0,1]$，二阶导数需满足$\eta>2n^2/(n+1)^2$。

的成员不但共享完全的信息（此时联盟内企业间研发的溢出率 $\beta=1$），而且协调研发活动，使得联盟内所有企业的利润和达到最大。所以在这种情形下，联盟 Z_k 内的企业 i 的成本可以表示为

$$c_i = C - \sum_{j\in Z_k} x_j - \beta \sum_{j\notin Z_k} x_j \tag{7-12}$$

下面使用逆向递归法求出相应联盟结构 $L=\{Z_1, Z_2, \cdots, Z_m\}$ 下均衡的研发支出、产量及相应的利润。

在产量竞争的第二阶段，企业 i 的收益为

$$\pi_i = (p - c_i) q_i - \eta (x_i)^2 / 2 \tag{7-13}$$

这是一个 n 人博弈，所以可以计算出市场总的产量为

$$Q=\sum_{i=1}^{n} q_i = \frac{n(A-C) + \sum_{l=1}^{m}\left\{\left[s_l + \beta(n-s_l)\right]\sum_{j\in Z_l} x_j\right\}}{n+1} \tag{7-14}$$

其中，s_l 表示联盟 Z_l 内参与人的数目，即 $|Z_l| = s_l$。因此，联盟 Z_k 内企业 i 的产量为

$$q_i = \frac{A - C - \sum_{l=1}^{m}\left\{\left[s_l + \beta(n-s_l)\right]\sum_{j\in Z_l} x_j\right\}}{n+1} + \sum_{j\in Z_k} x_j + \beta \sum_{j\notin Z_k} x_j \tag{7-15}$$

从而企业 i 在研发阶段的利润为

$$\begin{aligned} \pi_{Z_k} &= \sum_{i\in Z_k} \pi_i \\ &= \sum_{i\in Z_k}\left\{\left(\frac{A - C - \sum_{l=1}^{m}\left\{\left[s_l + \beta(n-s_l)\right]\sum_{j\in Z_l} x_j\right\}}{n+1} + \sum_{j\in Z_k} x_j + \beta \sum_{j\notin Z_k} x_j\right)^2 - \eta (x_i)^2 / 2\right\} \end{aligned} \tag{7-16}$$

企业 i 的均衡研发水平可以由下述一阶导数求出

$$\frac{\partial \pi_{Z_k}}{\partial x_i} = \frac{\partial \pi_i}{\partial x_i} + \sum_{j\neq i,\ j\in Z_k} \frac{\partial \pi_j}{\partial x_i} = 0 \tag{7-17}$$

其中，$\sum_{j\neq i,\ j\in Z_k} \frac{\partial \pi_j}{\partial x_i} = 2(s_k - 1) q_i \left[\frac{1 + (1-\beta)(n - s_k)}{n+1}\right]$，由于其在 $s_k > 1$ 时恒正，所以企业 i 的研发支出对联盟内别的企业总是起着正的影响。下面考虑对称解的情形，也就是对 $\forall i, j \in Z_k$，$x_i = x_j \triangleq x_{Z_k}$，得到下述方程组

$$(n+1)\left[\eta-(H_k)^2/2\right]x_{Z_k}-H_k\sum_{L\neq k}\left\{s_l\left[\beta-s_l(1-\beta)\right]x_{Z_l}\right\}$$
$$=H_k(A-C),\ k=1,2,\cdots,m \tag{7-18}$$

其中，$H_k=2s_k\left[1+(n-s_k)(1-\beta)\right]/(n+1)$，均衡的研发水平可以表示为①

$$x_{Z_k}=\frac{A-C}{G_k(1-Y)},k=1,2,\cdots,m \tag{7-19}$$

其中，$G_k=(n+1)\left[\eta/H_k-H_k/2\right]+s_k\left[\beta-s_k(1-\beta)\right]$；$Y=\sum_{l=1}^{m}s_l\left[\beta-s_l(1-\beta)\right]/G_l$。从而可以得到企业 i 的均衡产量和利润分别为

$$q_i=\eta x_{Z_k}/H_k\ ,\pi_i=\eta\left(\frac{\eta}{(H_k)^2}-\frac{1}{2}\right)(x_{Z_k})^2 \tag{7-20}$$

对于大联盟，每个企业相应的研发水平、产量及利润分别为

$$x_N=\frac{2n(A-C)}{\eta(n+1)^2-2n^2},q_N=\frac{\eta(n+1)(A-C)}{\eta(n+1)^2-2n^2},\pi_N=\frac{\eta(A-C)^2}{\eta(n+1)^2-2n^2} \tag{7-21}$$

由于式（7-19）与式（7-20）的复杂性，下面我们考虑 n=3 时的研发联盟的一些性质。先引入合作博弈理论中的一些记号。L_k^n 表示一种联盟结构，其中 $k(k\leqslant n,n=3)$ 个企业彼此合作，剩下的 $n-k$ 个企业相互独立并且彼此没有任何合作。例如，$L_1^3=\{1,2,3\}$ 表示三个没有任何合作的相互独立的企业，它们之间既没有研发活动的协调也没有信息共享；L_2^3 表示联盟结构中有两个企业合作研发，剩下的一个企业独立研发。$x_i^{L_k^n}$、$q_i^{L_k^n}$、$\pi_i^{L_k^n}$ 分别表示相应的联盟结构 L_k^n 中企业 i 的研发水平、企业的产量和利润；如果联盟 Z 中所有企业的研发水平、产量和利润都相同，则记为 $x_Z^{L_k^n},q_Z^{L_k^n},\pi_Z^{L_k^n}$，并且用 $x_{\bar Z}^{L_k^n},q_{\bar Z}^{L_k^n},\pi_{\bar Z}^{L_k^n}$ 表示联盟 Z 外部企业的研发水平、产量和相应的利润。

特别当 n=3 时，有以下性质。

性质 7.1：在研发阶段合作、产量阶段竞争的情形下，当 n=3 和 $\eta>128/27$（$0<1/\eta<27/128$）时，有如下的研发水平、产量及利润之间的关系。

（1）图 7-1 给出了不同联盟结构下相应的研发、产量关系，可表示为

$$\begin{cases}A_1^{RC}: x_{\bar Z}^{L_2^3}<x_i^{L_1^3}<x_i^{L_3^3}<x_Z^{L_2^3};\ q_{\bar Z}^{L_2^3}<q_i^{L_1^3}<q_i^{L_3^3}<q_Z^{L_2^3}\\ A_2^{RC}: x_{\bar Z}^{L_2^3}<x_i^{L_1^3}<x_Z^{L_2^3}<x_i^{L_3^3};\ q_{\bar Z}^{L_2^3}<q_i^{L_1^3}<q_Z^{L_2^3}<q_i^{L_3^3}\\ A_3^{RC}\cup A_4^{RC}: x_i^{L_1^3}<x_{\bar Z}^{L_2^3}<x_Z^{L_2^3}<x_i^{L_3^3};\ q_i^{L_1^3}<q_{\bar Z}^{L_2^3}<q_Z^{L_2^3}<q_i^{L_3^3}\end{cases}$$

① 对于 $\forall\beta\in[0,1]$ 和任意的联盟结构，二阶导数和有效的研发支出需满足 $\eta>8(n+1)^2/27$。

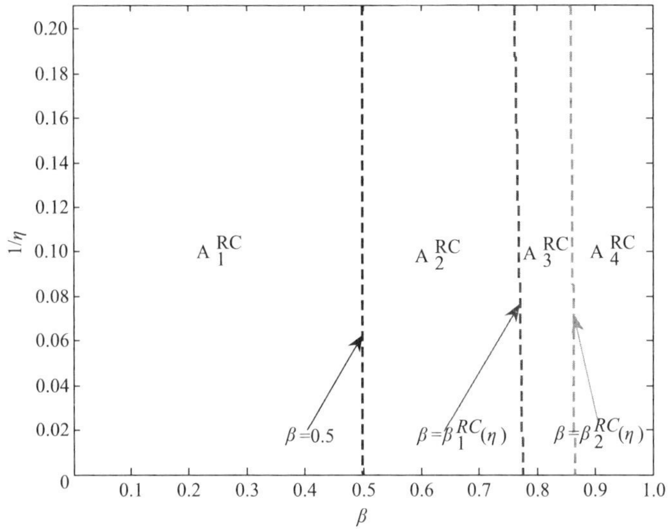

图 7-1　RJVs 卡特尔模式（产量竞争）下研发、产量、利润比较区域图

（2）不同联盟结构下利润间关系可表示为

$$\begin{cases} A_1^{RC}: \pi_Z^{L_2^3} < \pi_i^{L_1^3} < \pi_i^{L_3^3} < \pi_Z^{L_2^3} \\ A_2^{RC}: \pi_Z^{L_2^3} < \pi_i^{L_1^3} < \pi_Z^{L_2^3} < \pi_i^{L_3^3} \\ A_3^{RC}: \pi_i^{L_1^3} < \pi_Z^{L_2^3} < \pi_Z^{L_2^3} < \pi_i^{L_3^3} \\ A_4^{RC}: \pi_i^{L_1^3} < \pi_Z^{L_2^3} < \pi_Z^{L_2^3} < \pi_i^{L_3^3} \end{cases}$$

其中，$\beta=0.5$，$\beta_1^{RC}(\eta)$ 和 $\beta_2^{RC}(\eta)$ 满足 $\beta=0.5$ 时 $x_i^{L_3^3}=x_Z^{L_2^3}, q_i^{L_3^3}=q_Z^{L_2^3}, \pi_i^{L_3^3}=\pi_Z^{L_2^3}$；$\beta=\beta_1^{RC}(\eta)$ 时 $x_i^{L_1^3}=x_Z^{L_2^3}, q_i^{L_1^3}=q_Z^{L_2^3}, \pi_i^{L_1^3}=\pi_Z^{L_2^3}$；$\beta=\beta_2^{RC}(\eta)$ 时 $\pi_Z^{L_2^3}=\pi_Z^{L_2^3}$。

根据性质 7.1 中的（1），上述不同联盟结构下的研发水平及相应的产量可以总结如下：①当溢出率小于 0.5 时，对于任何成本系数，两人联盟结构中的联盟外企业的研发支出及产量都是最低的，而联盟内的企业却刚好相反，达到最大值；大联盟时研发支出及产量都比不联盟时的要大。②当溢出率大于 0.5 时，大联盟中的企业研发投入及产量比任何联盟结构中的企业都要多。③当溢出率比较大，也就是当 $(\beta,\eta)\in A_3^{RC}\cup A_4^{RC}$ 时，不联盟时的研发支出和产量都最低。所以总体来看，随着溢出率的增大，合作总是能够使得企业愿意增加研发投入并且使得各自的产量增加。这主要是因为合作能够协调各个企业，避免重复研发投入和搭便车行为，使得各个企业愿意在研发上进行投入。

性质 7.1 中的（2）关于利润间的关系与（1）非常类似，因为虽然研发支出增加了，但是产量的增加能够给企业带来更高的利润。唯一的差别在于 $(\beta,\eta)\in A_4^{RC}$

时，两人联盟结构中的联盟内企业的利润反而比联盟外的企业利润低。这是因为当溢出率比较大时，联盟外的企业存在搭便车的情况，此时联盟外的企业在研发投入上比较少，从而使得自身的利润反而比联盟内的企业高。

7.3.2　产量合作情形下的研发合作模型及相应的研发投入策略

若结盟企业不仅在第一阶段合作研发，同时在第二阶段也合作定产，则对于给定的联盟结构 $L=\{Z_1,Z_2,\cdots,Z_m\}$，联盟 Z_k 内的成员在第一阶段完全共享信息的同时协调联盟内部的研发活动，在第二阶段合作定产。记联盟 Z_k 内的研发水平为 x_{Z_k}，产量为 q_{Z_k}，所以在这种情形下，联盟 Z_k 内企业的研发水平可以记为

$$c_{z_k}=C-s_kx_{z_k}-\beta\sum_{l\neq k}s_lx_{z_l} \tag{7-22}$$

联盟 Z_k 内企业总的收益为

$$\pi_{Z_k}=\sum_{i\in Z_k}\pi_i=\sum_{i\in Z_k}\left\{(p-c_i)q_i-\eta(x_i)^2/2\right\} \tag{7-23}$$

其中，c_i 如式（7-12）所示；s_l 表示联盟 Z_l 内参与人的数目，即 $|Z_l|=s_l$；对 $\forall i,j\in Z_k$，$q_i=q_j\triangleq q_{Z_k}$，得到

$$A-\sum_{l=1}^{m}s_lq_{Z_l}-c_k-s_kq_{Z_k}=0,\ k=1,2,\cdots,m \tag{7-24}$$

计算出市场总的产量为

$$Q=\sum_{l=1}^{m}s_lq_{Z_l}=\frac{m(A-C)+[1+\beta(m-1)]\sum_{l=1}^{m}s_lx_{Z_l}}{m+1} \tag{7-25}$$

联盟 Z_k 内企业 i 的产量为

$$q_{Z_k}=\frac{(A-C)-[1+\beta(m-1)]\sum_{l=1}^{m}s_lx_{Z_l}}{(m+1)s_k}+\frac{\beta\sum_{l\neq k}s_lx_{Z_l}}{s_k}+x_{Z_k} \tag{7-26}$$

从而联盟 Z_k 在研发阶段的利润为

$$\pi_{Z_k}=\sum_{i\in Z_k}\pi_i=s_k\left(\frac{(A-C)-[1+\beta(m-1)]\sum_{l=1}^{m}s_lx_{Z_l}}{(m+1)s_k}+\frac{\beta\sum_{l\neq k}s_lx_{Z_l}}{s_k}+x_{Z_k}\right)^2-\eta s_k(x_{Z_k})^2/2 \tag{7-27}$$

令一阶导数 $\partial\pi_{Z_k}/\partial x_{Z_k}=0$，得到下述方程组

$$(m+1)[\eta-2T(1-\beta)]s_kx_{Z_k}+2T(1-2\beta)\sum_{l=1}^{m}s_lx_{Z_l}=2T(A-C),\ k=1,2,\cdots,m \tag{7-28}$$

其中，$T=\left[m-\beta(m-1)\right]/(m+1)$，所以均衡的研发水平可以表示为[①]

$$x_{Z_k}=\frac{1}{s_k}\frac{2T(A-C)}{\eta(m+1)-2T\left[1+\beta(m-1)\right]}, k=1,2,\cdots,m \tag{7-29}$$

联盟 Z_k 内企业 i 的均衡产量和利润分别为

$$q_{Z_k}=\eta x_{Z_k}\big/2T\ ,\pi_i=\eta\left(\frac{\eta}{(4T)^2}-\frac{1}{2}\right)(x_{Z_k})^2 \tag{7-30}$$

对于大联盟，每个企业相应的研发水平、产量及利润分别为

$$x_N=\frac{A-C}{n(2\eta-1)}, q_N=\frac{\eta(A-C)}{n(2\eta-1)}, \pi_N=\frac{\eta(A-C)^2}{4n^2(2\eta-1)} \tag{7-31}$$

特别当 n=3 时，有以下性质。

性质 7.2：在研发阶段合作、产量阶段也合作的情形下，当 n=3 和 $\eta>9/8$（$0<1/\eta<8/9$）时，有如下的研发水平、产量及利润之间的关系。

（1）图 7-2 给出了不同联盟结构下相应的研发水平关系，可表示为

$$\begin{cases} A_1^{RC*}: x_i^{L_3^3}<x_Z^{L_2^3}<x_i^{L_1^3}<x_Z^{L_2^3} \\ A_2^{RC*}: x_Z^{L_2^3}<x_i^{L_3^3}<x_i^{L_1^3}<x_Z^{L_2^3} \\ A_3^{RC*}: x_Z^{L_2^3}<x_i^{L_1^3}<x_i^{L_3^3}<x_Z^{L_2^3} \end{cases}$$

其中，$\beta=0.5$，$\beta_1^{RC*}(\eta)$ 满足 $\beta=0.5$ 时，$x_i^{L_3^3}=x_Z^{L_2^3}$；$\beta=\beta_1^{RC*}(\eta)$ 时，$x_i^{L_1^3}=x_i^{L_3^3}$。

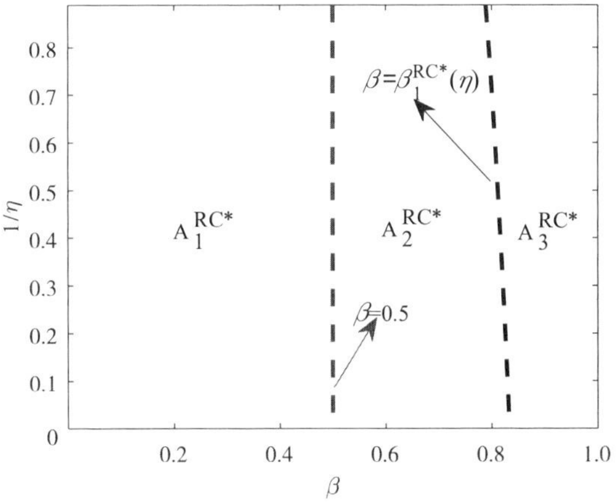

图 7-2　RJVs 卡特尔模式（产量合作）下研发比较区域图

（2）不同联盟结构下产量的关系为 $q_Z^{L_2^3}<q_i^{L_3^3}<q_i^{L_1^3}<q_Z^{L_2^3}$。

（3）图 7-3 给出了不同联盟结构下相应的利润间关系，可表示为

① 对于 $\forall\beta\in[0,1]$ 和任意的联盟结构，二阶导数和有效的研发支出需满足 $\eta>2n^2\big/(n+1)^2$。

$$\begin{cases} A_4^{RC*}: \pi_i^{L_1^3} < \pi_Z^{L_2^3} < \pi_i^{L_3^3} < \pi_{\overline{Z}}^{L_2^3} \\ A_5^{RC*}: \pi_Z^{L_2^3} < \pi_i^{L_1^3} < \pi_i^{L_3^3} < \pi_{\overline{Z}}^{L_2^3} \\ A_6^{RC*}: \pi_Z^{L_2^3} < \pi_i^{L_3^3} < \pi_i^{L_1^3} < \pi_{\overline{Z}}^{L_2^3} \\ A_7^{RC*}: \pi_i^{L_3^3} < \pi_Z^{L_2^3} < \pi_i^{L_1^3} < \pi_{\overline{Z}}^{L_2^3} \end{cases}$$

其中，$\beta_2^{RC*}(\eta)$、$\beta_3^{RC*}(\eta)$、$\beta_4^{RC*}(\eta)$满足$\beta=\beta_2^{RC*}(\eta)$时，$\pi_i^{L_1^3}=x_Z^{L_2^3}$；$\beta=\beta_3^{RC*}(\eta)$时，$\pi_i^{L_1^3}=x_i^{L_3^3}$；$\beta=\beta_4^{RC*}(\eta)$时，$\pi_{\overline{Z}}^{L_2^3}=x_i^{L_3^3}$。

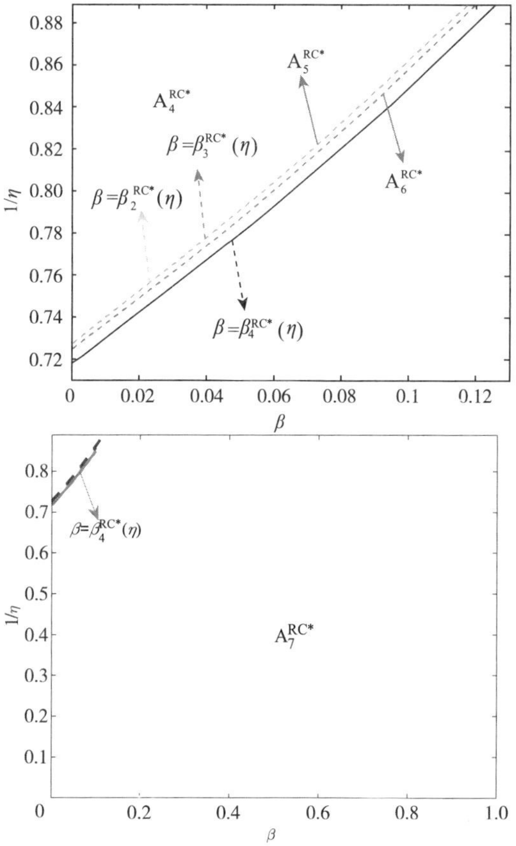

图 7-3　RJVs 卡特尔模式（产量合作）下利润比较区域图

当研发和生产都合作时，从性质 7.2 中的可以看出：①对于任意的溢出率和研发成本系数，两人联盟结构中联盟外的企业的研发支出、产量及利润都是最高的。②当溢出率小于 0.5 时，大联盟内的研发投入最少；当溢出率大于 0.5 时，两人联盟结构中联盟内企业的研发投入最少。③大联盟结构时，联盟内企业的利润在大部分情况下都是最低的，即$(\beta,\eta)\in A_7^{RC*}$；大多数情形下不联盟或者联盟外的企业收益更高。所以研发和生产的同时合作一般情形下并不会给企业带来更好的收益，这也跟实际情形中的企业实践类似，市场上总是会有几个大的生产同质产品的寡头企业存在。

7.4　产量竞争及产量合作两种模式下的联盟稳定性

7.4.1　两种模式下的联盟短视稳定性

从以上不同的研发合作模型中可以看到，企业是否愿意参与合作不仅与溢出率有关，而且与研发成本系数有关；另外，企业研发合作以后的联盟结构是否能够保持稳定，也是需要考虑的一个重要方面。合作博弈中关于联盟稳定性的判定有短视稳定性和远视稳定性两种不同的方法。Nash 稳定和强 Nash 稳定都属于短视稳定，其判定的方法是看其参与人（或联盟）从某个联盟结构中发生一步“叛逃”是否使得其利润增加。而对于远视稳定性，是从参与人发生多步“叛逃”的结果来判断其是否稳定。因为某个参与人的一步“叛逃”使得其利润增加以后，其他参与人也会发生一系列的叛逃行为，所以需要从远视的角度来看待联盟的稳定性。下面基于 Nash 稳定及 Chwe 提出的最大一致集概念，给出联盟结构的短视及远视稳定结果。

基于 Nash 稳定性的定义，两种模式下的 Nash 稳定性结果如下。

定理 7.1：n=3 时，研发阶段合作、产量阶段竞争情形中，如果$(\eta,\beta)\in \mathrm{A}_1^{\mathrm{RC}}$，$L_2^3$ 是唯一的 Nash 稳定联盟结构；如果$(\eta,\beta)\in \mathrm{A}_2^{\mathrm{RC}}\cup \mathrm{A}_3^{\mathrm{RC}}\cup \mathrm{A}_4^{\mathrm{RC}}$，大联盟 L_3^3 是唯一的 Nash 稳定联盟结构。

当溢出率小于 0.5 时，对于任何研发成本系数，我们发现两人联盟结构中联盟内企业将不会从当前的联盟中叛逃出去。联盟结构 L_2^3 中的企业可以分成联盟内企业和联盟外企业。对于联盟内企业有两种选择，与联盟外的企业合作或者从联盟内叛逃，但是这两种情况都不会发生，因为无论哪一种都不会获得更好的收益。而对于联盟外企业来说，如果选择加入两人联盟，联盟结构将从 L_2^3 变成大联盟，显然当$(\eta,\beta)\in \mathrm{A}_1^{RC}$ 时，此种情况不会发生，所以 L_2^3 Nash 稳定。对于联盟结构 L_1^3 或者 L_3^3，任何参与人从当前的状态叛逃都将获得更好的收益，从而 L_1^3 和 L_3^3 都不是 Nash 稳定的。

当溢出率大于 0.5 时，对于任何研发成本系数，大联盟结构内的企业收益最高，所以其不会从当前的联盟中叛逃出去，L_3^3 Nash 稳定。而对于联盟结构 L_1^3 或者 L_2^3，任何参与人从当前的状态叛逃都将获得更好的收益，从而 L_1^3 和 L_2^3 都不是 Nash 稳定的。

定理 7.2：n=3 时，研发阶段和产量阶段都合作的情形中，如果 $(\eta,\beta)\in \mathrm{A}_4^{\mathrm{RC}*}$，$L_2^3$ 是唯一的 Nash 稳定联盟结构；如果 $(\eta,\beta)\in \mathrm{A}_5^{\mathrm{RC}*}$，则没有 Nash 稳定联盟结构。如果 $(\eta,\beta)\in \mathrm{A}_6^{\mathrm{RC}*}\cup \mathrm{A}_7^{\mathrm{RC}*}$，$L_1^3$ 是唯一的 Nash 稳定联盟结构。

从定理 7.2 中可以得到，大联盟在任何情形下都不是短视稳定的，也就是大联盟中的成员都有一步叛逃的动机。有可能 Nash 稳定的联盟结构只有两人联盟结构 L_2^3 和不联盟时的 L_1^3。但是 L_2^3 稳定只有在研发成本系数非常大并且溢出率非常小的可能区间内才发生。大多数情形下更可能稳定的是没有任何联盟时的联盟结构 L_1^3。

7.4.2 两种模式下的联盟远视稳定性

上述讨论的是短视研发联盟稳定性，下面接着讨论研发联盟的远视稳定性，根据性质 7.1 和性质 7.2，有如下两个定理。

定理 7.3：n=3 时，研发阶段合作、产量阶段竞争的情形中，如果 $(\eta,\beta)\in \mathrm{A}_1^{\mathrm{RC}}$，$L_2^3$ 是唯一的远视稳定联盟结构；如果 $(\eta,\beta)\in \mathrm{A}_2^{\mathrm{RC}}\cup \mathrm{A}_3^{\mathrm{RC}}\cup \mathrm{A}_4^{\mathrm{RC}}$，大联盟 L_3^3 是唯一的远视稳定联盟结构。

从定理 7.3 中可以得到，联盟的远视稳定性与短视稳定性的结果一致。这主要是因为当溢出率小于 0.5 时，L_2^3 中联盟内的参与人收益最高；而当溢出率大于 0.5 时，大联盟中的参与人收益最高。

定理 7.4：n=3 时，研发阶段和产量阶段都合作的情形中，如果 $(\eta,\beta)\in \mathrm{A}_4^{\mathrm{RC}*}$，$L_2^3$、$L_3^3$ 远视稳定；如果 $(\eta,\beta)\in \mathrm{A}_5^{\mathrm{RC}*}$，$L_1^3$、$L_3^3$ 远视稳定；如果 $(\eta,\beta)\in \mathrm{A}_6^{\mathrm{RC}*}\cup \mathrm{A}_7^{\mathrm{RC}*}$，只有 L_1^3 远视稳定。

从定理 7.4 中可以得到，大联盟在任何情形下虽然都不是短视稳定的，但是当溢出率 β 很小并且成本系数 η 也很小时大联盟远视稳定，除此之外，联盟结构 L_1^3 在任何情形下都远视稳定，这与短视稳定性的结果不同。这也解释了现实中虽然研发合作有很多好处，但是很多寡头企业仍然会选择“单干”来保证自身的竞争力和企业的利润。

7.5 本 章 小 结

本章研究了卡特尔 RJVs 的情形，即联盟内的成员不但共享完全的信息（此时联盟内企业间研发的溢出率 $\beta = 1$ ），而且协调研发活动，使得联盟内所有企业的利润和达到最大。这里采用三阶段博弈方法，给出了产量竞争以及产量合作两种不同的情形下任意联盟结构中的研发支出、产量和利润。特别针对 n=3 探讨了联盟短视稳定性和远视稳定性。结果发现，产量竞争情形下的卡特尔 RJVs 模式中联盟的短视稳定性与远视稳定性一致，即当 $\beta < 0.5$ 时，两人联盟结构是唯一稳定的联盟结构，而当 $0.5 < \beta < 1$ 时，大联盟唯一稳定。而产量合作时的卡特尔 RJVs 模式中的大联盟在任何情形下都不短视稳定，仅仅当溢出率比较小，并且研发成本系数比较小时，大联盟才远视稳定。本章仅仅针对确定性情形和单层企业间的研发合作进行了讨论，如果将其拓展到研发不确定及多层供应链系统中，相关的研究结论将更加丰富。

附录　均衡结果

均衡结果如表 7-1 所示。

附表 7-1　n=3 时的 RJVs 卡特尔合作模式下的均衡结果

产量竞争				
联盟	L_1^3	L_3^3	L_2^3	
公司	i	i	Z	$\bar{Z}$
研发水平	$\dfrac{tw_3}{F_1}$	$\dfrac{3t}{8\eta-9}$	$\dfrac{w_4(2\eta - w_2w_3)t}{F_2}$	$\dfrac{w_3(\eta - 2w_4w_2)t}{F_2}$
数量	$\dfrac{2\eta t}{F_1}$	$\dfrac{2\eta t}{8\eta-9}$	$\dfrac{\eta(2\eta - w_2w_3)t}{F_2}$	$\dfrac{2\eta(\eta - 2w_4w_2)t}{F_2}$
利润	$\dfrac{\eta t^2[8\eta-(w_3)^2]}{2(F_1)^2}$	$\dfrac{\eta t^2}{2(8\eta-9)}$	$(q_i)^2 - \dfrac{\eta(x_i)^2}{2}$	$(q_i)^2 - \dfrac{\eta(x_i)^2}{2}$
产量合作				
联盟	L_1^3	L_3^3	L_2^3	
公司	i	i	Z	$\bar{Z}$
研发水平	$\dfrac{tw_3}{F_1}$	$\dfrac{t}{3(2\eta-1)}$	$\dfrac{w_4t}{F_3}$	$\dfrac{2w_4t}{F_3}$
数量	$\dfrac{2\eta t}{F_1}$	$\dfrac{\eta t}{3(2\eta-1)}$	$\dfrac{3\eta t}{2F_3}$	$\dfrac{3\eta t}{F_3}$
利润	$\dfrac{\eta t^2[8\eta-(w_3)^2]}{2(F_1)^2}$	$\dfrac{\eta t^2}{36(2\eta-1)}$	$(q_i)^2 - \dfrac{\eta(x_i)^2}{2}$	$(q_i)^2 - \dfrac{\eta(x_i)^2}{2}$

注：其中，$t = A - C$；$w_1 = 1 + 2\beta$；$w_2 = 1 - \beta$；$w_3 = 3 - 2\beta$；$w_4 = 2 - \beta$；$F_2 = 8\eta^2 + (-25 + 28\beta - 8\beta^2)\eta + 12 - 14\beta - 8\beta^2 + 14\beta^3 - 4\beta^4$；$F_3 = 9\eta - (2-\beta)(1+\beta)$

总结及展望

1. 全书总结

本书针对现实企业管理运作中的库存共享、广告合作、联合定价、联合采购及合作研发，主要运用最优化理论及合作博弈理论中短视稳定性和远视稳定性等方法研究了供应链联盟中的运作策略及联盟结构的稳定性，对现有的供应链联盟运作理论做了进一步的拓展。在研究结构上不断深入，从单层供应链联盟合作拓展到分销供应链系统和装配供应链系统；研究内容上也做了相应的丰富，不仅进行了传统上的库存合作和联合采购及合作研发的理论研究，同时也开展了联合定价及合作广告的研究工作。主要内容如下：

（1）针对供应链中的零售商横向库存共享联盟，以及制造商和零售商的混合库存共享联盟，首先证明了两种库存共享联盟最优运作策略的存在性，给出了供应链达到协调时，制造商向零售商横向库存共享联盟所提供数量折扣契约的具体形式；其次，证明了相应两种库存共享博弈核的非空性，从而可知两种库存共享联盟的大联盟是稳定的，并且得出混合库存共享联盟的总期望利润高于零售商横向库存共享联盟的总期望利润的结论。

（2）针对供应链中的合作广告联盟，以及合作广告和库存共享联盟，首先考虑了零售商横向合作广告与制造商和零售商混合合作广告的两种合作广告情形，证明了两种合作广告联盟的最优运作策略都是存在的，并通过分析相应合作广告博弈的凸性证明了核的非空性。特别地，针对横向合作广告联盟，设计了基于销售收益在大联盟中所占比例的成本分摊方案；针对混合合作广告联盟，设计了基于特殊“批发价格”的利润分配方案，并且这两种分配方案都在相应博弈的核中；其次，通过合作广告与库存共享博弈的平衡性证明了该合作博弈核的非空性，从而可知合作广告和库存共享联盟的大联盟是稳定的。

（3）以由单一制造商和三个相互竞争的零售商所组成的两层供应链系统为研究对象，首先讨论了供应链中基于价格竞争的零售商定价联盟运作策略和稳定性。在制造商处于主导地位、制造商和零售商地位相同与零售商处于主导地位等三种不同的市场结构下，采用短视的 Nash 稳定性概念与远视的最大一致集概念讨论了不同类型零售商定价联盟的稳定结构。发现不论是在制造商处于领导地位，还是在零售商处于领导地位的市场中，当竞争强度较弱时，大联盟不是短视零售商联盟的稳定结构，却有可能是远视零售商联盟的稳定结构；当竞争强度较强时，无论是短视零售商还是远视零售商都以大联盟为稳定结构，但是，在制造商处于领导地位的市场中，远视零售商形成大联盟的阈值较高；在制造商和零售商地位相同的市场中，大联盟则是远视零售商和短视零售商共同的稳定结构。

其次研究了供应商与多个零售商结盟合作的运作策略及联盟结构的稳定性，结果表明，当零售商间的竞争强度比较弱时，基于 Shaple 值分配联盟利润方案下的大联盟从短视角度下是稳定的，供应链系统更可能发生的联盟为供应商–零售商联盟。对于不同的竞争强度，本书还给出了远视情形下可能存在的其他的稳定联盟结构。

（4）针对一个两层的供应链系统（一个供应商三个零售商），在供应商提供批发价格契约下，当下游零售商结成联合采购联盟时，讨论了三种不同的博弈框架下（供应商是领导者、零售商是领导者、供应商与零售商具有相同的市场力量）的联盟策略及联盟结构的稳定性。结果表明在 Stackelberg 模型中，无论谁是领导者，大联盟都不是短视稳定的，而是远视稳定的。研究了垄断环境和竞争环境下组装供应系统的联盟合作策略及稳定性。

接着进一步分析了当制造商提供数量折扣契约时，基于订货量竞争的远视零售商联合采购联盟的运作策略和稳定性。所得结论表明，当制造商提供线性折扣契约时，制造商所提供的折扣比例不同，基于订货量竞争的零售商联合采购联盟结构也是不同的。当折扣比例较低时，基于订货量竞争的远视零售商会形成仅两个零售商联合采购的联盟结构；而当折扣比例较高时，基于订货量竞争的远视零售商将只会形成大联盟，以增强共同的竞争力。但是，当制造商提供两部收费制折扣契约时，无论制造商所提供的折扣比例如何变化，基于订货量竞争的远视零售商都以三个零售商联合采购的大联盟为稳定结构。而对于其他参数的数量折扣契约形式，则通过数值例子说明了大联盟是大多数联合采购联盟的稳定结构。

（5）针对一个装配供应链系统（n 个上游供应商和一个下游组装商），研究了供应链系统中成员参与联盟合作时的联盟稳定性及相应的大联盟利润分配，其中下游组装商面临的是一个价格敏感型的需求。每个上游供应商都可以独立决策其销售价格，并决定是否以谈判的价格出售原料产品给下游组装商，供应链系统内的所有供应商和组装商都可以自由决定彼此之间是否进行合作。结果表明大联盟结构中供应链的利润是最高的。为了分配大联盟结构下供应链系统总的利润，本书构造了特征函数具有超模性质的合作博弈，并利用 Shapley 值分配方法给出了整个供应链系统内部的转移价格。接着研究了当装配供应链系统面对一个生产同质产品的竞争企业时，供应链系统内部成员的合作策略。结果表明大联盟是稳定的，并找出了分配联盟利润的合理策略。

（6）市场上存在多个生产同质产品的企业，为了减少研发支出，提高企业的竞争力，企业之间可以合作研发。本书利用三阶段的方法（第一阶段中企业间寻求合作，形成一定的联盟结构；第二阶段联盟结构内企业研发合作；第三阶段企业间生产产品）探讨了研发卡特尔 RJVs 合作中两种不同情形下（生产阶段竞争和生产阶段合作）的最优研发投入策略及联盟的短视稳定性和远视稳定性。结果发现，产量竞争情形下的卡特尔 RJVs 模式中联盟的短视稳定性与远视稳定性一致，即当$\beta<0.5$时，两人联盟结构是唯一稳定的联盟结构；当$0.5<\beta<1$时，大联盟唯一稳定。而产量合作时的卡特尔 RJVs 模式中的大联盟在任何情形下都不短视稳定，仅仅当溢出率比较小，并且研发成本系数比较小时，大联盟才远视稳定。

2. 研究展望

本书通过对供应链环境的现实情形进行抽象和简化，探讨了联盟合作的运作策略及联盟稳定性，但是由于联盟稳定性讨论的复杂性，本书仅考虑了一些比较简单的情况。实际中供应链联盟合作所处的环境更加复杂和多变，因此存在很多相关的问题有待今后进一步研究。

（1）本书所得到的结论都基于完全对称的信息，而对于信息不对称下供应链联盟的运作策略和稳定性则未有涉及，而在实际的商业活动中，信息不对称的现象是非常普遍的。因此，信息不对称情形下，企业间合作联盟的运作策略和稳定性是值得研究的一个方向。

（2）对于“合作竞争”的情形，本书仅讨论了在三个零售商相互竞争的情况下，零售商定价联盟和联合采购联盟的稳定结构，多个零售商相互竞争情况下的联盟稳定结构还未有涉及，而中国的中小企业众多，特别是珠三角的众多中小企业以产业集群的形式结成了合作联盟。因此，多个零售商相互竞争的情形下的联盟稳定结构也是一个值得研究的方向。

（3）本书所讨论的零售商都假设是风险中性的，但是，在实际中零售商对风险和损失的偏好是不同的，如风险偏好、风险规避和损失规避等。因此，不同风险偏好和损失规避下的零售商间库存共享联盟、合作广告联盟也是值得研究的一个方向。

（4）本书研究的装配供应链中的供应商联盟合作中的组装商都是提供互补产品，而在实际商业活动中，存在着竞争性的上游供应商的情形，因此研究竞争性上游供应商联盟亦有其实际意义。

（5）本书仅研究了单层供应链中的企业间的研发合作，旨在减少产品的成本。进一步可以从增加研发成功的概率、提高产品的质量、开拓市场份额等多个目的进行研究；另外供应链纵向上的研发联盟合作及装配供应链中的研发联盟合作也是未来值得研究的一个方向。

参 考 文 献

[1] Masters J M，Londe B J L. Emerging logistics strategies：blueprints for the next century[J]. International Journal of Physical Distribution & Logistics Management，1994，24（7）：35-47.

[2] Mentzer J T，Dewitt W，Keebler J S，et al. Defining supply chain management[J]. Journal of Business Logistics，2001，22（2）：1-25.

[3] 霍佳震. 物流与供应链管理（第二版）[M]. 北京：高等教育出版社，2012.

[4] 盖特纳 J. 战略供应链联盟——供应链管理中的最佳实践[M]. 宋华，郑平，白鹏，等译. 北京：经济管理出版社，2003.

[5] 肖旦. 供应链中合作联盟的运作策略与稳定性研究[D]. 华南理工大学博士学位论文，2013.

[6] 钟远光. 带有资金与服务水平约束的供应链管理问题研究[D]. 华南理工大学博士学位论文，2014.

[7] 丁俊发. 中国供应链管理蓝皮书（2017）[M]. 北京：中国财富出版社，2017.

[8] 张永强. 西方国家供应链联盟演变历程及对中国的启示[J]. 南开管理评论，2001，4（4）：73-77.

[9] Petersen M A，Rajan R G. Trade credit：theories and evidence[J]. Review of Financial Studies，1997，10（3）：661-691.

[10] Atanasova C V，Wilson N. Disequilibrium in the UK corporate loan market[J]. Journal of Banking & Finance，2004，28（3）：595-614.

[11] Dyer J H，Ouchi W G. Japanese-style partnerships：giving companies a competitive edge[J]. Sloan Management Review，1993，35（1）：51-63.

[12] Kranenburg A A，van Houtum G J. A new partial pooling structure for spare parts networks[J]. European Journal of Operational Research，2009，199（3）：908-921.

[13] Karsten F，Slikker M， van Houtum G-J. Inventory pooling games for expensive，low-demand spare parts[J]. Naval Research Logistics，2012，59（5）：311-324.

[14] Zentes J，Swoboda B. Allied groups on the road to complex networks[J]. Technology in Society，2000，22（1）：133-150.

[15] Chen R R，Roma P. Group buying of competing retailers[J]. Production & Operations Management，2015，20（2）：181-197.

[16] Guajardo M，Rönnqvist M. Operations research models for coalition structure in collaborative logistics[J]. European Journal of Operational Research，2015，240（1）：147-159.

[17] Vanovermeire C, Sörensen K. Integration of the cost allocation in the optimization of collaborative bundling[J]. Transportation Research Part E Logistics and Transportation Review, 2014, 72: 125-143.

[18] Krishan V. Horizontal supply chain collaboration: experiences from Benelux case studies[Z], 2009.

[19] Cruijssen F, Cools M, Dullaert W. Horizontal cooperation in logistics: opportunities and impediments[J]. Transportation Research Part E Logistics and Transportation Review, 2007, 43（2）: 129-142.

[20] 汪翔. 基于 Shapley 值的研发联盟收益分配及风险分担研究[D]. 重庆大学博士学位论文, 2016.

[21] Sadowski B, Duysters G. Strategic technology alliance termination: an empirical investigation [J]. Journal of Engineering and Technology Management, 2008, 25（4）: 305-320.

[22] 张爽. 全球最大汽车联盟诞生节约数十亿欧元研发开支[J]. 锻造与冲压, 2010,（5）: 16.

[23] 陈宇科. 基于成本分担和联盟规模的纵向合作研发机制研究[D]. 重庆大学博士学位论文, 2010.

[24] Morris D, Hergert M. Trends in international collaborative agreements[J]. Columbia Journal of World Business, 1988, 22（2）: 15-21.

[25] Brandenburger A M, Nalebuff B J. The right game: use game theory to shape strategy[J]. Harvard Business Review, 1995, 73（4）: 57-71.

[26] Wang L, Zajac E J. Alliance or acquisition? A dyadic perspective on interfirm resource combinations[J]. Strategic Management Journal, 2007, 28（13）: 1291-1317.

[27] Sampson R C. The cost of misaligned governance in R&D alliances[J]. Journal of Law Economics and Organization, 2004, 20（2）: 484-526.

[28] Park S H, Russo M V. When competition eclipses cooperation: an event history analysis of joint venture failure[J]. Management Science, 1996, 42（6）: 875-890.

[29] Gomes E, Weber Y, Brown C, et al. Mergers, Acquisitions and Strategic Alliances: Understanding the Process[M]. London: Red Globe Press, 2011.

[30] Kale P, Singh H. Managing strategic alliances: what do we know now, and where do we go from here?[J]. Academy of Management Perspectives, 2009, 23（3）: 45-62.

[31] Doz Y L.The evolution of cooperation in strategic alliances: initial conditions or learning processes?[J]. Strategic Management Journal, 1996, 17（S1）: 55-83.

[32] Doz Y L, Olk P M, Ring P S. Formation processes of R&D consortia: which path to take? Where does it lead?[J]. Strategic Management Journal, 2000, 21（3）: 239-266.

[33] Glaister K W, Buckley P J. Strategic motives for international alliance formation[J]. Journal of Management Studies, 1996, 33（3）: 301-332.

[34] Parkhe A. Strategic alliance structuring: a game theoretic and transaction cost examination of interfirm cooperation[J]. Academy of Management Journal, 1993, 36（4）: 794-829.

[35] Brouthers K D, Bamossy G J. Post-formation processes in eastern and western European joint ventures[J]. Journal of Management Studies, 2006, 43（2）: 203-229.

[36] Christoffersen J. A review of antecedents of international strategic alliance performance: synthesized evidence and new directions for core constructs[J]. International Journal of

Management Reviews，2013，15（1）：66-85.
[37] Lee H，Kim D，Seo M. Market valuation of marketing alliances in East Asia：Korean evidence[J]. Journal of Business Research，2013，66（12）：2492-2499.
[38] Slater S，Robson M J.Social capital in Japanese-Western alliances：understanding cultural effects[J]. International Marketing Review，2012，29（1）：6-23.
[39] Gomes E，Barnes B R，Mahmood T. A 22 year review of strategic alliance research in the leading management journals[J]. International Business Review，2016，25（1）：15-27.
[40] Sambasivan M，Siew-Phaik L，Mohamed Z A，et al. Factors influencing strategic alliance outcomes in a manufacturing supply chain：role of alliance motives，interdependence，asset specificity and relational capital[J]. International Journal of Production Economics，2013，141（1）：339-351.
[41] Fawcett S E，Magnan G M. Ten guiding principles for high-impact SCM[J]. Business Horizons，2004，47（5）：67-74.
[42] Lejeune M A，Yakova N. On characterizing the 4 C's in supply chain management[J]. Journal of Operations Management，2005，23（1）：81-100.
[43] Daugherty P J，Richey R G，Roath A S，et al. Is collaboration paying off for firms?[J]. Business Horizons，2006，49（1）：61-70.
[44] Yang J. The determinants of supply chain alliance performance：an empirical study[J]. International Journal of Production Research，2009，47（4）：1055-1069.
[45] Cachon G P. The allocation of inventory risk in a supply chain：push，pull，and advance-purchase discount contracts[J]. Management Science，2004，50（2）：222-238.
[46] Cao M，Zhang Q. Supply chain collaboration：impact on collaborative advantage and firm performance[J]. Journal of Operations Management，2011，29（3）：163-180.
[47] Simatupang T M，Sridharan R. The collaborative supply chain[J]. International Journal of Logistics Management，2002，13（1）：15-30.
[48] 马祖军，武振业. 供应链联盟及成因分析[J]. 软科学，2002，16（4）：17-21.
[49] Yin S. Alliance formation among perfectly complementary suppliers in a price-sensitive assembly system[J]. Manufacturing and Service Operations Management，2010，12（3）：527-544.
[50] 李昌文，周永务，卓翔芝，等. 基于合作博弈的组装供应链转移定价策略[J]. 运筹与管理，2016，25（6）：34-38.
[51] Min S，Roath A S，Daugherty P J，et al. Supply chain collaboration：what's happening?[J]. International Journal of Logistics Management，2005，16（2）：237-256.
[52] Cooper M C，Lambert D M，Pagh J D. Supply chain management：more than a new name for logistics[J]. International Journal of Logistics Management，1997，8（1）：1-14.
[53] Whipple J M，Lynch D F，Nyaga G N. A buyer's perspective on collaborative versus transactional relationships[J]. Industrial Marketing Management，2010，39（3）：507-518.
[54] 李春友. 供应链联盟的本质及其产生的原因[J]. 上海经济研究，2008，（9）：107-111.
[55] Barratt M. Understanding the meaning of collaboration in the supply chain[J]. Supply Chain Management，2004，9（1）：30-42.

[56] Zacharia Z G，Nix N W，Lusch R F. An analysis of supply chain collaborations and their effect on performance outcomes[J]. Journal of Business Logistics，2009，30（2）：101-123.
[57] 陈耀，生步兵. 供应链联盟关系稳定性实证研究[J]. 管理世界，2009，（11）：178-179.
[58] 马祖军. 基于遗传算法的供应链联盟伙伴选择[J]. 系统工程理论与实践，2003，23（9）：81-84.
[59] 卓翔芝. 供应链联盟伙伴关系动态演化机理研究[D]. 重庆大学博士学位论文，2008.
[60] Nagarajan M，Sošić G. Game-theoretic analysis of cooperation among supply chain agents：review and extensions[J]. European Journal of Operational Research，2008，187（3）：719-745.
[61] 张维迎. 博弈论与信息经济学[M]. 上海：上海人民出版社，2004.
[62] Leng M，Parlar M. Game theoretic applications in supply chain management：a review[J]. INFOR：Information Systems and Operational Research，2005，43（3）：187-220.
[63] Nash J F. Equilibrium points in n-person games[J]. Proceedings of the National Academy of Sciences of the United States of America，1950，36（1）：48-49.
[64] Shubik M. Game Theory in the Social Sciences：Concepts and Solutions[M]. Cambridge：The MIT Press，1985.
[65] Stackelberg H V. Marktform Und Gleichgewicht[M]. Berlin：Springer，1934.
[66] Nash J F. The bargaining problem[J]. Econometrica，1950，18（2）：155-162.
[67] Shapley L S. A value for n-person games[J]. Contributions to the Theory of Games，1953，2（28）：307-317.
[68] Schmeidler D. The nucleolus of a characteristic function game[J]. Siam Journal on Applied Mathematics，1969，17（6）：1163-1170.
[69] Gillies D B. Solutions to General Non-zero-sum Games[C]. Contributions to the Theory of Games，Vol. Ⅱ. Princeton：Princeton University Press，1959：47-85.
[70] Aumann R J，Dreze J H. Cooperative games with coalition structures[J]. International Journal of Game Theory，1974，3（4）：217-237.
[71] 董保民，王运通，郭桂霞. 合作博弈论：解与成本分摊[M]. 北京：中国市场出版社，2008.
[72] 施锡铨. 合作博弈引论[M]. 北京：北京大学出版社，2012.
[73] 谭春桥，张强. 合作对策理论及应用[M]. 北京：科学出版社，2011.
[74] Peleg B，Sudhölter P. Introduction to the Theory of Cooperative Games[M]. Berlin：Springer，2007.
[75] Driessen T. Cooperative games，solutions and applications[J]. Journal of the Royal Statistical Society，1990，39（4）：747-749.
[76] Bondareva O N. Some applications of linear programming methods to the theory of cooperative games[J]. Problemy Kibernetiki，1963，10：119-139.
[77] Nash J. Non-cooperative games[J]. Annals of Mathematics，1951，54（2）：286-295.
[78] Aumann R J. Acceptable points in general cooperative n-person games[C]. Contributions to the Theory of Games，Vol. Ⅱ. Princeton：Princeton University Press，1959：287-324.
[79] Chwe M. Farsighted coalitional stability[J]. Journal of Economic Theory，1994，63（2）：299-325.
[80] Mauleon A，Vannetelbosch V. Farsightedness and cautiousness in coalition formation games

with positive spillovers[J]. Theory and Decision，2004，56（3）：291-324.

[81] Konishi H，Ray D. Coalition formation as a dynamic process[J]. Journal of Economic Theory，2003，110（1）：1-41.

[82] Chwe S Y. Farsighted coalitional stability[J]. Journal of Economic Theory，1994，63（2）：299-325.

[83] Cachon G P，Netessine S. Game Theory in Supply Chain Analysis[M]. Berlin：Springer，2004.

[84] Gerchak Y，Gupta D. On apportioning costs to customers in centralized continuous review inventory systems[J]. Journal of Operations Management，1991，10（4）：546-551.

[85] Robinson L W. A comment on Gerchak and Gupta's "on apportioning costs to customers in centralized continuous review inventory systems" [J]. Journal of Operations Management，1993，11（1）：99-102.

[86] Wang Q，Parlar M. A three-person game theory model arising in stochastic inventory control theory[J]. European Journal of Operational Research，1994，76（1）：83-97.

[87] Hartman B C，Dror M. Cost allocation in continuous-review inventory models[J]. Naval Research Logistics，1996，43（4）：549-561.

[88] Granot D，Sošić G. A three-stage model for a decentralized distribution system of retailers[J]. Operations Research，2003，51（5）：771-784.

[89] Meca A，Timmer J，García-Jurado I，et al. Inventory games[J]. European Journal of Operational Research，2004，156（1）：127-139.

[90] Fiestras-Janeiro M G，García-Jurado I，Meca A，et al. Cooperative game theory and inventory management[J]. European Journal of Operational Research，2011，210（3）：459-466.

[91] Fiestras-Janeiro M G，García-Jurado I，Meca A，et al. Cooperation on capacitated inventory situations with fixed holding costs[J]. European Journal of Operational Research，2015，241（3）：719-726.

[92] Lai M，Xue W，Zhao L. Cost allocation for cooperative inventory consolidation problems[J]. Operations Research Letters，2016，44（6）：761-765.

[93] Meca A，García-Jurado I，Borm P. Cooperation and competition in inventory games[J]. Mathematical Methods of Operations Research，2003，57（3）：481-493.

[94] Meca A. A core-allocation family for generalized holding cost games[J]. Mathematical Methods of Operations Research，2007，65（3）：499-517.

[95] Meca A，Guardiola L A，Toledo A. P-additive games：a class of totally balanced games arising from inventory situations with temporary discounts[J]. Top，2007，15（2）：322-340.

[96] Hartman B C，Dror M，Shaked M. Cores of inventory centralization games[J]. Games and Economic Behavior，2000，31（1）：26-49.

[97] Müller A，Scarsini M，Shaked M. The newsvendor game has a nonempty core[J]. Games and Economic Behavior，2002，38（1）：118-126.

[98] Slikker M，Fransoo J，Wouters M. Cooperation between multiple news-vendors with transshipments[J]. European Journal of Operational Research，2005，167（2）：370-380.

[99] Klijn F，Slikker M. Distribution center consolidation games[J]. Operations Research Letters，2005，33（3）：285-288.

[100] Norde H W, Slikker M, Özen U, et al. Cooperation between multiple newsvendors with warehouses[J]. Manufacturing & Service Operations Management, 2008, 10（2）: 311-324.
[101] Ozen U, Sošić G, Slikker M. A collaborative decentralized distribution system with demand forecast updates[J]. European Journal of Operational Research, 2012, 216（3）: 573-583.
[102] Chen X. Inventory centralization games with price-dependent demand and quantity discount[J]. Operations Research, 2009, 57（6）: 1394-1406.
[103] Hartman B C, Dror M. Allocation of gains from inventory centralization in newsvendor environments[J]. IIE Transactions, 2005, 37（2）: 93-107.
[104] Chen X, Zhang J. A stochastic programming duality approach to inventory centralization games[J]. Operations Research, 2009, 57（4）: 840-851.
[105] Özen U, Slikker M, Norde H. A general framework for cooperation under uncertainty[J]. Operations Research Letters, 2009, 37（3）: 148-154.
[106] Ziya E K. Formal methods of value sharing in supply chains[D]. Georgia Institute of Technology, 2004.
[107] Chen X, Zhang Y. Uncertain linear programs: extended affinely adjustable robust counterparts[J]. Operations Research, 2009, 57（6）: 1469-1482.
[108] Ben-Zvi N, Gerchak Y. Inventory Centralization in a Newsvendor Setting When Shortage Costs Differ: Priorities and Costs Allocation[M]. New York: Springer, 2012.
[109] Montrucchio L, Norde H, Özen U, et al. Cooperative Newsvendor Games: A Review[M]. New York: Springer, 2012.
[110] Karsten F, Basten R J I. Pooling of spare parts between multiple users: how to share the benefits?[J]. European Journal of Operational Research, 2014, 233（1）: 94-104.
[111] 肖旦，周永务. 数量折扣契约下制造商与零售商库存合作联盟的稳定性[J]. 运筹与管理，2013，（2）：20-26.
[112] van den Heuvel W, Borm P, Hamers H. Economic lot-sizing games[J]. European Journal of Operational Research, 2007, 176（2）: 1117-1130.
[113] Chen X, Zhang J W. Duality approaches to economic lot-sizing games[J]. Production and Operations Management, 2016, 25（7）: 1203-1215.
[114] Guardiola L A, Meca A, Puerto J. Production-inventory games and PMAS-games: characterizations of the Owen point[J]. Mathematical Social Sciences, 2008, 56（1）: 96-108.
[115] Guardiola L A, Meca A, Puerto J. Production-inventory games: a new class of totally balanced combinatorial optimization games[J]. Games and Economic Behavior, 2009, 65（1）: 205-219.
[116] Raghunathan S. Impact of demand correlation on the value of and incentives for information sharing in a supply chain[J]. European Journal of Operational Research, 2003, 146（3）: 634-649.
[117] Leng M, Parlar M. Allocation of cost savings in a three-level supply chain with demand information sharing: a cooperative-game approach[J]. Operations Research, 2009, 57（1）: 200-213, 258-259.
[118] Bernstein F, Kök A G, Meca A. Cooperation in assembly systems: the role of knowledge sharing networks[J]. European Journal of Operational Research, 2015, 240（1）: 160-171.
[119] Yan X, Zhao H. Inventory sharing and coordination among n independent retailers[J].

European Journal of Operational Research，2015，243（2）：576-587.
[120] Dror M，Hartman B C. Shipment consolidation：who pays for it and how much[J]. Management Science，2007，53（1）：78-87.
[121] Drechsel J，Kimms A. Computing core allocations in cooperative games with an application to cooperative procurement[J]. International Journal of Production Economics，2010，128（1）：310-321.
[122] Elomri A，Ghaffari A，Jemai Z，et al. Coalition formation and cost allocation for joint replenishment systems[J]. Production and Operations Management，2012，21（6）：1015-1027.
[123] 李波，杨灿军，陈鹰. 基于合作对策的行业联合采购费用分摊研究[J]. 系统工程理论与实践，2003，23（11）：65-70.
[124] 冯海荣，李军，曾银莲. 易腐品供应链企业联合采购决策与费用分配研究[J]. 系统科学与数学，2011，31（11）：1454-1466.
[125] 冯海荣，李军，曾银莲. 延期支付下的易腐品联合采购费用分配[J]. 系统工程理论与实践，2013，33（6）：1411-1423.
[126] 肖旦，周永务，钟远光，等. 随机需求下库存技术共享零售商联合采购联盟的竞合博弈研究[J]. 管理工程学报，2017，31（4）：194-199.
[127] Frisk M，Göthe-Lundgren M，Jörnsten K，et al. Cost allocation in collaborative forest transportation[J]. European Journal of Operational Research，2010，205（2）：448-458.
[128] Lozano S，Moreno P，Adenso-Díaz B，et al. Cooperative game theory approach to allocating benefits of horizontal cooperation[J]. European Journal of Operational Research，2013，229（2）：444-452.
[129] Sun L，Rangarajan A，Karwan M H，et al. Transportation cost allocation on a fixed route[J]. Computers and Industrial Engineering，2015，83：61-73.
[130] Kimms A，Kozeletskyi I. Shapley value-based cost allocation in the cooperative traveling salesman problem under rolling horizon planning[J]. EURO Journal on Transportation and Logistics，2016，5（4）：371-392.
[131] Rau P，Spinler S. Alliance formation in a cooperative container shipping game：performance of a real options investment approach[J]. Transportation Research Part E Logistics and Transportation Review，2017，101：155-175.
[132] Rosenthal E C. A game-theoretic approach to transfer pricing in a vertically integrated supply chain[J]. International Journal of Production Economics，2008，115（2）：542-552.
[133] Guo H，Leng M，Wang Y. Interchange fee rate，merchant discount rate，and retail price in a credit card network：a game-theoretic analysis[J]. Naval Research Logistics，2012，59（7）：525-551.
[134] Kumoi Y，Matsubayashi N. Vertical integration with endogenous contract leadership：stability and fair profit allocation[J]. European Journal of Operational Research，2014，238（1）：221-232.
[135] Leng M，Parlar M. Transfer pricing in a multidivisional firm：a cooperative game analysis[J]. Operations Research Letters，2012，40（5）：364-369.
[136] 李昌文，周永务，李绩才. 组装式集团企业的转移价格：合作博弈分析[J]. 工程数学学报，2014，（6）：805-815.

[137] Li C，Zhou Y，Lu Y，et al. Cooperative game analysis of a supply chain with one risk-neutral supplier and two risk-averse retailers[J]. Journal of Industrial Engineering and Management，2014，7（4）：816-830.
[138] Granot D，Sošić G. Formation of alliances in internet-based supply exchanges[J]. Management Science，2005，51（1）：92-105.
[139] Nagarajan M，Sošić G. Stable farsighted coalitions in competitive markets[J]. Management Science，2007，53（1）：29-45.
[140] Nagarajan M，Sošić G，Zhang H. Stable group purchasing organizations[R]. Working Paper，University of British Columbia，2010.
[141] 周永务，肖旦，汤勤深，等. 分销供应链中竞争零售商联盟的稳定性[J]. 运筹与管理，2013，22（4）：50-59.
[142] 肖旦，周永务，史欣向，等. 分销供应链中零售商横向竞争下采购联盟的稳定结构[J]. 中国管理科学，2017，25（4）：33-41.
[143] 郑士源，王浣尘. 基于动态合作博弈理论的航空联盟稳定性[J]. 系统工程理论与实践，2009，29（4）：184-192.
[144] 曾银莲，李军，刘云霞. 基于最大一致集的合作运输联盟稳定性分析[J]. 系统科学与数学，2015，35（10）：1219-1232.
[145] Nagarajan M，Bassok Y. A bargaining framework in supply chains：the assembly problem[J]. Management Science，2008，54（8）：1482-1496.
[146] Granot D，Yin S. Competition and cooperation in decentralized push and pull assembly systems[J]. Management Science，2008，54（4）：733-747.
[147] Nagarajan M，Sošić G. Coalition stability in assembly models[J]. Operations Research，2009，57（1）：131-145.
[148] Sošić G. Impact of demand uncertainty on stability of supplier alliances in assembly models[J]. Production and Operations Management，2011，20（6）：905-920.
[149] Sošić G. Transshipment of inventories among retailers：myopic vs. farsighted stability[J]. Management Science，2006，52（10）：1493-1508.
[150] Li J，Feng H，Zeng Y. Inventory games with permissible delay in payments[J]. European Journal of Operational Research，2014，234（3）：694-700.
[151] Sošić G. Stability of information-sharing alliances in a three-level supply chain[J]. Naval Research Logistics，2010，57（3）：279-295.
[152] Tian F，Sošić G，Debo L G. Green recycling networks[R]. Working Paper，University of Southern California，2013.
[153] Tian F，Sošić G，Debo L G. Manufacturers' competition and cooperation in sustainability：stable recycling alliances[R]. Working Paper，University of Southern California，2014.
[154] 李昌文，周永务. 两层分销链中的联盟定价策略与稳定性研究[J]. 系统工程学报，2016，31（2）：234-241.
[155] 郑士源. 基于动态稳定性的运输联盟成本分摊规则[J]. 上海交通大学学报，2013，47（3）：500-504.
[156] 李建玲. 产业共性技术联盟构建及运行管理研究[D]. 北京交通大学博士学位论文，2015.

[157] D'Aspremont-Lynden C，Jacquemin A. Cooperative and noncooperative R&D in duopoly with spillovers[J]. American Economic Review，1988，78（5）：1133-1137.
[158] Kamien M I，Muller E，Zang I. Research joint ventures and R&D cartels[J]. American Economic Review，1992，82（5）：1293-1306.
[159] Poyago-Theotoky J. Equilibrium and optimal size of a research joint venture in an oligopoly with spillovers[J]. Journal of Industrial Economics，1995，43（2）：209-226.
[160] Choi J P. Cooperative R&D with product market competition[J]. International Journal of Industrial Organization，1993，11（4）：553-571.
[161] Goyal S，Joshi S. Networks of collaboration in oligopoly[J]. Games and Economic Behavior，2003，43（1）：57-85.
[162] Ge Z，Hu Q. Collaboration in R&D activities：firm-specific decisions☆[J]. European Journal of Operational Research，2008，185（2）：864-883.
[163] Kim H，Park Y. Structural effects of R&D collaboration network on knowledge diffusion performance[J]. Expert Systems with Applications，2009，36（5）：8986-8992.
[164] Lin P，Zhou W. The effects of competition on the R&D portfolios of multiproduct firms[J]. International Journal of Industrial Organization，2013，31（1）：83-91.
[165] Martin S. Spillovers，appropriability，and R&D[J]. Journal of Economics，2002，75（1）：1-32.
[166] Cellini R，Lambertini L. Dynamic R&D with spillovers：competition vs cooperation[J]. Journal of Economic Dynamics and Control，2009，33（3）：568-582.
[167] Dawid H，Kopel M，Kort P M. R&D competition versus R&D cooperation in oligopolistic markets with evolving structure[J]. International Journal of Industrial Organization，2013，31（5）：527-537.
[168] Miyagiwa K，Ohno Y. Uncertainty，spillovers，and cooperative R&D[J]. International Journal of Industrial Organization，2002，20（6）：855-876.
[169] Silipo D B，Weiss A. Cooperation and competition in an R&D market with spillovers[J]. Research in Economics，2005，59（1）：41-57.
[170] Erkal N，Piccinin D. Cooperative R&D under uncertainty with free entry[J]. International Journal of Industrial Organization，2010，28（1）：74-85.
[171] Bandyopadhyay S，Mukherjee A. R&D cooperation with entry[J]. Manchester School，2014，82（1）：52-70.
[172] Banerjee S，Lin P. Vertical research joint ventures[J]. International Journal of Industrial Organization，2001，19：285-302.
[173] Banerjee S，Lin P. Downstream R&D，raising rivals'costs，and input price contracts[J]. International Journal of Industrial Organization，2003，21（1）：79-96.
[174] Ishii A. Cooperative R&D between vertically related firms with spillovers[J]. International Journal of Industrial Organization，2004，22：1213-1235.
[175] Gupta S. Research note-channel structure with knowledge spillovers[J]. Marketing Science，2008，27（2）：247-261.
[176] Ge Z，Hu Q，Xia Y. Firms' R&D cooperation behavior in a supply chain[J]. Production and

Operations Management，2014，23（4）：599-609.
[177] 李勇，张异，杨秀苔，等. 供应链中制造商-供应商合作研发博弈模型[J]. 系统工程学报，2005，20（1）：12-18.
[178] 葛泽慧，胡奇英. 上下游企业间的研发协作与产销竞争共存研究[J]. 管理科学学报，2010，13（4）：12-22.
[179] 艾兴政，马建华，唐小我. 不确定环境下链与链竞争纵向联盟与收益分享[J]. 管理科学学报，2010，13（7）：1-8.
[180] 陈宇科，孟卫东，邹艳. 竞争条件下纵向合作创新企业的联盟策略[J]. 系统工程理论与实践，2010，30（5）：857-864.
[181] 马建华，艾兴政，唐小我. 竞争供应链基于下游企业主导的纵向研发联盟研究[J]. 管理学报，2014，11（4）：599-604.
[182] Wu C H，Kao Y J. Cooperation regarding technology development in a closed-loop supply chain[J]. European Journal of Operational Research，2017，267（2）：523-539.
[183] Zhang Q，Zhang J，Zaccour G，et al. Strategic technology licensing in a supply chain[J]. European Journal of Operational Research，2017，267（1）：162-175.
[184] Kamien M I，Zang I. Competing research joint ventures[J]. Journal of Economics and Management Strategy，1993，2（1）：23-40.
[185] Yi S S，Shin H. Endogenous formation of research coalitions with spillovers[J]. International Journal of Industrial Organization，2000，18（2）：229-256.
[186] Yi S S. Endogenous formation of joint ventures with efficiency gains[J]. Rand Journal of Economics，1998，29（3）：610-631.
[187] Atallah G. Information sharing and the stability of cooperation in research joint ventures[J]. Economics of Innovation and New Technology，2003，12（6）：531-554.
[188] Greenlee P. Endogenous formation of competitive research sharing joint ventures[J]. Journal of Industrial Economics，2005，53（3）：355-391.
[189] Bloch F. Endogenous structures of association in oligopolies[J]. Rand Journal of Economics，1995，26（3）：537-556.
[190] Bloch F. Sequential formation of coalitions in games with externalities and fixed payoff division[J]. Games & Economic Behavior，1996，14（1）：90-123.
[191] Yi S-S. Stable coalition structures with externalities[J]. Games & Economic Behavior，1997，20（2）：201-237.
[192] Greenlee P，Cassiman B. Product market objectives and the formation of research joint ventures[J]. Managerial and Decision Economics，1999，20（3）：115-130.
[193] Song H，Vannetelbosch V. International R&D collaboration networks[J]. The Manchester School，2007，75（6）：742-766.
[194] Tesoriere A. Competing R&D joint ventures in Cournot oligopoly with spillovers[J]. Journal of Economics，2015，115（3）：231-256.
[195] Berger P D. Statistical decision analysis of cooperative advertising ventures[J]. Journal of the Operational Research Society，1973，24（2）：207-216.
[196] Jørgensen S，Sigué S P，Zaccour G. Dynamic cooperative advertising in a channel[J]. Journal

of Retailing，2000，76（1）：71-92.
[197] Jørgensen S，Taboubi S，Zaccour G. Cooperative advertising in a marketing channel[J]. Journal of Optimization Theory and Applications，2001，110（1）：145-158.
[198] Jørgensen S，Taboubi S，Zaccour G. Retail promotions with negative brand image effects：is cooperation possible?[J]. European Journal of Operational Research，2003，150（2）：395-405.
[199] Huang Z，Li S X. Co-op advertising models in manufacturer-retailer supply chains：a game theory approach[J]. European Journal of Operational Research，2001，135（3）：527-544.
[200] Huang Z，Li S X，Mahajan V. An analysis of manufacturer-retailer supply chain coordination in cooperative advertising[J]. Decision Sciences，2002，33（3）：469-494.
[201] Li S X，Huang Z，Zhu J，et al. Cooperative advertising，game theory and manufacturer-retailer supply chains[J]. Omega，2002，30（5）：347-357.
[202] Huang Z，Li S X. Coordination and cooperation in manufacturer-retailer supply chains[C]. Data Mining and Knowledge Management，Springer，2004：174-186.
[203] Granot D，Sošić G. Formation of alliances in internet-based supply exchanges[J]. Management Science，2005，51（1）：92-105.
[204] Nagarajan M，Sošić G. Stable farsighted coalitions in competitive markets[J]. Management Science，2007，53（1）：29-45.
[205] Cachon G P. Supply chain coordination with contracts[C]//de Kok A G，Graves S C. Handbooks in Operations Research and Management Science（Volumell）. Amsterdam：Elsevier，2003，11：227-339.
[206] Guardiola L A，Meca A，Timmer J. Cooperation and profit allocation in distribution chains[J]. Decision Support Systems，2007，44（1）：17-27.
[207] Buccola S，Durham C，Gopinath M，et al. Food manufacturing cooperatives' overseas business portfolios[J]. Journal of Agricultural and Resource Economics，2001，26（1）：107-124.
[208] Weitz B，Wang Q. Vertical relationships in distribution channels：a marketing perspective[J]. The Antitrust Bulletin，2004，49（4）：859-876.
[209] Montrucchio L，Scarsini M. Large newsvendor games[J]. Games and Economic Behavior，2007，58（2）：316-337.
[210] Ingene C A，Parry M E. Channel coordination when retailers compete[J]. Marketing Science，1995，14（4）：360-377.
[211] Tsay A A，Agrawal N. Channel dynamics under price and service competition[J]. Manufacturing and Service Operations Management，2000，2（4）：372-391.
[212] Chen R R，Gal-Or E，Roma P. Opaque distribution channels for competing service providers：posted price vs. name-your-own-price mechanisms[J]. Operations Research，2014，62（4）：733-750.
[213] Choi S C. Price competition in a channel structure with a common retailer[J]. Marketing Science，1991，10（4）：271-279.
[214] Mcguire T W，Staelin R. An industry equilibrium analysis of downstream vertical integration[J]. Marketing Science，1983，2（2）：161-191.
[215] Brandenburger A M，Nalebuff B J. Co-opetition[M]. New York：Currency Doubleday，1997.

[216] Hendrick T E. Purchasing consortiums: horizontal alliances among firms buying common goods and services: what? who? why? how?[R]. Center for Advanced Purchasing Studies, 1996.

[217] Essig M. Purchasing consortia as symbiotic relationships: developing the concept of "consortium sourcing" [J]. European Journal of Purchasing and Supply Management, 2000, 6 (1): 13-22.

[218] Tella E, Virolainen V-M. Motives behind purchasing consortia[J]. International Journal of Production Economics, 2005, 93~94 (8): 161-168.

[219] Ball D, Pye J. Library purchasing consortia: the UK periodicals supply market[J]. Learned Publishing, 2000, 13 (1): 25-35.

[220] Anderson S P, de Palma A, Thisse J-F. Discrete Choice Theory of Product Differentiation[M]. Cambridge: The MIT Press, 1992.

[221] Vives X. Oligopoly Pricing: Old Ideas and New Tools[M]. Cambridge: The MIT Press, 2001.

[222] Nagarajan M, Sosic G, Tong C. Dynamic stable supplier coalitions and invariance in assembly systems with commodity components[R]. Working Paper, University of British Columbia, 2014.

[223] Li L. Information sharing in a supply chain with horizontal competition[J]. Management Science, 2002, 48 (9): 1196-1212.

[224] Ha A Y, Tong S. Contracting and information sharing under supply chain competition[J]. Management Science, 2008, 54 (4): 701-715.

[225] Schotanus F, Telgen J, de Boer L. Unraveling quantity discounts[J]. Omega, 2009, 37 (3): 510-521.

[226] Zhang H, Nagarajan M, Sošić G. Dynamic supplier contracts under asymmetric inventory information[J]. Operations Research, 2010, 58 (5): 1380-1397.

[227] Nagarajan M, Sošić G. Stable supplier coalitions in assembly systems with commodity components[R]. Working Paper, University of Southern California, 2011.

[228] Wang Y, Gerchak Y. Capacity games in assembly systems with uncertain demand[J]. Manufacturing & Service Operation Management, 2003, 5 (3): 1-15.

[229] Arya A, Mittendorf B. Interacting supply chain distortions: the pricing of internal transfers and external procurement[J]. Accounting Review, 2007, 82 (3): 551-580.

[230] Baldenius T, Reichelstein S. External and internal pricing in multidivisional firms[J]. Journal of Accounting Research, 2006, 44 (1): 1-28.

[231] Xia Y, Gilbert S M. Strategic interactions between channel structure and demand enhancing services[J]. European Journal of Operational Research, 2007, 181 (1): 252-265.